中国当代作家评传丛书

周大新评传

魏华莹 著

河南文艺出版社
·郑州·

图书在版编目(CIP)数据

周大新评传 / 魏华莹著. -- 郑州:河南文艺出版社，2025.1 --（中国当代作家评传丛书）. -- ISBN 978-7-5559-1719-9

Ⅰ.K825.6
中国国家版本馆CIP数据核字第20249V4B27号

策　　划	王　宁
责任编辑	王　宁
责任校对	梁　晓
装帧设计	吴　月

出版发行	河南文艺出版社
本社地址	郑州市郑东新区祥盛街27号C座5楼
承印单位	河南瑞之光印刷股份有限公司
经销单位	新华书店
开　　本	700毫米×1000毫米　1/16
印　　张	21
字　　数	282 000
版　　次	2025年1月第1版
印　　次	2025年1月第1次印刷
定　　价	65.00元

版权所有　盗版必究
图书如有印装错误，请寄回印厂调换。
印厂地址　河南省武陟县产业集聚区东区（詹店镇）泰安路
邮政编码　454950　　电话　0371-63956290

序　他是一个什么样的人更重要

孟繁华

周大新是当代著名作家，从二十世纪七十年代至今，在漫长的创作生涯中，发表了大量的文学作品，其作品被译为多国文字在世界各地传播，获得了无数的荣誉。可以说，周大新的创作成就和经验，是当代中国文学成就的一部分，也是当代中国文学经验的一部分。或者说，周大新的文学创作在密切联系当代中国现实生活和精神处境的同时，更用文学的方式表达了他的文学观和价值观，他用文学的方式记录了时代的风云变换和人情冷暖，在表达世道人心的同时，更表达了他的人间大爱。对世界、对普通人的爱意和温暖，是周大新文学创作最基本的主题，也是他的文学创作能够受到读者和文学界普遍赞誉最重要的原因。

改革开放四十多年来，我们二次沐浴了欧风美雨，西方各种文学思潮、文学观念、文学手法等，我们几乎尽收眼底。这极大地开阔了我们的文学视野，丰富了我们的创作方法。应该说，了解和学习西方文学，是我们的文学能够成为今天的样貌不可或缺的条件之一。在文学交流、文学交融已经成为常态的情况下，这种交流和交融一定会得到更深入的发展。"文学的联合国"不仅已经不做宣告地成立，并且其乐融融，文学的基本价值尺度最大限度地有了通约的可能。但是，文学最根本、最重要的泉源，一定是本土生活。域外经验再重要也只能是"流"，本土生活才是"源"。这也是周大新的创作最重要的经验之一。我们发现，周大新的创作一直在生活中汲取营养和资源。他的作品，无论书写军旅题材还是书写社会生活，都密切地联系着当代中国社会的发展变化。他对西方文学的阅读和了解，在他的创作实践以及创作体会中都有明确的表达，但他在文学创作和告白中，更强调了创作的中国性和本土性。因此，他的创作完全可以同西方进行对话。他行文的平实、情感的质朴以及蕴含的中国传统文学的底蕴和思维是特别值得我们重视和研究的。

河南省文联有一个雄心勃勃的计划，就是组织和建立多个取得了杰出成就的河南籍作家的研究中心。"周大新研究中心"就是其中的一个，而且是建立较早的一个。魏华莹教授是"周大新研究中心"的执行主任，她在繁忙的教学和研究中，集中精力阅读和研究了周大新创作的全部作品及其他资料，写出了这部《周大新评传》。这是周大新研究的最新成果，也是比较全面展示周大新文学创作成就的专著。在我看来，魏华莹教授的这部著作除了有一般评传必须具备的内容和方法，最突出的特点，就是她写出了作为作家的周大新是一个什么样的人。周大新的创作取得了巨大成就，如何评价见仁见智，不同的读者可以通过阅读周大新的作品得出结论。但是，我们更关心的，是传主究竟是一个什么样的人。特别是在当今时代，一个作家内心世界的高尚、纯粹、执着，有坚定的信仰，有强大的内宇宙和精神内核，才有可能和他的创作相得益彰，才配得上为其"树碑立传"。我想，魏华莹对这一点一定是深思熟虑的。因此，这部《周大新评传》虽然是线性叙述，但她关注的具体的"人与事"有所不同。

周大新出生在南阳。这是一个有悠久历史、传说和故事的盆地。在这样的文化环境中，读书是周大新的第一要义。他不仅在童年、青年时代发愤读书，参军后仍然手不释卷。读书是周大新成长的阳光雨露。对他影响最大的作家，是被俄国作家冈察洛夫称为"俄国文学的雄狮"的托尔斯泰。在中国，托尔斯泰被称为"托翁"，还有一个以"翁"相称的是"莎翁"。可见托尔斯泰在中国学界和读者中的地位。而托尔斯泰思想的核心就是爱。他认为:"爱是人类唯一的有理性的行动,爱是最合理最光明的精神境界。"魏华莹显然也深刻地感受到了这一点。这个爱,不是抽象的而是具体的。一方面它体现在周大新与人的交往以及和社会的关系中;另一方面更体现在他的文学创作中。比如评传中有这样一段记述——

> 1972年,周大新因胃病住进泰安138陆军医院。照顾他的护士姓叶,19岁,长得很漂亮,病人常故意不服从她的管理,她虽然很生气,却能迁就他们。面对周大新的询问,她说病人有权利撒娇。在老山前线采访的时候,他见到一位33岁的女军医,每天完成任务之余就是看自己5岁儿子的照片,眼中闪着泪花。还有一个听来的故事,在1984年初春鲁中的军营里,队伍做好开赴前线的准备,二连七班长的未婚妻却突然来到连队,要求当晚结婚。在女方的坚持下,连部举行了最神圣庄严的婚礼。这几个女人的形象储存在他的记忆中,逐渐成为"汉家女"。

这是来自生活的人性和人情的大爱,也是周大新对于情和爱的理解和发现。一个作家发现了什么,说明他在关注什么。当然,更重要的是周大新在创作中对于情和爱的理解。评传中第七、八、九、十、十一章,是全书权重较大的章节。在这些作品的分析中,魏华莹更关注周大新创作中的情感深度问题。这是非常重要、关乎一个作家对文学理解到何种程度的问题。我们说文学是人学没有错,但只说对了一半——哲学、历史学、社会学、医学、心理学等学科都是人学。文学作为人学之所以有独特的价值,就在于文学是处理人的内宇宙——思想、精神和情感事务的领域。因此,情感深度才是文学最有价值的部分。而魏华莹对周大新主要作品比如《湖光山色》

《安魂》《曲终人在》《天黑得很慢》《洛城花落》等的分析，隐含了她对传主关于情和爱的理解、表达所能达到的深度。我想，这也正是魏华莹写作《周大新评传》的用心所在。

在人与人的交往中，周大新受人滴水之恩念念不忘，他是一个有情有义的人。评传中多次写到他对帮助过自己的师友的感激之情。如果说这是人之常情的话，那么，周大新的有些行为并不是所有人都能做到的：

1993年5月，家乡邓州举行庆功会，市委书记李辉授予周大新"邓州荣誉市民"称号，并奖励一万元人民币。周大新当即将奖金全部捐献给家乡的"希望工程"。

还有报道说：

> 作为一名从河南走出去的作家，周大新始终心系家乡，情暖故土，长期关心支持河南文化事业，先后捐资100万元设立助学基金、捐助100万元资助读书活动、倡议设立"南阳青年文学奖"、在邓州捐建图书馆，以一系列行动树立了文艺界良好口碑和文艺工作者良好社会形象。他是中国当代作家的楷模和典范，也是值得我们学习的榜样。

我曾有机会在大新带领下，和魏华莹教授等走访过大新的家乡邓州，家乡的父老乡亲对大新的由衷热爱让我深受感动。这当然与大新成为当代中国文学名家有关，与他取得的杰出文学成就有关，但更与大新诚恳的为人、高尚的情操、朴素的情感和对家乡的感情有关。因此，我们在评价一个作家创作成就的同时，更在意他是一个什么样的人，他是怎样将个人作为一件作品推向了时代的高峰。我在评传中读到了大新说过的这样一段话，我愿意抄写下来作为这篇序言的结语——

我们这个时代由于社会变革的进行，科技的发展和世界的紧密联系，人们的生活质量有了前所未有的提高，但同时，灾难的频发和社会各方面的急剧变动，使人们面临的问题比前人相比不减反增。也因此，人的心灵比以往任何时候都更需要得到抚慰。我应该带着你们的鼓励更加勤奋写作，用自己的文字为读者送去温暖和慰藉。

　　大新用他全部的文学创作，兑现了他向读者做出的承诺。魏华莹用她潜心的研究和对一位来自家乡作家的敬仰和尊重，完成了一部值得信赖的、有创造性的评传。

　　是为序。

2024 年 12 月 10 日于北京寓所

目 录

战士与哲人:周大新创作论   001

第一章   长在中原   015
第一节   童年家世   016
第二节   读书生涯   021
第三节   大串联的日子   028

第二章   参军入伍   033
第一节   一名测地兵   033
第二节   悄读"内部书"   039
第三节   托尔斯泰的力量   043

第三章　初习写作

第一节　诗歌与剧本　　049

第二节　书信体小说　　053

第三节　西安求学　　060

第四章　军旅作家成长记

第一节　前线采访　　065

第二节　人情美与人性美　　068

第三节　快乐的青创会　　072

第四节　笔会与讨论会　　074

第五节　鲁院时光　　076

第五章　南阳盆地的"耕夫"

第一节　小盆地系列　　079

第二节　走出盆地　　087

第三节　香魂女　　092

第四节　故乡的风物　　099

第五节　向上的台阶　　116

第六章　入京履职

第一节　科幻小说　　121

第二节　文化出访　　125

第三节　依然迷恋小说写作　　130

第七章　想望辉煌的世纪　　　　　　134

第一节　《第二十幕》　　　　　　134

第二节　风物与家族　　　　　　140

第三节　研讨与热议　　　　　　147

第八章　文学的现实关注　　　　　　153

第一节　《21大厦》与城市化问题　　　　　　154

第二节　五十岁的盘点　　　　　　160

第三节　《湖光山色》与市场潮中的乡人　　　　　　165

第四节　阅读与作家的责任　　　　　　181

第九章　军事文学的实绩　　　　　　183

第一节　战场的记忆　　　　　　183

第二节　《战争传说》的反思　　　　　　192

第三节　人生的《预警》　　　　　　197

第四节　全球化背景的写作　　　　　　200

第十章　更希望传递爱与温暖　　　　　　204

第一节　何以《安魂》　　　　　　204

第二节　倾诉与疗愈　　　　　　217

第三节　小说的天国　　　　　　221

第四节　小说家的知识塔　　　　　　224

第十一章　社会现实的文学思考　234

第一节　《曲终人在》与反腐倡廉　234

第二节　《天黑得很慢》与老龄化　246

第三节　《洛城花落》与婚姻质量　259

第四节　为了人类日臻完美　265

第五节　科幻与未竟的文学志业　274

附录一　周大新访谈录　279

附录二　周大新作品简表　301

后记　321

战士与哲人：周大新创作论

1970年，"长在中原十八年"的周大新参军入伍，成为一名测地兵。1978年，他成为济南军区宣传部干事。此后，周大新开始了长达四十多年的写作生涯，成为当代著名的军旅作家。迄今为止，他出版长篇小说十部（十二卷），中短篇小说、散文、剧本多卷。作品被翻译为十多种语言。本书尝试通过对周大新创作脉络的梳理，以关键词的形式理解作家的文学特质，探索周大新如何通过地域写作提炼本民族品格、如何以战斗的姿态直面社会进程中的种种问题，并呼唤建构爱与美的哲学，进而发现其创作与改革开放以来文学发展史的关联性。

一、起点：战士的阅读

周大新有着温暖的童年，因是家中长子，备受家人宠爱。他的母亲是极为善良之人，教给他许多民间做人的素朴道理。在20世纪五六十年代乡村极为贫困的情况下，周大新却得以持续读书，直到高中。虽因"文革"意外中断了考大学的梦想，但他并没有沮丧太久，很快因篮球特长被招兵的连长看中，选拔到军营。十八岁的周大新离开家乡，成为一名战士。此后，他的人生和军营密切相关。

新兵连的生活结束之后，周大新因学历和文化程度不错，被分到炮兵连。此后的很长时间，他整天扛着三脚架、经纬仪，出没于山乡僻野，学会了三角测量，懂得了经纬仪的操作，明白了三角函数知识在军事上的运用，成为一名合格的测地兵。1972年，周大新被提拔为连队的文书，这使得他有资格阅读"内部书"。在当时文化较为贫瘠的状态下，周大新悄然阅读了大量的新华书店柜台买不到的内部书，他用军挎包把它们带回连队，一本本阅读消化，并写下了大量的读书笔记。他还尝试写作，写了很多关于中国生产力发展状况的论文，投稿后多被退回。这一阶段，他开始大量阅读政治学、哲学、文学等书籍，为以后的创作做了铺垫。

周大新被调往师政治部宣传部工作后，开始有时间和精力从事文学创作。最初他只是模仿地写一些较为浅显的文字，也试着写电影剧本，但并不成功。周大新第一篇公开发表的作品是一篇书信体小说，源于1979年南部边境战争爆发，他每天读到战报和战士来信，于是尝试写一篇书信体小说《前方来信》。小说在《济南日报》副刊发表，对周大新来说是莫大的鼓励。从此，他开始不停地写文章，陆续在军报上发表，这样一来，他迷上了写作。

这一时期，周大新开始系统阅读，并写了详细的阅读笔记。关于1980年的学习计划，他列出：政治方面，要阅读总政编发的《政治常识》；经济方面，要阅读《中国社会主义经济问题》；文艺方面，要阅读《世界文学史》《悲惨世界》，以及各种文艺杂志上的短篇小说和电影剧本。写作计划是写出一部关于政界的电影剧本，以及两篇短篇小说。当年的日记还记载了他观看电影《一江春水向东流》的感受；剧本《这不是传说》，小说《悲惨世界》《公开的情书》《幻灭》《三个火枪手》《老实人》《包法利夫人》《战争与和平》的阅读摘录，以及关于文学、新闻学、社会学、生物学、美学、法学、哲学、地理学、军事知识等的阅读笔记。广泛的阅读也为周大新提供了扎实的知识储备。

早期的阅读，对周大新影响最大的作家是俄国的列夫·托尔斯泰。1972年，周大新在炮兵连的时候，偶然接触到一本没有书脊的

《复活》，书中玛丝洛娃的命运深深地震撼了他。后来，他陆续在书店买到《安娜·卡列尼娜》《战争与和平》。托尔斯泰强调的"爱一切人"深深地影响了他。尤其是《战争与和平》中娜塔莎的形象，给予周大新很多的艺术启发。他意识到写出好的文学作品要做到以下三点：第一，一本书把主要的女性角色写好了，这本书就有了黏合剂，就能将各部分黏合起来，使书具有引人入胜的魅力。第二，作家写人物，一定要注意其成长过程，每个人都是逐渐成熟的，他的性格、胸怀、气质，都有一个形成的过程。过程写好了，人物就栩栩如生了。第三，写人物，一定要写出一种命运感，这样才能征服读者。后来，周大新在散文《列夫·托尔斯泰的劝告》中写到托尔斯泰对自己文学观的影响。要关注社会底层人的生活、要剖析和展现人的灵魂质地、要向世界呼唤爱、要多关注女性的命运等，这些基本构成了周大新的写作观，并辐射其绵长的写作道路。

1983 年，周大新考入中国人民解放军西安政治学院。当时学校开设的课程很多，有马克思主义哲学、政治经济学、科学社会主义、形式逻辑、汉语言文学与写作、世界近代史、中国近代史、党史等，周大新开始疯狂"补课"。学校里的图书馆可以自由阅读，周大新很是开心。他开始系统地读史书，他在史书中看到了中国 1840 年之后的失败、低头、反抗，意识到民族精神内核中"韧性"的作用。

由于学校的环境相对宽松，周大新开启了创作的爆发期。他陆续在《上海文学》《抱犊》《奔流》《解放军文艺》《长城》等刊物发表书写军队生活、军校背景的小说，反映的多是对身边人、事、物的感悟以及和平年代军人所面对的责任意识。这一时期，他主要依靠生活的积累，着墨于军旅生涯中自己的经历和切身感悟，展示军人复杂的心理和情感以及作为职业军人所面对的家与国的冲突和责任使命意识。

1986 年，周大新得以去南方前线采访。他既兴奋又紧张，终于有机会进入战场。从昆明向南的路上，他第一次见到木棉花、大株的仙人掌和剑麻。来到老山前线指挥哨所,战争的残酷和危险烙在周大新的心中。在近两个月的采访中,他近距离地感受到战争的危险,也观察到战争背后人性的美好和温情。后来他根据这段经历,选取战地医院为素材,写出短篇小说《汉家女》。周大新尝试突破军事文学的限制,塑造出新鲜感人、富有个性的人物形象。之后,小说获得1985—1986年全国优秀短篇小说奖,周大新也被誉为"一枝破土而出的新竹"。

二、故乡：风物与民族性

随着周大新成为军队专业作家,他开始尝试突破题材限制,创作更多的文艺作品。这一时期,陈骏涛提醒他思考"如何选择一块土地的问题",鼓励他朝着故乡走去,在那块古属楚国今处豫西南的土地上反复寻找。周大新开始将写作目光投向家乡,成为南阳盆地的"耕夫"。他密集写作并发表了《蝴蝶镇纪事》《武家祠堂》《风水塔》《家族》《紫雾》等被称为"豫西南的小盆地"的系列小说。周大新的写作更多以审视的眼光发现商品经济对家乡的土地和人的影响,表现了变革时代人们的生存状态变化,以及传统意识和现代意识碰撞中的心灵变化。

1990年,他创作了首部长篇小说《走出盆地》,是对盆地历史的钩沉。这部小说既突出盆地被群山笼罩的封闭性,也是作者这一时期文学思考的结晶。作品着力塑造代表盆地性格的女性形象邹艾。她"不认命",走出盆地又回到家乡建设盆地,虽然经历很多挫折,但仍秉持"韧性"和奋斗精神。周大新写《走出盆地》,就是强调人想挣脱外在束缚和寻找幸福的渴望。他发现,人活着的目的就是寻找幸福。人们不停地去劳动、发明、创造、反叛、打仗、迁徙,就是为了寻找幸福。小说写南阳盆地一位农村姑娘走出盆地改变命运的故事,揭示的是中国人冲开障碍和束缚,坚忍顽强地寻找幸福生活的历史。同年，周大新的中篇小说《香魂塘畔的香油坊》发表在《长城》杂志1990年第2期。小说写出了家乡的水塘、香油坊，以及封闭状态下的婚姻、爱情悲剧。小说被长春电影制片厂的编辑发现，并促成谢飞改编为电影《香魂女》，电影获得柏林国际电影节金熊奖。

周大新这一时期一直默默编织他的"文化怀乡"系列小说，先后发表了书写南阳汉画像石的《左朱雀右白虎》、烙画工艺的《烙画馆》、南阳玉雕的《玉器行》、马山铁锅铸造技术的《铁锅》、南阳银器文化的《银饰》等。冯牧先生对《左朱雀右白虎》非常感兴趣，专程参加研讨会，并讲述自己在战争年代曾随部队到南阳内乡县城，见过汉画石像，印象颇深。他还鼓励周大新要写出传世久远的大作品。所谓大作品，就是要给人一种沉实雄浑的感觉，就像汉画石像给人的那种感觉。

周大新在20世纪90年代选择本民族文化进行思考，历时近十年创作三卷本百万字长篇小说《第二十幕》。小说写了20世纪中国历史的风云变幻，以南阳尚吉利丝织厂五代人振兴祖业为主线，写出工商业、政界、商界、学界的百年沉浮。小说充分挖掘了南阳地域文化和历史风情，如安留岗、卧龙岗、医圣祠、宛南书院等。选择丝织作为主线，既和南阳的地域文化有关，也缘于周大新要以绸缎的"韧性"呈现民族的精神内核。

周大新以民族工商业为中心想望辉煌的世纪，与南阳的地域文化特质有关。南阳自古商业发达，"商圣"范蠡就是南阳人。秦代时，南阳号称"商冠天下，富冠海内"。汉代时，全国辟五市，洛阳为中市、临淄为东市、南阳为南市、邯郸为北市、成都为西市。清乾隆年间，南阳已出现洋货，是河南省内出现洋货最早的城市。民国元年，英国太古公司在南阳开设分公司，接着，美孚、德士古、亚细亚等外国商行在南阳都建立了销售网。南阳的一些老字号也经营洋货，商业繁荣兴盛。

丝绸是南阳重要的物产，汉代张衡在《南都赋》中，就写到南阳的"桑、漆、麻、苎"。古籍中记载唐宋两代的贡品，南阳府有"丝布白菊之贡"。唐代李吉甫《元和郡县志》言南阳丝绸"名噪京师"。清同治年间，殷泫壁当南阳知县，进行丝织技术改革，使丝绸质量和产量均大幅度提高，产品远销美国、法国、俄国、日本、瑞士、波斯、土耳其等十三个国家。[①] 从光绪年间到民国，是南阳丝织业的兴盛时期，整个南阳几乎成为一个大丝织厂。民国三年，南阳产的雪青色捻丝缎、雪白湖绉、练白山丝绣参加巴拿马国际博览会和美国旧金山第一届"万国商品赛"大会。之后，南阳丝绸行销二十多个国家，在国际市场上被称为"霸王绸"。可以说，周大新选取丝绸作为书写对象，也是有着严密的历史文献考证，既能体现南阳的地域文化特色，又能诠释从小盆地看中国的写作雄心。

三、战争：回眸与反思

1995 年，周大新调到北京，在解放军总后勤部政治部创作室从事专业创作。1997 年，周大新跟随中国作家代表团出访以色列，进行对外文化交流。一行四人在以色列外交部伊丽特女士的陪同下，来到佩雷斯办公室。佩雷斯一开口就谈及中国的文化传统，以及中国的文学，表现出对中国文化浓厚的兴趣和对一行人的敬意。周大新发现他的办公室书柜摆满了书，也对他充满敬意；在谈论战争与和平时，理解了他从"武装保卫以色列"的人转变为"中东和平的设计师"。此行，他们还会见了以色列一位著名诗人，走进他那摆满工艺品的宽敞客厅，众人并没有聊很多关于诗歌的话题，更多谈到阿以和平。诗人讲到自己的军人儿子就牺牲在西奈半岛作战中，还讲到曾会见巴勒斯坦作家协会主席，对方的儿子被以色列人打死了。

---

① 殷德杰：《老南阳：旧事苍茫》，河南人民出版社，2005 年版，第 214 页。

周大新很是难过，到书房里看到那位英俊的空军军官照片，才意识到战争的残酷。他想起在拉宾墓前看到的情景，成群结队的年轻人恭敬地将饱含祭奠之意的小石子摆放在拉宾墓碑上。这才意识到，在以色列随处可见的橄榄树林，是和平的象征物。

走进耶路撒冷老城，周大新感受更多的是威严，城墙上的石块残留着被敲打的豁口和火烧的伤痕。在西墙前，周大新见到无数的犹太教徒在祈祷，墙缝里塞满了写有祈愿的纸条，扶墙诵读经文的声音在萦绕。他也在纸条上写下两个祈愿并将纸条塞进了西墙的墙缝。一是保佑家人平安，二是期盼战争从此在世界消失。

对于战争问题的反思也影响了周大新的文学观。1996年年底，他来到解放军艺术学院文学系讲课时提出，"引发感动，是军事题材小说应该具有的一种魅力"。1999年，他写出一篇"狂想"小说《关于战争消失那天庆祝仪式的设计》，体现了对战争的反思和对和平的呼唤。2000年，在军队长篇小说座谈会上，他认为写作长篇小说要诊出时代的心灵病症，披露人的精神历程和心灵秘史，在枯燥的军营生活中发现浪漫和传奇。此后，他还写出散文《去看战场》《回眸"罗马和平"》《将帅们》，都在传达对和平的向往和对战争的反思。在《将帅们》文中，他还引用了英国诗人西格弗里德·萨松写于第一次世界大战的一首诗：

> 五十岁月，日换星移，
> 和平之光掩盖了战事的回忆；
> 满怀豪情回溯峥嵘的往事，
> 喜欢冒险的小伙子会阵阵叹息。
> 夏日清晨，隆冬寒夜，
> 战火在他们心中燃起；
> 唱一曲战士之歌吧，这歌声豪放、刚强、活泼、粗野。
> 在那愤怒的进行曲中，

尽是无知的悔恨与不羁的狂喜；

他们会羡慕我们令人炫目的经历，

只缘此刻杀戮已在地球上绝迹！

他的军事题材长篇小说《战争传说》于2003年出版。小说以明代"土木堡之变"和"北京保卫战"为背景，以战争的参与者、底层士兵的视角来看待战争，书写战争对普通人生活和心理的影响和冲击。小说由一位瓦剌女子展开，她被安排到大明内臣府中刺探情报，并在一定程度上影响了战争的走向；但她也有人性美好的一面，最初她是为了复仇，后爱上了武士，但最终失去了一切。作品以人性视角来展现时代风云。宦官王振带瓦剌女子来到清远地，看看池塘和花草，并告诉她："人呐，最初都是待在清静处，后来就想热闹，一心想往热闹处去闯，可真在热闹处待长了，又只想找个清静的地方去。""热闹之处是非多呀！""人们总是只看外表的荣耀，看不见人内心的苦楚。"[①]

《战争传说》是以瓦剌人和明王朝的战争为背景来思考如何处理民族关系的。当时的明王朝就是想彻底把北方少数民族打服，瓦剌人也卧薪尝胆来打明王朝，战争非常残酷，双方死了很多人。周大新就尝试思考怎样才能弥合今天各民族之间的矛盾，创作缘由更多是对战争历史的反思。周大新访问过以色列的作家，也访问过巴勒斯坦的作家，从前文我们可以看到，两个国家中的两位作家的儿子都在战争中丧生了。虽然如此，他们作品的主旨不是仇恨，而是呼唤和平。他们整天思考人类的共同命运，体悟两个民族应该和平相处，不能再互相杀戮。周大新写《战争传说》，就是以瓦剌人和明王朝的战争为背景来思考怎么处理民族关系。当今世界各地的很多局部战争其实都是民族问题引起的，周大新尝试用作品来弥合这种分

---

① 周大新：《战争传说》，长江文艺出版社，2003年版，第84、87页。

裂。

2009年，周大新的军事长篇小说《预警》出版。他用近两年的时间书写当下的军队生活。小说虽然写的是军人被恐怖分子设计暗算的故事，但更多写的是人的命运的不确定性，写的是对未来不能盲目乐观，灾难其实离我们很近，近到随时可能毁掉我们。和平时期的人们很容易忘却战争的威胁，可事实上，战争的种子始终潜伏着，"预警"就是要将其消灭在萌芽状态。对"恐怖行径"，周大新最不愿意看到的是"总是许多无辜的平民，在沦为牺牲品"。

周大新写《预警》，就是想提醒读者警惕恐怖主义的兴起。很多人都不会意识到，腐败也可以滋生恐怖主义。周大新写这部小说，是试图进行文学启蒙，"希望这种观念能被更多的读者所认识到。这些读者可能是政治家，也可能是普通人"①。通过阅读这部小说，读者会知道腐败是非常危险的，最后会出大问题，所以启蒙的这种想法一直在他的作品中间隐含着。好的文学作品可以传达爱，会弥合分裂。

四、问题：士兵的突击

21世纪伊始，周大新在完成20世纪的史诗后，就将写作方向投向现实生活，他以敏锐的视角审视各种社会问题。他以《21大厦》作为开篇，写出城市化进程中的种种乱象。小说以一位保安的视角，观察一栋大厦中各个阶层的人物，进而全景式展现当代都市社会的人生画卷。他在这一时期进一步思考文学创作问题，曾在日记中记述："今天是一个多种文化形态并存的时代，我们当下的社会是一个平和的商业的消费社会，世纪之交的文学正在发生很大的变动。文学得以流传的秘密是对人性内容的不断发现，使人对自身的认识更

---

① 顾超：《文学以传达爱来推进共识——访作家周大新》，2016年8月1日《文艺报》。

趋全面；对人的生命过程的礼赞，使人觉得自己活得有意义；对人的尊严的肯定，使人与社会的和谐程度更高，使社会变得更美好，使人变得更崇高。作家创作作品的目的是保存人类生活经验的丰富性；多少个世纪以后，诗人从我们的作品中知道21世纪的人是怎样生活的。文学创作要的是极端。中庸可以是我们做人处事的态度，但文学创作不能中庸。文学就是好玩。热爱文学的人都是爱做梦的人。"①

长篇小说《湖光山色》是周大新的代表作，也是他获得茅盾文学奖的作品。周大新再次回到家乡邓州，寻找写作资源，最终写出萦绕他心中十多年的故事。他每次返乡都会发现家乡的变化，也会思考，中国的农村该往何处走，并将自己的思考融入小说创作中。小说描述了一个曾在北京打过工的乡村女性暖暖与命运不屈抗争、追求美好生活的经历。生活在依山傍水的楚王庄的她，在穷困苦痛中因一段楚长城被发现，而改变命运走上了一条新路。小说写的是春种秋收、择偶成家、生病离婚、打工返乡、农村旅游这些乡村寻常生活，展示的却是对人性嬗变、历史遗产和权力运作的思考。在这部充满悲情和暖意的小说中，周大新以他对中国乡村生活的独特理解，既书写了乡村表层生活的巨大变迁和当代气息，也发现了中国乡村深层结构的坚固和蜕变的艰难。

这部小说的茅盾文学奖授奖词为：《湖光山色》深情关注着我国当代农村经历的巨大变革，关注着当代农民物质生活与情感心灵的渴望与期待。在广博深厚的民族文化背景上，通过作品主人公的命运沉浮，来探求我们民族的精神底蕴，这是《湖光山色》引人注目的特色与亮点。"为什么我的眼里常含泪水？因为我对这土地爱得深沉"，诗人艾青的不朽名句，恰是《湖光山色》创作情怀的贴切写照。

---

① 摘自周大新日记，未发表。

他的长篇小说《曲终人在》是对反腐倡廉问题的文学思考。小说采用二十多篇采访记录，通过这些互相矛盾又互相佐证的采访，还原出一个完整的欧阳万彤的形象，进而传达作者的政治思考。小说的主人公欧阳万彤，寄托了周大新的理想。通过他的经历、作为、命运，让人们看到要做一个好官是如何的艰难，从而呼唤有更多的高级官员能为我们国家和民族的利益着想，成为令人尊敬的政治家，成为合格的社会管理者。

周大新的《天黑得很慢》是他对老龄化问题的关注，也是中国首部关注老龄化社会的长篇小说。小说同样以"拟纪实"的方式展开，周大新以万寿公园的黄昏纳凉活动为场景。在万寿公园中，周一到周四，来自不同机构、不同专业的人士向前来纳凉的老人们或推销养老机构、长寿保健药丸，或展示返老还青的虚拟体验，或讲授人类未来的寿限；而周五到周日，从事家庭陪护的女青年钟笑漾自述了十余年间陪伴护理老人萧成杉的经历。小说通过陪护员对一个家庭生活的近距离观察和亲身参与，反映了中国老龄社会的种种问题，如养老、就医、再婚、儿女等，既写出了人到老年之后身体逐渐衰老、慢慢接近死亡的过程，也写出了老年人精神上刻骨的孤独，更写出了人间自有真情在。

他的小说《洛城花落》，为其长篇小说封笔之作。小说关注的是年轻人的婚姻问题，以古今多条线索交替进行，阐释女性与婚姻质量问题。在周大新看来，现在的年轻人对婚姻质量的要求比前一代人要高。以前的人结婚，也许就是在一起生活；现代人对情感的要求更高，容忍度降低，一旦发现对方的缺点和人格或体型上的缺陷，就可能产生厌弃的情绪。对此，谁也没有特别的办法。他以一个老人的身份，觉得结婚只是常人的一段日子，并不能保证一定幸福；如果想获得幸福的婚姻生活，就必须学会经营，在婚后也一点儿不能大意，婚前如何对待对方，婚后也要如此。更重要的是，要学会宽容。小说书名来自欧阳修《玉楼春》中的"直须看尽洛城花，始共春风容易别"。欧阳修是周大新一直很喜欢的文学家。他少年时读《醉翁亭记》，印象非常深刻，就记下了他的名字；青年时读他的《生查子》，觉得写爱情特别到位；后来读到《玉楼春》，写情人分离的伤感，觉得特别好。写这本书的时候，他就想到了用这首词里的意境来命名，表达对婚姻一种伤感的情绪。

评论家李敬泽将《洛城花落》比作福楼拜的《情感教育》：这是一部中国人的情感教育小说；不是小说家要教育你，而是小说家用一个故事，带着我们每个人进行情感的自我教育。更有意味的是，伴随着书的出版，2021年1月1日中国《民法典》出台了"离婚冷静期"制度，迅速引起社会讨论。"离婚冷静期"成为热搜词，为婚姻制度、为女性如何确立在婚姻中的位置提出了新的话题。周大新在接受《中华读书报》采访时，被问及《洛城花落》写离婚，作品出版恰逢《民法典》出台"离婚冷静期"制度，是赶巧了吗？他回应开始写作本书时还不知道国家要颁布《民法典》，更不知道《婚姻法》中关于离婚增添了冷静期，这的确是赶巧了。在小说中，周大新关注的焦点是：考验婚姻的，从来不是现实困难本身，而是两个人的感情。也正因为如此，周大新想要探究原生家庭带给人的情感能力，探究在智商、情商、财商之外，"婚商"的问题。可以说，他用这部小说，融会法律和人情、偏见和洞见，书写了一部"理性婚姻指南"，更书写了"爱的幸福提示"。

五、哲思：爱与美与世界性

托尔斯泰"爱一切人"的文学观铺垫了周大新的文学底色，此后，在他长达四十多年的写作中，一直以文学作品呼唤爱与美的哲思。在前期的写作中，周大新多在人性的花园中探寻人的内心世界，文学被其视为一种药品，来诊治人类和人性的问题。

在他看来，"由于人的内心世界广阔无边变化多端，且每时每刻都对外部世界发生着影响,所以人类一直在试图努力弄清人的内心世界的风景。心理学家在对人的心理活动进行科学的分析,企望找出人内心世界变动的内在规律;各种宗教通过对信徒行为和忏悔内容的分析,企图解释人的言行与心理世界互动的奇妙因由;封建迷信者则要把人的内心世界的变动与神灵和精怪联系起来。我们作家探索和表现人的内心世界的目的,则是为了更全面地认识人自身,更真实地去表现人,为人自身的发展留下艺术的记录……"[①]

长篇小说《安魂》是周大新创作的转折点,也是他融入更多生命体验和人生苦痛的作品。他虚构了天国,伤心之境是一片遮天蔽日的原始森林,身在其中的人,需要在里面转很多圈才能摸到走出来的路径,周大新宽慰自己,慢慢摸索,也许会找到出路。"升华的爱"是最终通往天堂的请柬,人类想象的天堂可以激发人的兴趣,抚慰那些在忧愁和痛苦重压下的心灵。周大新意识到西方人对天堂的想象,东方人对西天极乐世界的想象,都在解决生死问题,以及对人的终极关怀。

此后,周大新的创作更为注重哲学层面和人类共同命运的思考,并尝试以文学的方式建构解决人类问题的路径,即他呼吁的爱与美的哲学,以及为了人类日臻完美而写作的志业。他以欧阳万彤来寄寓对政界人物的理想,以《天黑得很慢》来提醒老年人关注人生最后一段路途上的风景,以《洛城花落》思考青年人的婚姻问题。他对当下中国生活的文学表达是呼唤爱意。身为写作者,他总希望我们所在的世界能变得越来越美好,越来越适宜人居住。可以说,用文学来传递爱和温暖是周大新一以贯之的文学观。他反复去书写、挖掘人性的美好之处,试图用创作之笔去建构爱与暖的美好世界。

因其作品对人类问题和命运的关注、思考,周大新的创作更多具有普世价值,这也使得他的作品海外翻译一直保持热度。迄今为

[①] 周大新:《人的内心世界》,《北京文学》2005 年第 4 期。

止，周大新的作品被翻译为英文、法文、德文、日文、阿拉伯文等十多种语言，在海外具有广泛的传播力和影响力。电影《安魂》亦是中日共同拍摄完成的。在《天黑得很慢》的英文新书分享会上，英国出版公司及研究者认为："这是一本深入探讨与反思人生衰老真相的小说。"虽然讲的是中国的故事，却引起了全世界的共鸣。

通观周大新的创作，可以发现他以四十多年建构的文学之塔充满温情和力量。笔者曾阅读周大新的日记，深感他数十年保持的人民战士的优良作风。他的日记很详细，每天的日程、心路历程都记录在案。少年时的一次暗恋经历曾被他写进了《单相思》；被提拔为军官后一次偶然的被表白让他大吃一惊，并经过思想斗争坚决拒绝"腐蚀"，后来他把这种追悔的记忆写入散文《没有绣花的手帕》。此后，随着周大新恋爱、结婚，他以战斗的姿态将全部热情投入工作和写作中去。通读周大新的日记，会发现他的节奏很快，他每天都给自己布置读书和写作任务。每部长篇小说一完成，就迅速转入下一部长篇的构思和写作中，我想这也是他宣布长篇小说封笔的原因。但他并没有停止创作，甚至还以科幻的方式继续他对现实问题的思考和未完成的文学志业。

总体来说，周大新的创作既和改革开放以来的中国社会进程息息相关，如城市化、山乡巨变、老龄化、科幻及未来世界；亦和个人的生命和情感体验密切相关，在每一段生命历程中，他都以文学的方式记录、体察、思考，以及寻求解决社会问题和精神世界的出路。同时，周大新的写作具有普世性，印证了当代文学是全球化进程中的写作。作家既以其对民族性的书写建立起具有中国风格和气派的文学，又以其对人类命运的共同关注，成为文化传承和文化输出的重要载体。这也是周大新的创作独特魅力所在，他既有着战士冲锋陷阵的果敢，又有着哲理的思辨，其作品格外温暖有力量！

第一章 长在中原

1952年的农历二月二十七，周大新出生在河南省南阳地区邓县（今邓州市）构林镇周庄，一个世代为农的家庭。南阳盆地扼秦岭余脉，守丹水碧波，居豫陕鄂交界，人杰地灵。邓州位于豫西南，前列荆山，后峙熊耳，宛桐障其左，郧谷拱其右，江汉之上游，秦楚之扼塞。地理位置优越，历史上曾做过邓国的都城。唐宋三贤（韩愈、寇准、范仲淹）先后在邓州生活、任职。1046年，范仲淹因施行"庆历新政"改革失败，被贬出京城，来邓州任知州。他上任伊始，就四处察访民间疾苦，了解百姓之忧。他在当地主要做了两件事：一件是重农事，督促属下为百姓种粮提供方便，让人们把地种好，有粮食吃；另一件是兴学育才，在城东南隅办花洲书院，培养人才。范仲淹应好友滕子京之邀，在邓州写出千古名篇《岳阳楼记》。

构林镇位于邓州市南部，南与湖北襄阳接壤。北宋年间，因构树成林，称构林。扼邓州、襄阳古道，历史悠久。我国第一个王朝夏王朝仲康封其子于"邓地"，历经夏、商、西周，构林均属邓国。春秋战国时期，"邓地"归于楚。沿称至东汉。三国时期，属魏域。周赧王四十三年（前272）始称"穰地"。秦朝置"穰县"。隋文帝开皇三年（583）置"穰地"为邓州。隋炀帝大业二年（606）改邓州为南阳郡。619年，改南阳郡为邓州。742年，又称南阳郡。宋乾德年间（963—968）恢复邓州。南宋时期，因此地构树成林，林中有一狭隘小道，地势险要，抗金英雄岳飞北征，与金交战，在此获胜，遂曰"幸运构林关"。"构林关"由此而得名。元时构林属襄阳府，1355 年（元顺帝至正十五年）始，至明、清、民国，构林镇均为邓州市辖地。构林关清代设驿，民国初为构林里，1936 年为邓县三区。1947 年，邓南县民主政府首建于构林，在豫鄂交界从事革命活动。桐柏军区司令部曾设于本镇李营村，豫鄂干部学校设于构林关。中华人民共和国成立后，先后设区、公社、乡，1985 年 11 月改为构林镇。

第一节　童年家世

周大新家世代为农，爷爷在他出生前已经过世，奶奶在他读小学时去世。他对奶奶的面相已记不清楚，但记忆中还保留着她给自己做的各种好吃的。奶奶总是特意给周大新留白馍馍，掰碎后泡进开水碗里，然后在碗里撒点盐、倒一滴香油让他吃，这种叫"馍花"的加餐成为周大新美好的儿时记忆。

父亲周海龙，母亲李大女，叔父周占龙。父亲在饥荒年月去世后，叔父便承担起抚养周大新的责任。周大新作为家中长子，备受父母宠爱，挨打的次数并不多。但有一次惹恼了父亲，父亲当着众人面踢他一脚。周大新很是愤怒，就在家里的桌腿上拴了一截麻绳，然后对父母申明要上吊，母亲又好气又好笑地用剪刀把那截麻绳剪断了。母亲没有受教育的机会，并不识字，但喜欢抱着周大新去听鼓书。母亲还教会他与人为善，遇事多替别人着想。当时家里穷，但遇到人来讨饭，一定要给人家，其实自己家里也吃不饱。父母亲都很勤劳，整天忙着干活，很辛苦地养活子女。

周大新记忆里关于母亲的最早画面有三个：一是母亲在锄地，周大新跟在她的身后在田里逮蚂蚱；二是母亲在摘棉花，周大新躺在她采摘的棉花上看天空；三是母亲在擀面条，周大新端着小木碗站在她的腿边叫"肚子饿"。在这些零碎的记忆片段里，母亲总在忙碌。长大以后，母亲的忙碌更给周大新留下了深刻印象。她的一天通常是这样过的：早晨，她先起床生火做饭，然后把饭温在锅里，再下地干活去挣工分；全家人从地里回来吃过早饭，她要刷洗锅碗瓢盆，要喂猪喂羊喂鸡喂狗，之后，又要下地干活；中午回来，她坐在树荫下稍喘一口气，就要下灶屋做饭；下午，她仍要到田地里去干活；傍晚收工后，通常还要在回村的路上，要么拾点柴草，要么掐点野菜；她的歇息时间通常是安排在做好晚饭之后，家人开始端碗吃饭时，她能坐下稍事歇息。周大新常听见她长吁一口气，坐在一把小木椅上缓缓摇着扇子，那大概是她一天中最舒服的时候；待大家都吃完了饭，她才端起碗去吃，剩多就多吃，剩少就少吃。

逢到下雨下雪的日子，按说母亲可以歇息，但她照样要忙，要给家人缝衣做鞋、纺线，还要磨面、把苞谷棒上的玉米粒抠下来、用麦秆扎筐子、用高粱的细秆做锅盖，活儿总是多得她永远也做不完似的。但她从没有怀着不满去忙碌，总是心甘情愿地去做这一切。周大新很少听母亲说累，更少听见她抱怨日子苦。她认为这一切都是应该干的。她常说："我不忙这一家人怎么办？人不干活那去做啥？"

母亲虽不识字，却是村里的接生婆。村里的好多孩子，都是她用双手接来这个世界的。哪家的媳妇到了要生的时候，男的一来叫她，她便立刻停下手中的活儿，拿一把剪子笑容满面地过去了。周大新知道她没有这方面的科学知识，因此总为她担着一份心，怕她接生接出问题。不过还好，一直没出什么事，凡她接的孩子，大都平安地降生了。每次接生完，主家会给母亲两个煮熟的红鸡蛋，一是表示喜庆，二是表示慰劳，母亲总是满脸喜色地把鸡蛋拿来给孩子们吃。

母亲对生命怀着一份天生的善意，就连家里养的鸡鹅牛羊猪，她都不许打；哪一种家禽、家畜病了，她都很着急，忙着为它们治病；倘是其中有不治而亡的，她便很伤心；她从不看宰杀家禽、家畜，每逢家里要宰鸡杀鹅，总躲得远远的。母亲信神，而且信的神灵很多。每年大年三十晚上，她都要在院中摆上一个小桌，在桌上摆了馍馍和供果，点上香，以敬天神；逢年过节，她要在灶屋的锅台上摆了供品，以敬灶神；孩子们倘是有了病，她就在佛祖像前磕头烧香，祈求佛祖保佑平安；若是家里出了大祸事，她一定要到武当山金顶去给祖师爷跪拜烧香。有一年家里出了很大的祸事，周大新在外边奔波着期望事情能得到公正解决；母亲则冒着大雪，挎着装了供品、香表的篮子向武当山走去。武当山离家有一百多公里路，要坐车到山下才能往上爬，平日里年轻人从山下爬到金顶都累得要命，可母亲硬是在纷飞的大雪天里爬了上去，拜求了祖师爷。事后周大新想想都害怕，万一她在那陡峭的石阶路上滑倒了可怎么办？家里那桩祸事过去之后，母亲每年还要去武当山还愿，向祖师爷表达谢意。周大新曾劝她不要再跑了，在家事上一向看重儿子意见的母亲，唯独在这件事上十分执拗，坚持着要把"愿"还完。

母亲对待孩子们很宽松，她常说，人该长成什么样子就长成什么样子，很是放任。母亲绝少打骂子女，遇到孩子做了什么错事惹她生了气，她也至多是把巴掌高高扬起恐吓一下，并不把那巴掌真打到他们身上。她最常告诫孩子的是三件事：第一，不说"过天话"；第二，别看不起比自己穷的人；第三，不要浪费东西。

村子的南边，是一片一望无际的草场，草深过人，里边有狼、獾、兔、野猪。后来这里开办了黄牛良种繁育场。周大新经常和小伙伴一起去看骑马的人赶着成群的黄牛在草场上放牧，草香气让人感觉特别舒服。儿时，周大新还经常和小伙伴在蒿草丛里玩捉迷藏的游戏。几个人分成两伙，一伙到蒿草丛中藏起来，另一伙负责把人找出来，找不出就要认罚。周大新把自己的身子缩在草丛间，在头顶上再放一把青草，看到伙伴从面前经过，却没有发现自己，那份快活真是无法言说。

周大新小时候最高兴的事情是挎个竹筐和母亲一起去田里掰玉米棒子，看到一个又一个长长的玉米棒子被掰进筐里，再装进板车拉回村，他会感到很有成就感。有时候掰玉米，会惊起藏在地里的野兔，在野兔逃跑的时候，周大新会立刻扔下筐子，撒腿去追，尽管每次都追不上，累得气喘吁吁，但还是觉得欢喜无比。地里有青玉米秆，母亲也会掰断给他当甘蔗吃，这时，他觉得无比甜美欢快。

在豫西南乡下，虽然日子紧巴，但母亲还是变着法给孩子们做美食。在周大新的记忆中，蒸槐花是母亲最拿手的一道菜。逢到槐花开的时节，母亲总要拎个小筐，到门前的几棵槐树上掐些槐花下来。母亲说槐树上的花摘掉一些对树的生长发育并无妨碍。把摘下的花去掉花梗，在清水里漂洗之后，拌上白面，撒上盐和各种作料，之后放到锅上蒸。在蒸的过程中，厨房甚至整个院子，都飘溢着一股浓浓的槐花香味。蒸熟之后，再浇一点蒜汁一拌，就可以吃了。蒸槐花吃到嘴里有一股清鲜之气和独有的香味，吃下后人特别精神。炸南瓜花是夏秋之间母亲爱做的又一道菜。南瓜开花时，往往开得很密，如果听任每朵花都长成瓜，那势必会分散瓜秧上的养分，结果使得每个瓜都长不大。这就需要像剪庄稼苗一样掐掉一些花，这些掐下的花扔掉可惜，母亲便将它们先用清水冲净，而后放在油锅里嫩嫩地一炸，捞出来撒些盐末在上边，吃起来那香味是双重的，一种是食油的香味，一种是花的香味；而且南瓜花炸出来还是一朵一朵，保持了花的原样，看上去真是赏心悦目。

周大新5岁时开始有了更多的记忆，印象中家里吃得最多的是红薯。早上是红薯稀饭、红薯面饼，中午是蒸红薯和凉拌红薯丝，晚上是红薯干稀饭和红薯面窝头。总之，差不多顿顿离不开红薯。尽管母亲有时会给点优待，但他对于红薯还是很厌恶。这时他开始浮出第一个人生理想，此生不吃红薯。渐渐大一些，他开始跟着大人去赶集。在构林镇，能看到很多人，商店里的各种物品，还会看到耍猴的，有时还能喝到一碗美味的胡辣汤，啃一根甜甘蔗。如果父亲能够卖出些鸡蛋和一两只鸡,周大新就能吃到包有玻璃糖纸的糖块。他从这时开始觉得,外边的世界比村子里好。

周大新童年的记忆中,平原上的田野有一种空阔之美。"春天,鸟在天上翻飞,大人们在麦田里锄草,我和伙伴们就在田埂上疯跑玩闹;夏天,蝉鸣蛙叫,大人们在雨后的田里疏通水道排水,我和伙伴们则脱光了衣裳在田头的河沟里戏水欢笑;秋天,大人们在挥着钉耙挖红薯,我们则在红薯堆里找那种芯甜皮薄的啃着吃;冬天,雪花飘飞,我们会跟在打兔子的人身后跑着听他的枪响……就是从这时候起,我开始感到人离不开土地。没有田地,人活得会很乏味。"[1] 因家贫,他很小就学会照看弟弟,学会割草、拾柴、放羊和剜菜。

儿时,周大新最盼望的是节日,最开心的时候是过年。乡下农家吃得不宽裕,母亲总能千方百计攒下一些东西以备过年用。到了腊月二十七,开始洗菜、发面、剁馅;腊月二十八,肉包子、菜包子、糖包子就蒸了出来。年景好时,蒸包子还能用白面。腊月二十九,母亲开始炸油饼、油条、藕合、酥肉、麻叶、鱼块;腊月三十,母亲还要熬一锅羊肉萝卜,下午开始包饺子,有素馅的、肉馅的。这几天,周大新都是放开肚子吃,把一年里积下的食欲都填满。从初一到初五,吃的基本上都是好东西,过年真是吃得过瘾。

少年时过年,他最高兴的是放鞭炮和捡鞭炮。"大年三十夜里睡觉时,总要先给娘交代:明早记住早点喊醒我。到了四更时分,娘刚拍了我一下,平日总要赖床的我便立马起身穿衣裳。穿好衣服拿了家里买的鞭炮就向大门口跑,先小小心心地擦着火柴,点燃炮捻,然后拎上鞭炮便在门前边走边听着那清脆的爆炸声。爆炸声一响,总能吸引来一群少年伙伴,大家一齐在那爆炸声中欢叫,那份高兴

---

[1] 周大新:《长在中原十八年》,人民文学出版社,2015年版,第4页。

真是无以言表。"①

在中原民间，元宵节更是一个近似于西方狂欢节一类的节日。周大新通常会坐在大人的肩膀上，看在鼓乐声中走来的踩高跷、游旱船队伍。镇街的十字街口，是表演的中心，踩高跷的高手会翻跟头，几家吹唢呐的班子会比着吹《百鸟朝凤》，游旱船的男扮女装的演员们，会故意逗乐。晚上，孩子们就会寻一些用到一半的旧扫帚，把油绳子绑在扫帚把上，用火柴点燃，着了火的扫帚就变成一个火球，十几个孩子抢着几十个火球，快活地喊叫，场面极为壮观。

第二节　读书生涯

周大新最早的文学启蒙，来自母亲、叔叔和说书艺人冯秀成。在夏夜，母亲常会指着天上的星星，讲牛郎、织女和勺子星的故事，还会讲小鸟、羊等动物能说话的故事，孩子们勤劳孝顺的故事。在冬夜的牛棚中，周大新会听一位读过《红楼梦》《三国演义》《水浒传》《西游记》的远房叔叔讲名著中的故事。夏夜，他经常听当地最有名的大鼓说书艺人冯秀成说书。秀成说的鼓书内容大致可分为两类：一类是武打的，如《赤壁大战》《杨家将》《林冲上山》等；另一类是言情的，如《西厢记》《樊梨花》《守寒窑》《闹洞房》等。这两类周大新都爱听，"他所说的许多故事和人物都深深印在了我的脑子里"，"秀成用他那张巧嘴和那柄鼓槌，把我带进了一个又一个神奇的故事中。我常常忘了月亮，忘了星星，忘了夜风，完全沉浸在他所渲染的砍杀搏斗里"②，沉浸在他所讲述的悲欢离合中。每当秀成来说书，周大新就老早占好位子。除了搬凳子，还要抱一捆苇席铺在凳子前面的草地上。周大新爱坐在苇席上听书，听累了，就

---

① 周大新：《长在中原十八年》，人民文学出版社，2015年版，第130页。
② 周大新：《夏夜听书》，见《长在中原十八年》，人民文学出版社，2015年版，第86页。

把头枕在母亲的腿上或半倚在母亲的身上听。

当时,电影很难到农村放映,听鼓书就成了为数不多的娱乐活动和文化启蒙。乡村戏曲对周大新的影响也很大,河南有豫剧、曲剧、越调三种戏。逢年过节的时候,公社会组织剧团唱戏,搭一个简单的舞台,观众坐在下面看戏。壶里倒上油,点很粗的灯捻子,在灯下看戏,虽然模糊,但儿时的周大新还是被其中的故事感动不已。

1958年秋天,6岁的周大新进入河湾小学读书。校名来自小学的校舍被一条名叫柳丰的弯弯小河环绕。当时疟疾仍在乡间肆虐,年幼的周大新经常被疾病击倒,"打摆子"之后常常无力行走。但父母因受尽不识字之苦,总是鼓励他坚持上学。有时是被父亲背到学校,有时是让同在一个小学读书的远房姑姑背着去学校。姑姑年长他七八岁,上学晚,年龄大,力气也大,后来周大新一直记着当时把双手环绕她脖子上,头搁在她肩上那种摇摇晃晃的感觉。

家境的贫困使得周大新下定决心,一定要把书读好。老师会给成绩好、爱思考的孩子奖励作业本,周大新的成绩一直很好,那些印有"奖品"的作业本也给了他学习的自信和勇气。这一年国家开始"大跃进",村里人干活时总插些红旗,还经常有锣鼓声,也会看到有人挨家挨户地收铁器,说是要炼铁。"大食堂"兴起后,全村人开始在一起用很大的锅做饭,每顿饭都在一块吃。"这样吃饭的好处是,我和我的那些伙伴可以边吃饭边在一起玩。早饭后我要背个书包,步行四华里去河湾小学上课,中午再跑回来吃饭,午饭后再去上课,下午课上完再往回赶。一天十六华里,这对于一个孩子来说的确不是一件轻松的事。每每走累时,就很羡慕天上的鸟,就在心里想:人要能飞那该多好!"[①]

7岁时,周大新正式开始干活。他的主要任务是照看弟弟以及割

---

① 周大新:《长在中原十八年》,人民文学出版社,2015年版,第5页。

草喂养家里偷偷养下来的一只山羊,去田野里捡拾玉米秆和棉花根子,去河堤上搂干草、干树叶。当时,村里的食堂已经难以为继,吃饭要靠家里自做,周大新还得捡拾柴火。他最盼望的是家里能来亲戚,母亲就会改善伙食,或许能吃到臊子面和葱油饼。

周大新最早的文学阅读是7岁的夏天,他在村里的打麦场上捡到一张《河南日报》,可能是报纸上的照片吸引了他。阅读的现场受到摊麦的叔叔婶婶的关注,在众人的鼓励下,周大新试着将报纸上的字读出来。当时村里识字的人不多,大家看到周大新"能读报纸",纷纷夸赞他。母亲为了奖励这次为家庭争光的阅读行为,煮了一个鸡蛋给他吃。周大新阅读兴趣变浓,最初和乡亲的夸赞及母亲奖励的鸡蛋不无关系。

1960年,饥馑袭来,村里开始有人被饿死,周大新也饿得全身浮肿。他曾经连着十八天没有吃过粮食,全靠母亲弄些野菜、树皮吃,还会将棉花籽的壳去掉,取仁儿吃,或者吃些榆树皮、玉米棒子芯等。周大新记得有一天黄昏到村食堂领饭,一家人的口粮只是一团水煮的刺蕨菜。那是一种野菜,本是起止血作用的,平时谁手受伤了,一撮上就止血了,过去根本不能吃。可当时食堂就分这点野菜。在《癸酉年自白》中,他回忆:"1960年春末饿极时,我曾去生产队的麦地里偷扯过没长熟的麦穗,回来在火上一烧,搓下麦粒吃。其中一次是在一个下着雨的傍晚,身个很小的我拎个小筐惊惊慌慌地走进麦田,雨点打在麦叶上的响声令我胆战,我唯恐被看护麦田的生产队干部发现。那晚的经历至今仍留在我的记忆里,使得我如今只要一在傍晚时分看见麦田就想起了那个傍晚,就听到了那晚的风声雨声,就重新体验到了那种胆战心惊。"[1] 1960年的冬天,村里的人死去了一半多,且多为壮年男子,周大新的父亲也在

---

[1] 周大新:《癸酉年自白》,见《长在中原十八年》,人民文学出版社,2015年版,第66页。

饥荒中去世。所幸后来国家的救济粮到了,周大新得以活了下来。后来他一直养成储粮备饥的习惯,不管粮店多近,都要买点米面放在家里。

1961年,周大新结束初小课程的学习,考上了高级完小,学校在离家六里地的构林。在一个艳阳高照的秋日上午,周大新背着花布书包和几个杂面馍去构林高小报到。他开始了高小读书生活,每天早上天不亮就起床,喊上同村的同学一起往六里外的学校走。下午放学后,再步行回家。中午带点干粮和捣碎的咸辣椒在学校吃。干粮就是母亲用最好的红薯干碾成面后给烙的饼。

周大新最早读的小说是《高玉宝》,这本自传体小说曾让他着迷了好长一段日子。他还读了《一千零一夜》,书中的曲折故事同样令他着迷。此后,他总想找书读,对小说产生了浓厚兴趣,也读到那个时代很多的流行小说,如《林海雪原》《青春之歌》《红旗谱》等。家乡的人对书籍有着由衷的敬意,春节时,家家都要在墙上贴一张红纸条,上写"敬惜字纸"。因之,周大新从小就对写书的人很是仰慕。

从小学起,周大新对书籍就无比珍爱。虽然母亲做的书包是土布,样式也不好看,但周大新书包里的书从来都是干干净净的,不折角不破页。每学期发了新书,他都要找来纸包上书皮,以保护封面不被损坏;学期终了,还会将不用的书整齐地放在家里小桌的抽屉里。后来因为积累的书多了,母亲就专门找来盛香烟的硬纸箱子,将书放在纸箱里。

因家附近有个黄牛繁殖场,里面住了一些干部、工人,大概每个月能放一次电影。每逢放电影的日子,周大新就不吃晚饭,啃着红薯步行五六里地去看电影。看电影是他当时最大的精神享受,他想当兵的愿望也和早年看的《南征北战》有关。这是他记忆中最早的一部电影,当时并不知道这部影片是根据真实历史事件创作的,看了之后,就萌生两个愿望:一是长大了要当兵,像电影中那些人一样打仗；二是长大了要写部电影，让自己的电影作品去征服更多的人。

在高小的两年时间里，有两位教语文的老师对周大新影响很大，一位是范荣群①，一位是郑恒奇②。他们会经常鼓励周大新，说他的作文写得好。周大新回忆："在作文评讲的时候，还常对班里的同学念念我的作文，五一节、国庆节学校出特刊，两位教师总把我的作文荐到特刊上发表——就是用墨笔抄在大白纸上贴到墙上。这些小小的表扬和看重，满足了我的荣誉心，也刺激了我学习语文的兴趣。"③周大新最为辉煌的时刻，是作文被抄贴在镇街口的墙面上，适逢集市，观众很多，乡亲们都知道了这是他的作文，回去后就告诉家里人。母亲非常开心，等周大新回家后，就表扬他。这些对他来说都是莫大的鼓励。

1963年秋，周大新以优异的成绩考入邓县三中读书，并担任学习委员。当时，吃饭是最难解决的问题。学校里虽有食堂，但每月要交四五元钱，家里交不起这笔钱，小小年纪的他只好自己做。由家里送来红薯、苞谷糁、柴火，还有一点母亲擀好的杂面条，周大新在学校附近的尹营村找个人家，在灶屋里用几块砖头支一个小铁锅，烧火煮红薯稀饭和杂面条吃。虽然饭经常做得半生不熟没滋没味，但每顿他都是狼吞虎咽地吃完了。周六晚上回家，母亲会为他擀杂面条，加上辣椒汁，算是改善生活。伴随着饥饿，每次上学经过镇上一家飘着小磨香油的油坊门前，或者走到飘着油炸丸子的胡

---

① 范荣群，出生于1938年8月，初中文化程度，中共党员，小杨营乡孙庄村人。1956年邓县三中毕业后，分别在刘集、构林、杨营乡任教师、校长。见《邓州名人志》，1995年版，第656页。

② 郑恒奇，1937年8月生，河南邓州人，1963年毕业于南阳师专中文系，1965年毕业于开封师院中文系（函授），1978年前，在邓州构林、刘集从事小学、中学的语文教学工作，并先后任教导主任、校长等职。见卢继传主编：《中国当代科技专家大典·河南卷（下）》，中国经济出版社，2000年版，第1090页。

③ 周大新：《在构林》，见《长在中原十八年》，人民文学出版社，2015年版，第81页。

辣汤锅前,周大新总会忍不住流口水。一个寒冷的中午,他吞下的红薯窝窝头又冷又硬又酸,于是狠狠心花了一角五分钱买了一碗热腾腾的胡辣汤,吃得满头大汗。这碗胡辣汤的美味一直印在他的记忆中,以至多年之后,无论他走到哪里,总是怀念家乡的胡辣汤。后来,随着家境的逐渐好转,周大新才在学校吃起了食堂。在村子里,一直坚持让孩子上学的人家并不多,周大新家是其中之一,很多同龄人因为种种原因忽然辍学,周大新一直有读书的愿望,家里就算再贫穷也坚持供他读书。

在周大新求学的这段日子里,构林实在是萧条得可怜。两条不长的街道呈十字形摊开,街上的店铺十分稀少,他记得有一家百货店、两个土产杂品店、两个饭馆、一家照相馆、一个邮电所和一个粮管所,还有一个很少开门的戏院。但就这样一个世界也令他十分新奇,比起居住的村庄和河湾小学,这里还是要大得多,也热闹得多了。

当时的学校有一个藏书两万余册的图书馆,还有一个阅览室,这两处地方加深了周大新对写作和文学的兴趣。他常到学校的阅览室里去看各种各样的文学杂志,最爱读的是《奔流》杂志。他从图书馆借来了《一千零一夜》《青春之歌》《战火中的青春》《长城烟尘》《红岩》《林海雪原》《敌后武工队》《红旗谱》等一大批小说。他回忆道:"这些小说把我领进了一个个新奇的世界。我对作家的敬佩就是从这时候生出的,'我要能写一本书那该多好'的企望就是在这当儿像豆芽一样从心里拱了出来。"①

马学信先生担任周大新初中三年级的班主任,兼教语文。周大新曾写出一篇散文《学信先生》怀念恩师:"他是个爱好体育运动的人。在课余时间,我们常见他坚持用残臂握拍打乒乓球,他的这种

---

① 周大新:《在构林》,见《长在中原十八年》,人民文学出版社,2015年版,第82页。

初中，摄于枸林镇

劲头鼓舞了我们，使得我们班打篮球、乒乓球的人格外多，班里爱好运动注意锻炼身体的风气很盛。"对周大新来说，学信先生批改作文特别认真，每次作业本发回来后，"我都急忙去看他画下的符号和写下的批语，每一次我都能从那些符号和批语里获得一份写好作文的自信，增加一份对写文章的兴趣"①。他总是温文尔雅地说话、讲课，遇到学生做了错事，也只是将其叫到一边慢声细语讲道理。因此，同学们都愿意亲近他，喜欢到他的宿舍去坐坐。

当时学校抓学习抓得很紧，校园的黑板上经常出一些有难度的数学题，谁要做出了就会受到表扬，周大新常常在课余时间琢磨做题，并因为得到老师的表扬而骄傲。为了节省学费，给家里减轻负担，周大新每个学期都争取当上三好学生，这样新学期的书本、作业本就不用缴费，由学校奖励。

---

① 周大新：《学信先生》，见《长在中原十八年》，人民文学出版社，2016年版，第316—317页。

少年时的周大新对胡琴特别感兴趣。大约9岁那年的一个正午,周大新听到门外好听的声音,发现一个盲人靠在家门前在拉琴,母亲就为老人端来一碗糊汤面条,原来老人是靠拉琴讨饭吃。周大新就一直跟着他,听他在不同人家门口拉琴。在村边的大树下,老人专门为年少的他拉了一段琴,这是他第一次被音乐迷住,也是人生的第一场音乐会。

进入初中后,学校有节庆日演出文艺节目、师生同乐的传统,老师们也鼓励学生学乐器。周大新就选择了二胡,并渐渐掌握了识谱、调弦,练习运弓,懂得如何在琴筒上滴松香,也渐渐学会了拉出还算动听的琴声。少年时期的他,拉二胡成为抒发心绪的方式,高兴的时候,就拉出欢快的曲子,让乐曲尽情表现心中的快乐;烦闷的时候,就拉一些忧郁的曲子,倾吐心中的抑郁。他也开始接触到乐曲《良宵》,在拉琴的过程中,仿佛能看到月光、树影、水波,能听到虫鸣、风声和人的低语,能闻到花香和青草的芬芳,能觉出一个小伙和一个姑娘在眼前舞蹈……

第三节 大串联的日子

1966年年底,周大新忽然听到通知,"今天不用上课了,可以在校园闲逛",他这才知"文革"发生了。学校里开始出现校长的大字报,在学校的誓师大会上,周大新对于何谓"文革"并不明白,但"那铿锵的语句、如林的红旗、震天的口号,让我的心莫名地激动起来。我感到身上的血流加速了,两颊燥热,双手攥成拳头,一种要干点什么的急迫和冲动弄得我坐立不安"①。

"文革"开始后,因"中央文革小组"表态支持全国各地的学

---

① 周大新:《十四 十五 十六岁》,见《紫雾》,人民文学出版社,2016年版,第294页。

生到北京交流革命经验，也支持北京学生到各地去进行革命串联。随后，全国性的大串联活动迅速开展起来。当时串联师生乘坐交通工具和吃饭住宿全部免费，成为"文革"中独特的风景。

　　1967年春，生日过罢第三天，他被允准参加学校一支赴韶山的长征串联队，心里既光荣又高兴。"娘用家里仅有的一条印有大朵牡丹花的被面为我缝了一床被子，又给我做了一条新蓝斜纹布裤子，绱了两双黑咔叽方口布鞋。爹背了家里的红薯干和苞谷，去构林粮管所按优待红卫兵的规定，为我换了八十五斤全国通用粮票，又去邻居家借了十九块钱。初春的一个早晨，我满怀豪情地和其余十四个同学一起，在一面绣着'红卫兵长征串联队'字样的红旗引导下，踏上了远征之路。"①

　　为了证明心灵的纯粹，周大新和同学坚持徒步串联，一路上即便遇到好心的司机想载他们一程，也坚决拒绝。也有同学走不动就分散了，周大新坚持和五名同学步行两三千里，沿着襄樊（今襄阳市）、荆门、江陵、沙市、益阳、宁乡向韶山走。在《人民日报》刊发的社论感召下，全国掀起了步行串联的风潮。在很多的回忆中，都写出当年串联的坚定信念："我们当时认为，步行就是步行，我们不能功亏一篑。我们鄙视那些'偷工减料'乘车进城的人，我们不能与他们为伍。"② 在路上，周大新经历了人生中的许多"第一次"，第一次在襄樊看见火车，第一次在荆州看见古城墙，第一次在长江坐船，第一次在湖南吃到豆腐脑。

　　在韶山短暂参观之后，周大新一行五人来到长沙，住进了中南林业设计院。这个单位对红卫兵的接待真是全心全意，睡觉是一人一张单人床，被褥洁白干净。饭食也特别可心，早饭吃白馍、喝米

---

① 周大新：《十四 十五 十六岁》，见《紫雾》，人民文学出版社，2016年版，第310页。
② 林春芬：《步行串联到韶山》，见《无华岁月：我们的1966—1976》，广西人民出版社，2007年版，第18页。

汤，桌子上还放一小碟白糖；中午、晚上是大米饭，青菜炒肉片。而且收钱特别少，一天一角二，后来干脆不收钱了，说红卫兵是毛主席的客人，理应招待。当其他同学坐车南下广州时，周大新就和几位同学选择留下来。早上直睡到开饭铃响才起床，吃过饭后去市区里闲逛，看清水塘、看第一师范、看湘江、看橘子洲头、看商店、看公园；午饭后再睡一觉，醒来去篮球场打篮球；晚饭后坐看从街上捡来的各种各样的传单和小报。他们在长沙住了一个月零三天，每日吃饱睡足玩好，过的是喜不自禁的共产主义日子。

夏初，周大新一行五人坐船到上海。他们到上海的目的，是想看看这个中国最大的城市是什么样子。不知不觉中，他们已把革命串联当成了免费旅游，不再去看大字报、参加集会、收集小报传单，只是游玩。在上海他们被分配住在斜土路的一个接待站里，每天早出晚归，先后游览了南京路、外滩、鲁迅公园、动物园、复旦大学、上海交大，还坐车去了一趟吴淞口。"城市的繁华和热闹令我们大开眼界，我们这些乡下农民的孩子，第一次知道有人生活在这样一个美好的地方。"[①]

1967年年底，周大新结束革命大串联的壮举，背着一床用麻绳捆着的印有大朵红色牡丹花的被子风尘仆仆地返回母校，母校用她破旧的房舍和满目的荒凉迎接了周大新。此时，全校的红卫兵正忙着同室操戈，他当然不能旁观，放下被子喝了一碗红薯稀饭，就加入了一个名叫"冲霄汉"的战斗兵团。

周大新这期间曾有过一次单相思，他暗暗发誓要好好学习，争取将来能当个公社书记，只要当上了公社书记，自己就有了向她求婚的资本。单相思也使他很注意自己的衣饰穿戴，总是要母亲把衣服洗净，为了保持衣领的板挺，在衣领上别满了曲别针，还学一个

---

① 周大新：《十四 十五 十六岁》，见《紫雾》，人民文学出版社，2016年版，第314页。

老师的样子，特意把两个套袖套在衣袖上。虽然没有新鞋，但为了使那双旧黑布鞋看上去还像新的，他往鞋帮上涂了墨汁……还想办法买了一块香皂，每天早上都极认真地洗脸；而且很努力地刷牙，一心要把牙刷得比她的牙还白。单相思还使周大新学会了拉二胡。知道她爱唱歌，就想只要学会了拉胡琴，就增加了求爱的资本，日后就有可能给她伴奏。此前周大新对音乐可以说一窍不通，此时他从识简谱开始，一点一点地学；简谱识得后，就找来一把旧二胡，吱吱呀呀地拉起来。功夫不负有心人，后来从琴弓下淌出来的声音变得颇悦耳动听。周大新当然希望也能把她吸引到身边来，但最终也没能如愿。直到有一天听说她已经有了对象，对方是一位年轻的军官。消息飞到耳边的那一刻，周大新惊呆了："我站在原地久久未动，连上课的钟声都没能听见……我的单相思不得不结束了。结束了这段单相思的我变得更少言语了。此后，我便把精力更多地用到读小说、打篮球和正课的学习上。"①

在这段单调的时光里，周大新也在家干农活。他还读了浩然的长篇小说《艳阳天》，这是当时唯一可以找到的小说，在当时确实深深地吸引了他，萧万春的形象鲜活地出现在他的面前，心中想写一本书的嫩芽，又一点一点地挺了出来。但"文革"中，大批的作家被划为"黑五类"，让周大新感到了当作家的可怕。

复课闹革命之后，周大新作为贫下中农被推荐上了高中。但此时家里经济更加拮据，每星期去学校时能带着五毛钱已属不易，而且当时学校处于混乱无序状态，教师们早已经没有教书的心思，学校里也没有严格的教学制度，几乎学不到东西。周大新白天的很多时间都是在篮球场度过的，也曾被安排学工学农，到拖拉机站学开东方红链条式拖拉机犁地。他梦想成为一名拖拉机手，因此在夜间

---

① 周大新：《单相思》，见《长在中原十八年》，人民文学出版社，2015 年版，第 112 页。

师傅休息的时候勤学苦练,毕竟作为技术人员可以有收入和夜宵;也曾想过如果没有别的办法,这辈子就开拖拉机为人犁地算了,学农就是学种地、挖沟渠。整个高中的生涯无趣也无望。因为从小上学时老师就不断地灌输思想,科学能够救国,科学家是世界上最伟大的人,科技强国,所以周大新一直梦想当一名科学家。但当时大学停止招生了,这个愿望无法实现。周大新也渐渐明白,这辈子要想不当农民,靠上学读书不行了,必须另想法子。

第二章　参军入伍

　　1970年冬，山东某部队来构林招兵，此次招兵恰逢"珍宝岛事件"，部队招兵需求量大。领队的李连长喜欢打篮球，他这次来招兵还有一个任务，就是要为团篮球队带回几名队员。他在篮球场上遇到周大新，见其身高一米七八，又壮又有力气，而且球技不错，就问他是否愿意参军。周大新很乐意，参军能够保家卫国，是他一直以来的心愿。而且当时农村生活条件非常差，年轻人都有逃离乡村的愿望，部队待遇好，起码能保证吃饱穿暖。李连长看周大新各项指标、体检均合格，也很高兴，要求他到部队后要跟着自己打篮球。于是，在12月下旬的一个早晨，18岁的周大新应征入伍，军旅生涯随着汽车的启动在寒风中开始了。

第一节　一名测地兵

　　周大新最初被分配在山东肥城当兵。新兵的军营由平房组成，虽然和乡下的房子有些相似，但排列得特别整齐。营院收拾得十分干净，山墙上都写满了黑板报，用水泥板做成的一长溜乒乓球台和沙土铺的篮球场在营区的中央，汽车停得整整齐齐。一些营连的室外厕所也建在一起，长长一排，很是壮观。各连的房子里都没有隔墙，连着铺三十几个铺板，一个排三个班三十几个人全睡在一起，熄灯号一响，大家一起躺进被窝，几分钟就响起了此起彼伏的鼾声。

入伍通知书

周大新第一次走上哨位是在一个漆黑的冬夜。尽管睡前，班长已通知晚上站第四班岗，自己也做好了精神准备，可被哨兵推醒之后，还是有些蒙。哨兵用冰冷的手指拧他的耳朵，他终于清醒过来，穿衣起床，拿过枪和子弹，披挂整齐后随哨兵出门。在夜风呼叫的黑暗中，他不自觉打了一个寒战，四周没有半点光亮，只有汽车和营房的模糊影子。周大新第一次只身一人站在深夜中，浑身汗毛直立，心跳陡然加快。1970年冬，部队里每天都在进行打仗的教育，报纸上也不断有苏联要对我国发动侵略战争的消息，部队时刻准备还击"帝修反"的挑战。有一次巡逻，周大新小心地把冲锋枪横在胸前，拉动枪机让子弹上膛，手紧紧抓住枪柄，随时做好开枪准备。巡逻到第三圈的时候，一阵响动让他提高警惕，紧张中认为敌人真的来了。他喊了口令后对方并不回答，更加印证了自己的判断，毅然对着黑影扣动了扳机。黑影倒下去了，发出了一声尖厉的叫声。枪声也惊动了营区，连长带着几名干部打着手电筒拎着手枪跑来，连问出了什么情况，周大新说，敌人偷袭。在亮闪闪的手电光下，众人发现"敌人"原来是一头小牛犊。周大新很是内疚,连长安慰他说枪法不错,也告诫他不要过于紧张,否则会失去正确的判断。

新兵连在紧张的训练生活之外,还要求每个班有文化的新兵及时把本班的好人好事写成稿子,开饭时站在饭堂里朗读。周大新很乐意借此机会让战友们知道自己的文笔好,常常在业余时间写这类稿子。他总是堆砌一些华美的词句,然后站在饭堂里抑扬顿挫地朗读,这些应该是他最早的"散文"作品。

三个月新兵的训练结束后,因周大新是高中生,算是当时的知识分子,他就被分配到需要文化的专业分队,当了炮兵团的一名测地兵。周大新所在的测地班只有八人。八个人的床铺摆成两排,八床被子叠得方方正正地放在那里,八支冲锋枪整整齐齐挂在床头墙上,测地用的经纬仪摆在桌上,一切都显得整洁又有条理。周围是煤炭三十二工程处的大片宿舍区,总会有些穿着时髦的姑娘走过营区。当时正是解放军人见人爱的时候,姑娘们也会将目光转向他们,军人们训练起来就格外精神。连里有几块黑板,指导员把出黑板报的任务交给周大新,为了让战友们尤其是姑娘们见识自己的粉笔字和文章,周大新办黑板报格外卖力气。每当在黑板上抄完好人好事一类的稿子而留有空白时,他会写上"革命战士英雄汉,不怕苦来不怕难,只要领导命令下,敢赴火海上刀山"一类的顺口溜。写好后,自己也要美滋滋地看几遍,如果再听到连里有人夸自己诗写得好,更飘飘然地以为自己是一位诗人了。

连里成立演唱组的时候,周大新因为文笔好成为组员,负责写一些三句半和诗朗诵节目,并兼当二胡演奏员。这段短暂的演唱组生活,锻炼了周大新写诗(顺口溜)的本领。后来,他开始模仿古代词人按古词牌填词,在笔记本上写了几十首,但这些"词作"后来随着笔记本都散失了。

虽然当兵后训练打枪的时间并不长,但周大新的枪法不错,不论是冲锋枪、步枪还是手枪,他打靶的成绩都挺好。为了时刻保持

周大新与炮兵团宣传股的战友们合影

备战状态,士兵的武器就挂在床头,每个人的子弹夹里都压着满满的子弹。周大新所在的指挥连测地班是负责为炮兵准备击中目标必备的技术参数,每个班的经纬仪、三脚架和标杆就放在床头的桌子上,以便有情况提上就走。

此后的很长时间里,周大新都是整天扛着三脚架、经纬仪,出没山乡僻野。他学会了三角测量,懂得了经纬仪的操作,明白了三角函数知识在军事上的运用,成了一名合格的测地兵。因测量需要数学知识,而周大新的运算速度比较快,所以很快就当上了班长。当时珍宝岛战役结束还没多久,打仗的气氛四处弥漫,战争教育和气氛相互烘托,班长、排长、连长都不断地告诉新兵,男人当兵就是要上战场,战场上的英雄才是真英雄。周大新和战友们更加相信战争真的就在眼前,并常常在心里想:何时能上战场?

参军后,对周大新来说最高兴的时刻是吃饭。之前在老家,总是吃不饱。来到陆军某师地面炮兵团之后,每人每天的伙食费有四毛五分钱。早餐通常是馒头和大米稀饭,外加些咸菜,周大新通常吃三四个馒头加两碗稀饭。即便如此，不到中午就饿了。中午的伙食会换花样，或是大米饭加炒菜和汤，或是大包子、炸油条，比在老家过年吃得还好。吃饭前要列队先唱一支歌，然后再进饭堂，唱歌的时候，大家都饿得"上蹿下跳"，到食堂端起碗，心情快活得很。午饭如果要吃包子，周大新一般能吃十个；如若是油条，要限量，每人半斤，通常会觉得吃不饱。鲁西南乡下来的一位老兵也抱怨油条吃不饱，司务长问他能吃多少，答曰三斤。之后他还真是在打赌的情况下把三斤油条全塞进了肚子。晚饭通常是粗粮，小米饭或是二米饭。当时最令人盼望的是吃饺子，通常是在星期天的中午，平均每月可以吃上一回。每个班七八人把分来的饺子馅和白面，在宿舍包成饺子，场面很是壮观。

周大新的第一任班长姓何，四川人，个头不高，嗓门很大，开始队列训练时，口令极是洪亮有力。但进行专业训练时就提不起精神，因是测地班，任务是用三角函数知识为炮兵准备射击诸元。训练时要用经纬仪观测角度，要用对数表进行计算。何班长初中没毕业，有些困难，发现周大新计算得又快又准，就满意地敲着他的脑袋说，做起来是个材料！在周大新入伍的第二年，何班长复员了，临走还把精心保存的测地教材和指挥尺留给周大新，还送了他一个日记本。周大新知道当时四川还很穷，就送给他几盒山东最好最贵的钙奶饼干。

1971年冬天，全团搞冬季拉练。许多辆牵引着各种火炮的炮车加上指挥车、保障车，排出几十里的长队。炮兵团还施行铁路输送，被拉到几百里外的潍北靶场进行实弹射击。这是周大新第一次参加带演习背景的实弹射击。作为测地兵，为了给全团的火炮准备射击方位、距离和高程，周大新和战友们背着经纬仪在空旷的海滩上奔跑测量，不眠不休。饿了吃几口挎包里带的凉馒头，渴了喝几口水壶里的凉开水。白天测量各种数据，夜里还要打开对数表反复演算，等到把全团演习的所有射击诸元准备齐全后，他们已经三天三夜没

与测地班战友合影

有睡觉了……

拉练开始后，团里要办油印小报，周大新被抽去办报纸。他既是记者，又是主编，还负责编辑、刻版、印刷和发行。当报纸版面因缺稿尚有空白的时候，他会顺手刻一些诗篇，诸如："河水，你慢些走，我要对着你梳头；月亮，你不要溜，我要对着你把书读；柳树，你不要摇，咱俩一块把晨光候……"这些，成为周大新最早发表在"报纸"上的作品。

拉练到山东德州时，部队里搞助农生产，要帮助老乡们挖一口蓄水的大水塘。为促进工程建设，领导交办周大新办一期文艺专号以鼓舞士气。周大新接受任务后很是高兴，就四处征稿，但并没征上来几篇。他只好自己动手写，分别用了几个笔名，写了诗、散文、小说，然后开始刻印。这张印着个人作品的专号发到各连队后，赢得不少赞扬声，连素来威严的团长也夸奖了几句：报纸办得不错嘛！周大新很是高兴，可惜这份小报后来也没有保存下来。

第二节 悄读"内部书"

1972年6月，周大新被提拔为连部的文书。文书可以进入连部的仓库，他意外发现这里有几本盖有"内部书，供参考"红印章的书，其中一本是苏联小说《你到底要什么》。翻开才发现，书中夹着纸条，上面写着："本书是供干部们了解修正主义在苏联作恶的情况而印的，要求干部们一定要带着批判的眼光去看，要看出问题来。"周大新自觉不是干部，看此书有点越级犯纪律，但当时可看的书太少，他抵抗不住诱惑。"当天晚上全连熄灯之后，我偷偷把书由仓库拿出来，然后钻进被窝，打开手电看了起来。"[①]

文书住单间，只要不开灯，就没人能发现周大新在看书。他读得如痴如醉，这部小说写的是城市年轻人的生活，其中有关于爱情和性的大胆描写，关于年轻人追求自由生活的描述。这些内容读来十分新鲜有趣。周大新用了三个晚上把书读完，并没有发现作品有问题，反而感觉这样的小说写得很是吸引人，想着自己要是能写出这样的小说就好了。

这本书让周大新知道，原来除了新华书店卖书，还有另外卖"内部书"的地方。之后，他开始打听卖"内部书"的地方，终于找到团部所驻县城的新华书店，向销售科长表达了想买"内部书"的心愿。科长是党员，专门负责卖"内部书"，见周大新是军人，很客气，在办公室接待了他，但还是为难地表示，买"内部书"需要团政治处开证明。周大新觉得很为难，就说了很多好话，赖着不走，临近中午，还去隔壁商店买了两包饼干。在他的软磨硬泡之下，对方感受到他是真心要买书，就叮嘱"只供你自己读，不能外传"，便

[①] 周大新：《悄读"内部书"》，见《你能拒绝诱惑》，人民文学出版社，2016年版，第249页。

允许购买。周大新喜冲冲地跟着他进入"内部书店"——一间很小的房子，里面放着几排摆满书的书架。大多数是一些外国领导人写的关于政治方面的书，还有中国人描述外国情况的书，苏联的小说只有一本。但机会难得，周大新还是把书装满了军挎包带回连队，开始悄悄地阅读。

此后，周大新开始频繁地与"内部书店"打交道。调到泰安师部后，他又找到泰安新华书店卖"内部书"的人，当时他已是干部，买"内部书"终于名正言顺。1978年他调到济南军区机关时，又和省新华书店卖"内部书"的老耿建立联系。那时虽然不再明确印上"内部书"的字样，但发行范围还是有明确限制。老耿不限制周大新买书，那些年他读了很多在新华书店公开柜台上买不到的书。其间，买了列夫·托尔斯泰的《安娜·卡列尼娜》《战争与和平》等书来读，觉得这位作家很伟大。他强调博爱，爱这个世界、爱所有的人，该观点一直深植在周大新心底，他觉得人生活在世上不容易，爱是最重要的。

孙绳武曾撰文回忆"内部书"确定、出版的过程。20世纪60年代初，当时作家协会的领导曾召开了两三次外国文学情况交流会，出席会议的人员不多，由当时作协负责外事工作的严文井主持，参加会议的有罗大冈、杨宪益、曹靖华等老先生，以及《世界文学》编辑部、人民文学出版社的少数同志。会议初期的中心议题是西方文学的新现象，因为20世纪四五十年代文学界对苏联、东欧了解较多，同西方接触极少。这几次会上谈到了英、法、美的一些作品及倾向，例如，反映这些国家中青年（尤其是工人）对社会颇为不满的情绪，即所谓"愤怒的一代"的代表性作品，并决定选几种译出，由人民文学出版社负责出版。其中有《往上爬》《愤怒的回顾》《在路上》，后来还加上了《星期六晚上和星期日早晨》。这些就是不公开发行、不做宣传的所谓"内部书"出版的开始。过了不久，"内部书""开始以翻译反映苏联文学中的一些新的倾向的作品为目标。最先的一本是美国人编选的暴露苏联生活中阴暗面的《苦果》"①。

朱学勤也有文章回忆自己"文革"中购买"内部书"的曲折经历。1974年前后,毛泽东批示重印一些"文革"前的"灰皮书",并组织翻译苏联及西方最新的小说、政治理论书籍。"毛泽东批准的那两批禁书,就在福州路上的'上海书店'出售,书店二楼有一个'内部书籍供销柜台',凭'县团级'与'地师级'介绍信分级别配售。令人向往的是,'内部'还有'内部',里面还有一个柜台,凭'省军级'介绍信才能进去,专供最'反动'的书籍,如费正清的《美国与中国》。我当时为了搞到最里面的那批书,尤其是那本耳闻已久的《美国与中国》,真是动足了脑筋。"②他历经种种曲折辗转河南等地,终于开来介绍信,冒充"省军级"单位,买来了《资产阶级哲学资料选辑》16本、《苏联哲学资料选辑》23本等。

这一时期,周大新开始系统读书,虽然年轻,却很想在测量方面写本书,就买了一些测量方面的书籍。同时开始读《论语》《聊斋志异》《老残游记》等书,也尝试写作一些诗歌,当时炮兵连文书的一个任务就是出黑板报,在空白处需要诗歌来填满,周大新就自己编一些诗句填在上面。

1974年,时值"批林批孔",军部领导要来部队听讲解柳宗元的《封建论》。领导先是安排一位班长讲,但效果不好,临时安排周大新讲解。周大新接到任务后只有一个晚上的准备时间,他也不知道该怎么讲课,就回忆自己的老师当年如何讲。第二天的讲解,因详略得当、板书美观,他得到王姓首长的认可,被提拔做排长。

这一次的提拔改变了周大新的人生命运,使他摆脱了复员回家种地的担忧,并住进团部大院。周大新第一次住进楼房,感觉很新

---

① 孙绳武:《关于"内部书":杂忆与随感》,见《读库0703》,新星出版社,2007年版,第82—83页。
② 朱学勤:《"文革"读书记忆:为购内部书冒充"省军级"单位》,见《档案记忆》2016年第2期。

鲜。团队大院里有一个灯光球场，有球赛的日子非常热闹，球场四周被官兵们挤得水泄不通。最威风的时候是会操，全体官兵军容严整，在高亢的口令声中做着操练动作，队伍在行进时雄壮的步伐有排山倒海之势，呼出的口号能惊飞几里地远的鸟儿。团部礼堂每周都要放一到两场电影，只有放电影时这个满是男人的军营才能看到很多姑娘。

有一天晚上团部放映电影《铁道卫士》，周大新穿着一身军官服去看电影。当天到得有些晚，前边的好位置已经被占住，他只好放下椅子在后面观看。他看到约三分之一的时候，忽然闻到一股幽幽的香味，发现是附近工厂一位叫泗的姑娘站在自己身旁。姑娘是周大新去她所在的工厂军训时认识的，因她长得漂亮，就记住了名字。泗对着周大新笑了笑，他也点点头算是打了招呼，就继续看电影了。那时候男女之间一般很少搭话，以免带来嫌疑。电影结束后周大新回到宿舍，掏钥匙开门时，发现口袋里有一块叠得方方正正散发着香味的手帕。打开一看，里面包着一张纸条，上面写着："你看见这个手帕时不要吃惊，它的主人就是刚刚站在你身边看电影的那个姑娘，她希望做你的妻子，她求你答应，求你原谅她的唐突，并求你明晚八点钟在你们营房院墙后的铁道旁见她，她将向你解释一切。"[1]周大新看后很激动，觉得能有这样一位漂亮的姑娘做妻子是一件很幸福的事。但他很快冷静下来，运用那个年代受到教育的立场、观点和方法进行了认真的分析，并得出结论，这位姑娘生活作风有问题。好姑娘绝不会用这种方法来找丈夫，也许她背后有人指使，目的是腐蚀军队干部为其服务。一想到阶级斗争的复杂性，周大新迅速撕掉了纸条，把手帕扔进了抽屉。直到第二年春天的一个上午，周大新作为政治部门的代表参加一个地方庆祝会，看到泗跟在一位

---

[1] 周大新：《没有绣花的手帕》，见《长在中原十八年》，人民文学出版社，2015年版，第148页。

五十多岁的白发领导身后，被人告知是领导去年冬天新娶的夫人。泗的脸色苍白，目光也有些呆滞，面有凄楚之色，明显看出不快活。周大新的心情也变得沉重起来。

这次提干也改变了周大新的生活处境，之前他每月的津贴是10元，提拔后是52元，还一次性补了两个月工资。周大新给家人寄去50元，又跑到百货商店，买了一个绣有喜鹊登枝图案的枕套和枕芯。当时售货员坚持要成对卖，周大新解释说自己没有对象，买一对怎么用呢？售货员是位姑娘，听了觉得好笑，就破例卖给他了。后来他又攒钱买了一块上海牌手表，1974年回乡探亲，见到家人，问候亲戚、邻居，就戴着那块手表。在当时，戴手表是非常名贵时髦的装扮。周大新的提干使家人备感光荣。

提拔成排长后，周大新最初在团政治处担任干事，又下到连队担任副指导员，后又来到师政治部当理论干事，主要工作是组织理论学习，做会议记录，整理简报。周大新觉得这段时光真是自己人生的美好日子。22岁的他，身高一米七九，胖瘦适中，一晚上能吃三个二两的馒头外加两碗稀饭和一盘咸黄豆。晚上熄灯号一响，半分钟就能进入梦乡。他能吃能睡、身子壮实、面色红润，穿上四个兜的军服，挎上五四式的手枪，很是威风，自我感觉也很英俊。从战士、班长、副排长、排长、副连长、指导员，周大新靠着个人奋斗一步一个台阶走上去。

第三节　托尔斯泰的力量

1971年冬天，周大新这位在炮兵连对机械等事物有着浓厚兴趣的测地兵，留意到临排班长晚上总会拿着手电筒看一本没有封皮、没有书脊的书。出于淘气的心理，就找机会拿过来瞅了瞅，没想到一看就上了瘾。班长没有告诉他这本书是怎么弄到手的，但说书名叫《复活》，作者是列夫·托尔斯泰。这是一本描写人性复活的小说，书中玛丝洛娃和聂赫留道夫的情感纠葛非常动人。在那个人与人之间热衷于互相揭发、互相斗争的年代，是一本禁书，但书中玛丝洛娃的命运深深地震撼了周大新。当时他就想，要写这么一部书也不错。

后来，周大新去书店买到列夫·托尔斯泰的书，读到了《安娜·卡列尼娜》和《战争与和平》。托尔斯泰的作品强调要"爱一切人"，周大新如此沉醉于文豪笔下那个充满爱的世界，以至看到他的传记知道他和家人相处得并不好时，一直不愿意相信。"爱一切人"很大程度上影响了周大新的世界观。世界上每个人活得都不容易，哪怕是坏人，观察他的全部人生，也有怜悯的必要。怜悯也是一种爱，爱和被爱才是我们人活着应该争取的。列夫·托尔斯泰对周大新影响最大的是价值观和人生观。

1978年秋，已在济南军区政治部宣传部工作的周大新随机关工作组到青岛出差，在一个小招待所里，阅读携带的《战争与和平》，这本书让他再次见识史诗性小说的面目，内心受到极大的震撼。尤其是娜塔莎的人物形象，给予了周大新很多的艺术启示，他意识到写出好的文学作品要做到以下三点：其一，一本书只要把主要的女性角色写好了，这部书就有了黏合剂，就能使书的各部分紧紧黏合起来，使书具有引人阅读的魅力；其二，作家写人物，一定要注意他的成长过程，每个人都是逐渐成熟的，他的性格、胸怀、气质，都有一个形成过程，过程写好了，人物就栩栩如生了；其三，写人物，一定要写出一种命运感来，这样才能征服读者。这些启示对周大新之后的写作有着很大的影响。他作品的很多主人公都是女性，如《汉家女》中的家女、《香魂塘畔的香油坊》中的香二嫂、《银饰》中的碧兰、《战争传说》中的瓦剌女子、《湖光山色》中的暖暖等都是如此。他在刻画人物命运时更为注重人物性格的形成，这些都有着托尔斯泰的影响。

多年后，周大新回顾自己的创作历程，写出随笔《列夫·托尔斯泰的劝告》：

由于过着写作的生涯，在一些心情尚好的夜晚，我会走进和写作有关的梦境。在能够回想起来的那些光怪陆离的梦境里，曾经晃动着许多面孔模糊的前辈作家的身影：川端康成、玛格丽特·杜拉斯、加缪、略萨、福克纳，其中出现次数最多的，是俄罗斯的列夫·托尔斯泰。他总是迈着缓慢平稳的步子，由一片碧绿的草地上向我走来，而且边走边向我招手说：你应该争取写得精彩些……

要关注社会底层人的生活，是他用他的书给我的最重要的劝告。托尔斯泰出生在一个贵族地主家庭，他的生活圈子在社会的上层，他接触的多是上流社会的人，他熟悉的是上流社会的生活，照说他该去写上流人士的闲情逸致，去写他们的觥筹交错，去写他们的离愁别绪，但他没有，他偏去写一个女仆——玛丝洛娃悲惨的命运（《复活》），去写俄法战争中惨死战地的士兵（《战争与和平》）。他的笔下响着底层人的呻吟，让人看了心一下子被抓紧，胸腔里陡添一股沉重，从而使读者在获得审美享受的同时，生出要对社会进行改造的冲动。也就是因了这劝告，我这些年写的小说，讲的大都是底层社会普通人的故事。底层人总是特别希望社会变得更加美好，但愿我的这些小说表达了这种愿望。

要剖析和展现人的灵魂的质地，是他给我的又一个重要劝告。他在《复活》这部小说里，把聂赫留道夫灵魂的形状和质地极清晰地袒露到我们的眼前，而且把这个灵魂在水里漂洗的过程也细致地呈现了出来，当他最后将那个漂洗掉脏物变得纯洁的灵魂捧到我眼前时，我被深深地震撼和感动了。我至今还记得，在书里，当聂赫留道夫玩弄了卡秋莎·玛丝洛娃之后，作者这样写聂赫留道夫的内心：应当给她一笔钱才对，这倒不是为她着想，不是因为这笔钱在她可能有用，而是因为大家素来都这样做，因为他在使用她以后，假如不因此给她一笔钱，别人就会认为他是一个不正直的人……这几句话把聂赫留道夫那时那刻的灵魂的质地一下子写了出来。托尔斯泰用他的笔告诉我，小说家写人，不能满足于把人的言行写出来作罢，重要的是写出人的言行背后的东西，写出导致这些言行的那个灵魂的成色，让读者的灵魂在这个示众的灵魂面前不自觉地去进行比较，从而有意识地去提高自己灵魂的洁净度。这一点劝告对我很重要，它使我写作时不再把力气都用在人物外部行动的设计上，而是努力展露人物内心世界的各个隐秘角落，力争把那些角落里盛放的东西都抱出来摊放在读者的目光之下，从而使读者看罢就很难忘记并受到震动和感动，使他的灵魂也或多或少地受到影响。

他给我的另一个劝告是要向世界呼唤爱。对爱人、爱己、互爱的呼唤浸透了这三部书的字里行间。在《战争与和平》中，他把俄法战争的惨状写得淋漓尽致的目的，是呼唤对他国、他民族的爱；在《安娜·卡列尼娜》中，他所以把安娜卧轨自杀的情景写得那样惊心，也是为了呼唤对他人的爱；在《复活》中，他把聂赫留道夫在良心复活之后的行动写得那样细致，其用心更是在呼唤人与人之间的真爱。托尔斯泰在《安娜·卡列尼娜》一书中写到安娜去车站自杀前的内心自白："……他就是不爱我了，出于责任他也会对我好，对我温存的，可是那我想要的东西就没有了——这甚至比仇恨还要坏一千倍！这是——下地狱啊！然而现在事实就是这样的。他已经早就不爱我了……"这段话把爱对于人的重要说得多么清楚。懂得爱、能够爱、会示爱是我们人类得以在地球上生存下来的原因之一。只有爱，才会使人觉得活着是美好的；也只有爱，才会激发人去把这个世界建设得更美好。遗憾的是，由于人是从兽演变而来，身上还存有兽性，人与人之间也就难免不存有冷漠、恶意、仇恨，人世上就有争夺、劫掠、杀戮，人间随之便会有呻吟、痛哭、惨叫响起。托尔斯泰的劝告使我明白，作为作家，面对这幅并不美妙的图景，唯一能做的就是用自己的笔把存在于人们心中的爱呼唤出来，因为爱是化解冷漠、仇恨、恶意最有效的药物。其实，每个握笔写字的人都知道，笔既能呼唤出人心中的爱，也能呼唤出人心中的恶——第二次世界大战中纳粹德国宣传部部长戈培尔的那支笔，从德国士兵心中呼唤出来的不就是恶？一个作家，不管他的艺术主张是什么，不管他属于哪个流派，不管他写什么题材，如果他的作品最后从人们心中呼唤出的是恶，他就应该受到谴责。

要多关注女性的命运，也是他给我的劝告之一。在他的三部重要作品中，他一直关注着女性的生存境况，把许多笔墨都给了女性角色。安娜·卡列尼娜、玛丝洛娃、娜塔莎是他写得最为动人和感人的形象。除了这三位，《安娜·卡列尼娜》中的吉蒂和朵丽，《战争与和平》中的马芒托娃小姐、纳塔丽·劳斯托娃伯爵夫人、洛丽亚小姐、玛丽小姐、丽莎夫人等，都写得极其生动。这些音容笑貌各异的女性形象，使读者不能不去想许多和女性有关的问题：自从人类进入父权社会以后，女性的命运多由男人决定，许多女人承担着受歧视、受虐待、受欺负、受污辱、受迫害的角色。而女性身上又更多地存在着善和爱这两种与人类前途紧密相关的东西。作为一个作家，关注女性的命运，在一定意义上说，就是在张扬善和爱。就是因为有了托氏的这个劝告，我的大部分作品的主角都给了女性，而且在动手写她们时，总是满怀着同情，甚至对于她们中的败类，也不愿使用恶毒的字眼——这当然不是理智的行为。女性在两性世界中是负载着美的一性，作家关注她们，其实就是关注美。没有美，我们愿意活下去？

他给我的再一个劝告是写小说不要抛弃故事。他用他的书告诉我，不管你想对小说进行怎样的革命，不管你想对小说传统进行怎样的反叛，最好都不要彻底抛弃故事。故事是小说区别于其他文学体裁的最本质的东西，是小说当初得以诞生的基础，是它在今天的文学家族里成为长兄的重要原因。我读《复活》是在十八岁，它所以能吸引十八岁的我读下去，是因为聂赫留道夫对玛丝洛娃由玩弄、抛弃到歉疚、真爱的故事抓住了我；我读《战争与和平》是二十二岁，这部四卷本的书所以让我爱不释手，是因为其中有娜塔莎和彼埃尔曲折的爱情故事，有拿破仑对莫斯科的占领并最终败退的故事；我读《安娜·卡列尼娜》是二十四岁，它所以能让我一口气看完，是因为安娜·卡列尼娜和渥伦斯基偷情的故事太让我感兴趣。如果这三部书里没有这些故事，它们的语言即使再好，寓意再深刻，我也可能早把它们扔了。而如果不读这三本书，我自然不会记住托尔斯泰的名字。也就是遵从托氏的这一劝告，我的每一篇小说里都有比较吸引人的故事。如果把小说的成份比作一个有多位成员的家庭，那么故事，就应该是这个家庭中的母亲。

历史在前进，社会在发展，人的观念在变化，小说的写法也在革新。托尔斯泰的小说今天已成经典，他的小说写法对年轻一代作家的影响在日渐减弱，甚至已经完全消失。但他对我的写作的影响是巨大的。[1]

---

[1] 周大新：《列夫·托尔斯泰的劝告》，见《世界文学》1999 年第 1 期。

# 第三章 初习写作

20世纪70年代，周大新有段时间对经济学非常感兴趣，觉得当时国家太穷了，就想着怎么把生产力提高上去。1973年他开始尝试写作，写了一些关于中国生产力发展状况的论文，曾寄到中国社科院的《经济研究》杂志，但多被退回，毕竟那个年代写的东西丝毫不能违反当时的宣传精神。他还系统阅读许多政治学、哲学、文学等方面的书籍，至今仍保存着当时大量的读书笔记。这一时期，周大新随着工作调动，来到宣传科工作，他开始了业余写作，成为部队的一名写作新兵。

第一节 诗歌与剧本

1978年，周大新被调往陆军某师师部工作，任师政治部宣传部干事。来到师部后的周大新生活条件改善许多，因山东盛产苹果，部队周围都是果园，风吹过后，苹果熟透落地，当地农户就以便宜的价格卖出。在老家时从没有见过苹果的周大新，就和战友们经常一盆一盆地买苹果吃，加上部队的伙食还不错，周大新的胃也被吃出了毛病。当然，这也与他长年精神上超负荷运转有关系。

这一时期，他把主要工作和精力投入写新闻报道之类的宣传文章中。当时的周大新对于诗歌很是偏爱，每当看到报纸上的政治抒情诗，自己也模仿着去写。1976年清明节前，他写了不少"政治诗"，这些诗作都没有公开发表，其中有一首题为《别只说》：

> 别只说斗争，
> 不是还有友情？
> 别只说提防，
> 不是还有开诚布公？
> 别只说暴风骤雨，
> 不是还有细雨和风？
> 别只说奋斗，
> 歇一歇难道就不行？
> 别只说坚定，
> 有时犹豫也合乎人性！
> 别只说上层，
> 也说说普通百姓。
> 别只说思想武器，
> 也讲讲油条大饼。
> 别只说未来的灿烂，
> 也谈谈时下的照明。
> 别只说形势大好，
> 该看看工厂的情形。
> 别只说丽日白云，
> 也仰头看看星空。
> 别只说勇往直前，
> 也提醒脚下还有陷坑。
> 别只说"红彤彤"，
> 大地上不是还有绿色草坪？……①

---

① 周大新：《初约》，见《你能拒绝诱惑》，人民文学出版社，2016年版，第63页。

这些稚嫩的诗作代表了当时周大新的创作热情。同时，他还观看了大量的电影，并开始尝试剧本写作。周大新喜爱看电影，"文革"中《南征北战》《铁道游击队》《地道战》《创业》对他的影响非常大；当时他也看了一些反映现代军人的电影，如《哥俩好》《雷锋》等，就想写一部自己所熟悉的反映军队生活的电影。

这一时期，周大新陆续写出电影剧本《古榆》《诬告》等。《古榆》写豫西南柳林镇一棵古榆树下发生的故事。水秀和雨本是恋人，刚登记后雨本因抢救集体财物成了残疾人。他为了水秀的幸福，狠心退了婚。水秀嫁给了同村的丛铭。婚后，丛铭有机会来到开封师范学院工作，受到其他女子的诱惑，抛弃了水秀。水秀在痛苦和悔恨中去世，留下的女儿，雨本将其抚养长大。女儿考上了开封师范学院，雨本在陪女儿报到时遇到了丛铭。丛铭经历了人生的波折，被下放到干校，返回学校后又生了重病，妻子也抛弃了他。雨本就将他有女儿的事情告诉了他，父女得以相认。雨本却在抢救家乡水患中去世。剧本穿插着带有豫剧韵味的豫西南民歌《乡间》："乡间的天哟蓝又蓝，乡间的路哟弯又弯，乡间的水哟清又清，乡间的人哟忙种田。"作者还以古槐树的浑身是宝，"做人应该像槐树，处处对人们有用处"来比喻雨本的崇高人格。

稿子寄出后，先是收到长春电影制片厂的回信，要他作为军人安心训练，不要搞创作；又收到西安电影制片厂的回信，批判他的剧本有思想性问题。其间，他还收到安徽电影制片厂的来信，说要拍成电影，但需要修改。周大新就趁探亲休假期间转道安徽合肥，改了两天剧本。加上路程，十多天的探亲假占去四五天，但后来仍未投拍。虽然当时电影剧本的成活率是五千分之一，但周大新还是很失望。当时部队驻扎在山东泰安的泰山脚下，周大新接触到一些介绍台湾老兵思乡的材料，就萌生写小说的愿望，还写出了一部反映台湾老兵思乡的军事题材小说。

1977年首次进京拍照留念

这一时期周大新的生活很规律。每天早上，他都要从冯玉祥修的那座大桥桥头开始跑步，一直跑到黑龙潭水库，然后再慢步返回。晨练的时候，他想得最多的是吃的问题，因为一锻炼肚子就容易饿，饭量就会增加。而他必须节省粮票，好在探亲时带给父母，让家人也能买点白面，改善一下生活。其间，还有婚姻的小插曲，早在周大新十二三岁的时候，家里曾按照当地的风俗，为他定了一门亲事，当时双方年纪尚小，彼此并没有什么印象。周大新参军后，有一天收到当地革委会的公函，对方请求解除婚约，周大新看到之后，也如释重负，当即同意以连队的名义给公社革委会去信说明。

工作调动原因是恰逢新华社的一位记者来到部队蹲点，写了一篇大稿子要大家谈自己的看法。周大新就畅所欲言，说了自己的意见，对方一听觉得挺不错，就推荐他去军区做宣传工作。5月初，周大新接到通知，从泰安调到了济南军区宣传部工作，他是既高兴又忐忑。报到之后，他第一次见到军区司令和政委，见到之前在《前卫报》上才能见到照片的首长，很是高兴和自豪。

不久，《光明日报》发表文章《实践是检验真理的唯一标准》，提出任何理论都要不断接受实践的检验,这在社会上和部队中引起热烈的讨论,大家都认为政治领域将会发生重要的变化。周大新直觉认为,理论说得再好听,如果不能让老百姓过上吃饱穿暖的好日子,恐怕是不行的。由于他是部里的秘书,又管资料室,就有机会读到很多的书,也开始利用业余时间专心创作,并开始在军报上发表文章。

这一时期,周大新还谈上了恋爱,对象是在南阳人事局工作的杨小瑛。二人是初中同学,后来一个参军,一个被推荐读大学,在经战友介绍建立联系后,开始恋爱。陷入热恋中的周大新差不多每周就要给对象写一封信,热恋也使得他忘记了天气的迅速变热,等热到难以入睡时,才知道泉城的夏天已经到来。

周大新在济南还分到了二室一厅的房子,心里很是高兴,就置办了两件家具:一件是花两块钱买的一个集装箱,用来装衣服;一件是柳条箱子,用来装书籍。后来他又一次性买了四个书柜,把家里散落各处的书全部收进去。当年一下子买四个书柜的人并不多,周大新的举动让同事们颇感意外。因为住房面积并不大,他只好将四个书柜分别放在客厅和卧室。

1978年年底,周大新完成他的首部长篇小说《思乡》,是反映台湾老兵思乡的军事题材小说,他用铅笔写了30余万字。他把这部写了近一年的长篇小说拿给周围的朋友看,反馈是:"哎呀,这是什么东西?太差了。"第一篇小说就受到如此打击,周大新再也不敢拿出来了,也一直没敢交给出版社,直到有一次搬家时把它烧掉了。一连串的创作失败使得周大新开始思考,自己应该沉下心去读书,在艺术上有所准备再开始动笔写,并且需要选择一条道路集中全力走下去。

第二节 书信体小说

新时期的文学界流行短篇小说,也激发了周大新写作短篇小说的兴致。《伤痕》的社会影响很大，大家都在争着读。周大新也开始写短篇，写了很多，寄出去但都没有发表。因为自身文学准备不足，周大新最初的创作之路走得非常曲折，不断收到退稿信。当时各家刊物都很负责，只要不用的稿子，就一定会退回。稿子总是寄出去又退回来，到后来退得他心惊肉跳。同伴们能看到他的退稿，一看信封是退稿，就开始挖苦："周大新，你的退稿来了。"后来因为害怕被耻笑，他在写稿的时候专门用复写纸复写两份，在寄稿的时候就给编辑写上，自己留有底稿，如果不能发表，最好不要退稿。

济南的秋天异常美丽，周大新的心情也很愉悦，把秋天的济南细细游览。他登上千佛山，欣赏前朝雕就的形态各异的佛像；观赏了趵突泉、大明湖、四门塔等。1978年12月，北京召开落实知识分子政策的座谈会，周大新很高兴。他对有知识的人充满敬意，当时的社会环境，知识分子是被教育、改造的对象。周大新从事文学写作，很担心别人也把自己当作知识分子，有了这个政策之后，心里坦然多了。

1979年1月，周大新和杨小瑛结婚。杨小瑛出生于1953年，比周大新小一岁。二人是河南邓县三中的同班同学，在学校时就有过接触，彼此的印象都不错。但周大新声明当时年纪小，从没有往爱情方面想过。毕业后周大新去山东当兵，杨小瑛去公社广播站当播音员，后来周大新的一位战友复员回河南南阳工作，恰好杨小瑛从武汉大学图书馆系毕业，分配到南阳人事局工作。经热心战友撮合，二人建立起联系，后成为一生的伴侣。

当时的周大新沉迷写作，新婚蜜月之际，他依然躲在妻子南阳的斗室中秉烛读写。有时候，家里客人多，他为了清净，就在楼下邻居空闲的鸡圈里摆上桌椅。妻子杨小瑛勤劳善良，承担了全部家务，全身心支持他的文学创作。

有一天，周大新偶然读到一篇书信体的小说。作者的名字和国籍都记不清楚，故事情节是一位沦落烟花巷的姑娘，在一次接客中偶然碰到了自己的哥哥，兄妹俩愕然相对而站，妹妹拉门跑出。随后，妹妹便给哥哥写了一封信，含泪泣血叙述了她是如何为维持一家人的生活以及供哥哥在城里读书而走上这条路的。信写得哀婉动人，周大新读后久久不能平静，几次拭泪，被真挚的兄妹之情感动。这一夜，他方知小说的厉害之处，竟然可以征服一个人的心。

1979年2月，南部边境战争爆发。周大新在军区宣传部做事，每天可以看到战报，一些参战的同志也时常来信，使得他能够对前线的情况大概了解。在读到战友来信的时候，他就想，何不也用书信的形式写一篇小说？于是铺纸拿笔，一夜写成。小说以一位前方作战的战士给后方朋友报告所见所为所闻的书信形式，来反映战争景观。周大新将其命名为《前方来信》，寄给报社的副刊编辑。3月，处女作短篇小说《前方来信》在《济南日报》副刊发表。

作品写一位前线的战士来信，告知负伤情况，以及和越南人民的复杂感情。故事讲述在越战时，"我"救过越南青年小松，并和其家人建立起感情，当时还约定待越南统一后，请他们来山东做客，登泰山，领略齐鲁风光。随后，两国发生战争，"我"又一次来到中越边境，没想到在一次战役中被偷袭，原来是小松打伤了"我"，"我"带队将其俘虏，战友们都要严惩他，"我"却将其带到指挥所，并救出了一位越南大娘，原来是小松的妈妈。她告诉"我"，房子被烧毁，粮食被抢走，小松也被抓走洗脑了，说是"斗争措施"。母子见了面，小松也很愧疚，说出自己被哄骗，看到伪造的照片，开始恨中国人，得知真相后，很是悔恨……通过这篇处女作，可以发现周大新的故事重心仍是战争背后的人情美和人性美。

小说发表之后，周大新看到自己的作品变成铅字，又是在社会上公开发表，占了将近半个版，特别高兴，就用收到的稿费请战友们吃了一顿饭。这篇作品的发表使周大新信心大增，他开始不停地写文章。又在军区报纸上发表两三篇四五千字的文章，此后，就更加迷上了写作。

当年秋天，经过南部战争的部队官兵们相继把目光从战地收回，重新置身于和平环境中。安静地阅读和静静地思考再次成为周大新军营的生活内容之一。他在一位朋友处借到陀思妥耶夫斯基的《罪与罚》，迅速被书中紧张的心理斗争和复杂的情节吸引了。在一周的阅读中，他和主人公一起沉浸在书中笼罩的阴沉抑郁氛围中。

我清楚地记得，读完全书之后，我长久地坐在我的宿舍里一动不动。我感到我的心受到了强烈的震撼。那种震撼感首先来自于陀氏所发现的那种苦难。陀氏对底层社会苦难的熟知，以及表现这种苦难的细致和大胆，令我惊奇不已。特别是拉思科里涅珂夫一家和妓女索菲亚一家所经受的苦难是那样让人感到无助和痛心。原来苦难可以这样呈现，原来作家可以这样写社会，我在心里感叹：这才是人民的作家，这才是社会的良心……

在我的阅读史上，这是一次重要的阅读经历。这次阅读让我明白，一个作家必须具有三种能力：其一，要有敏锐的感知社会苦难的能力。当别人没有发现苦难或发现了苦难却给予漠视时，你却能发现并敢于大胆地给予展示。其二，要有撬开所写人物内心隐秘之门的能力。任何人的内心世界多数时候都是呈封闭状态的，你要想法进去并将其中的东西展示出来。其三，要有抚慰人的灵魂的能力。世界上多数人的灵魂，因为各种各样的外部和内部原因，总是处在一种惊悸不安和难言的阴凄寂寞状态中，作家应该像牧师一样，想法给这些灵魂以抚慰。[1]

1979年11月4日，儿子周宁出生。此时周大新和家人分居两地，妻子在河南南阳，周大新在山东济南。他接到电报后迅速乘火

---

[1] 周大新：《你能抗拒诱惑》，人民文学出版社，2016年版，第162—163页。

车赶回家，到家中已是 5 日黎明。看到八斤重刚出生的儿子，周大新非常欢喜。后来他在散文中回顾了初为人父的喜悦以及探亲假到期离家时的难舍之情。

> 收到妻子即将分娩的电报，我立刻起程往家赶。那时火车的速度慢，车次又少，待我昼夜兼程地在天亮前赶回家，却见家门锁着。敲开邻居门一问，才知道妻子已被送进医院产房，而且已经生了，是个儿子。我一直悬着的心放了下来，顾不得去听邻居的道喜，怀着一腔的高兴转身就往医院里跑……
>
> 这是 1979 年 11 月 5 日的黎明。
>
> 后来我才知道，儿子准确的出生时间是 4 日的 19：30。其时，我正坐在火车上向家飞奔……
>
> 他还没有满月，我的假期就到了，只得返回部队。临走前，望着躺在床上的一对母子，我的双脚真是不想迈出屋门，无奈军纪不能违，我不能不走。从离家的那一刻起，我对儿子的牵挂就开始了。[①]

周大新当时所在的部队有午休，特别是夏天，济南下午 3 点半才上班。周大新通常 12 点吃完饭就睡觉，1 点钟准时起床到资料室写作，3 点半上班时正式到办公室去，晚上有时间就再写一点。这一时期，他开始大量阅读，并写了详细的读书笔记。在 1980 年的学习计划中，他列出政治方面，要阅读总政编发的《政治常识》；经济方面，要阅读《中国社会主义经济问题》；文艺方面，要阅读《世界文学史》《悲惨世界》，以及各种文艺杂志上的短篇小说和电影剧本。该年度他的写作计划是写出一个关于政界的电影剧本，以及两篇短

[①] 周大新：《育子之路》，见《长在中原十八年》，人民文学出版社，2015 年版，第 115—116 页。

篇小说。他还在日记中记录了观看电影《宛若天堂》《一江春水向东流》的感受；剧本《这不是传说》，小说《悲惨世界》《公开的情书》《幻灭》《三个火枪手》《老实人》《包法利夫人》《战争与和平》，以及关于文学、新闻学、社会学、生物学、美学、法学、哲学、地理学、自然科学、军事知识的阅读笔记。在当年的除夕夜，周大新在日记本中自我警醒："窗外爆竹声声，转眼又是一年，你究竟做了些什么？做成了什么？做对了什么？你能够说你问心无愧吗？"①

据战友冀中党回忆，当时的周大新特别爱学习。战友们去周大新家找他聊天，发现他家门后贴了张纸条，"会客时间不超过十五分钟"。待了一会儿，战友们只好悻悻离开，其中一位战友还指点着那张奇特的纸条。这也从侧面说明年轻时的周大新极其珍惜时间，并时刻保持着阅读和学习状态。

这一时期，周大新也密集发表了文学作品。短篇小说《水牌》发表在《抱犊》1982年第3期，人物原型是机关里烧茶炉的老师傅，表现他虽历经磨难但仍充满爱和真诚的心灵。因为周大新对这个老人很是熟悉，写来并不吃力，语言上也多用自己熟悉的句子。作品以一位小姑娘的视角写水房里的老倔头儿，他有些口吃，但很是坚持原则。因为"我"第一次去打水没带水牌，他坚持要求"我"返回家拿水牌，"我"就觉得他不近情理，并利用一次机会报复他，得知真相后自己也心生愧疚。后来"我"和小朋友无法关上水龙头被烫伤，是姜老头冲进去救出两人，并送到卫生室。故事中，"我"对老师傅的称呼从"老头""姜老头"到"姜大伯"的改变，也显示出对他心灵美的认可和感动。作品写出后周大新寄给山东枣庄市文联主办的刊物《抱犊》，很快刊发了。这是他第一次在刊物上发文章，既高兴又激动。

---

① 摘自周大新日记。

短篇小说《第四等父亲》发表在《奔流》1982 年第 8 期，后被河南人民广播电台改编为同名广播剧，被湖南电视台改编拍摄为电视剧《泰山情》，被陕西电视台改编为电视剧。小说写特别疼爱儿子的作训参谋秦三全，在机关被称为"第二等父亲"。父亲的划分标准是，自孩子出生后，一直和孩子生活在一起直至其走上社会，时刻关心孩子德智体方面的成长，使孩子身体健壮、品德优良、智力发达的，为一等父亲；未能和孩子长期生活在一起，但又尽力对孩子德智体成长予以关心的，为二等父亲；既未和孩子长期生活在一起，又对孩子的德智体成长很少过问的，为三等父亲；对孩子成长漠不关心，以致给孩子造成痛苦，使孩子身心健康受到影响的，为四等父亲。秦三全对自己被划为二等还很不满意。无奈自己结婚 5 年，与妻子相处不足 10 个月，儿子长到 3 岁，父子相处仅 180 天。一次妻儿来探亲，儿子果果生病，部队要紧急演习，秦三全请假却不被师长允许，他颇有怨言。后来才知道，当年师长曾在儿子生病时来不及送医院，就被部队紧急召回，造成儿子痴傻。但也因他紧急回到部队，挽回了 70 位战士的生命。秦三全感到愧疚，师长对他说，做军人，很难，尤其是在和平年代里，更难……

写出这些作品，也有着周大新个人作为军人和父亲、丈夫两难身份的人生体验。1979 年年初，周大新结婚，同年年底，儿子周宁出生。周大新曾写出散文《育子之路》，回顾儿子的成长往事。八斤重的小子给予周大新无限的欢喜，总喜欢抱着他在床前踱步，内心充满了对生命奥秘的惊奇和对上天的感激。母子出院前，周大新回家在床上铺了三层被褥，不料接回来的当晚把妻子热得汗流浃背，把儿子热得哇哇直哭，这才知道自己好心办了坏事，赶紧把被褥扯下来。

孩子还没有满月，周大新的假期就到了，满心不舍却也只得返回部队。半年之后，妻子抱着孩子到济南探亲。儿子会笑会爬了。周大新带着母子去看千佛山、趵突泉、大明湖和英雄山上的纪念碑。

在千佛山的一棵树前，周大新为儿子拍下来一张很经典的照片——两手扶着分叉的树干，双眼随意看向一旁，目光坦然平静。其间，作为父亲的他也有不耐烦的时候。有一次儿子将墨水瓶弄洒了，床上、桌上、地上都是，周大新当天在办公室也有些事情不痛快，回来看到后顿时火起，上前打了他屁股几下。这是他第一次动手打孩子。看到儿子哇哇哭的样子，心里很是后悔。

儿子一岁的时候，周大新回家探亲，给他买了两样玩具，积木和塑料汽车。儿子爱不释手，父子的感情也变得深厚。每天的半晌午和半下午，周大新会带着他吃豆腐脑，然后带着他在街头乱逛，满足他观察街景的爱好。假期结束的时候，儿子非要跟着周大新一起走，当列车缓缓启动时，儿子哭得很伤心，周大新也流下了眼泪。

第三节　西安求学

1983 年，周大新被允许参加大学考试。他已经 31 岁，但仍怀有执着的求学之心。当时报考的是解放军西安政治学院，在短短几个月的备考时间内，他夜以继日地复习高中数学和语文知识，后来以济南军区总分第一的成绩被录取。学校在西安小雁塔附近，报到结束后，周大新就去小雁塔下尽兴地玩了一圈。这是他第一次来西安，很感慨盛唐的都城能成为他的求学之地。

当时学校开设的课程很多，这些对已有一定部队工作经历但基础知识匮乏的人来说，真是如同雪中送炭！两年的学习时光，周大新都是认真听每一节课，反复消化所学知识，并结合实际深入思考问题，每门课程的成绩都是在良好以上。

军校的学习生活与军营的训练所差无几，都是早操、上课、自习、考试以及野外演训，很少有空闲时间。好在大家都已是成年人，知道学习机会的不易，很是珍惜时间。学校里图书馆可以自由借阅图书，周大新总是很开心地抱着一摞借来的书走出图书馆。

学校建校时间不长，老师们虽很年轻，但水平都不低。教大学语文的张本正老师备课尤其认真。而且年轻老师易和学生平等相处，同学们也都很尊敬老师。周大新也利用空闲时间去看了大雁塔和钟楼，看了秦始皇陵和兵马俑、华清池和乾陵。学校的文化生活比较单调，学生们的主要娱乐是拔河比赛和每周看一次电影。拔河比赛通常从每个学员队挑出20个精壮汉子，然后在一根绳子上比赛力气。虽然周大新通常因偏瘦只能成为看客，但同样获得很多快乐，尤其是看到参赛的一方轰然倒地时，在大家的放声大笑中情绪也得到放松。

读书期间，周大新遇到的大问题是吃饭。由于水土不服，他经常会闹肚子，只好一边胡乱吃药一边咬牙坚持。有时候为了加强营养，也会在业余时间跑出校门，找个小面馆吃上一碗最爱吃的面条。因当时工资不高，周大新还要养家，面条成为他最合适的美味。

学校一般不欢迎学员的家属来校，担心影响教学秩序。但学员们多是结了婚的人，都想趁这个机会让老婆孩子来古都开开眼界，于是相继悄悄行事。通常是找一个招待所或在朋友家里悄悄住下，同学间相互掩护，学员队的干部们也有意假装不知情。周大新写信邀请家人来，妻子便带着儿子、岳父，坐了半天一夜的硬座火车来到西安，在朋友们的帮助下，住进了小寨附近的西安通信学院宿舍里。周大新趁着星期天带着他们游览了许多景点。岳父是第一次远游，喜欢历史的他，看到这么多史书上提到的风景名胜，非常高兴。3岁的儿子吃遍了西安的美食，快活地说以后还想来这里。没想到十几年之后，他也来到西安读大学。

当时南部边境有战斗，不断有部队上前线。临近毕业时，周大新所在部队也去老山参战，他很想去前线，作为军人，没有见过真正的战争是很遗憾的事情。毕业离校前夕，同学之间互留赠言，周大新给一位同学留言：古都同窗共读前人知识，军中挚友合练杀敌本领。

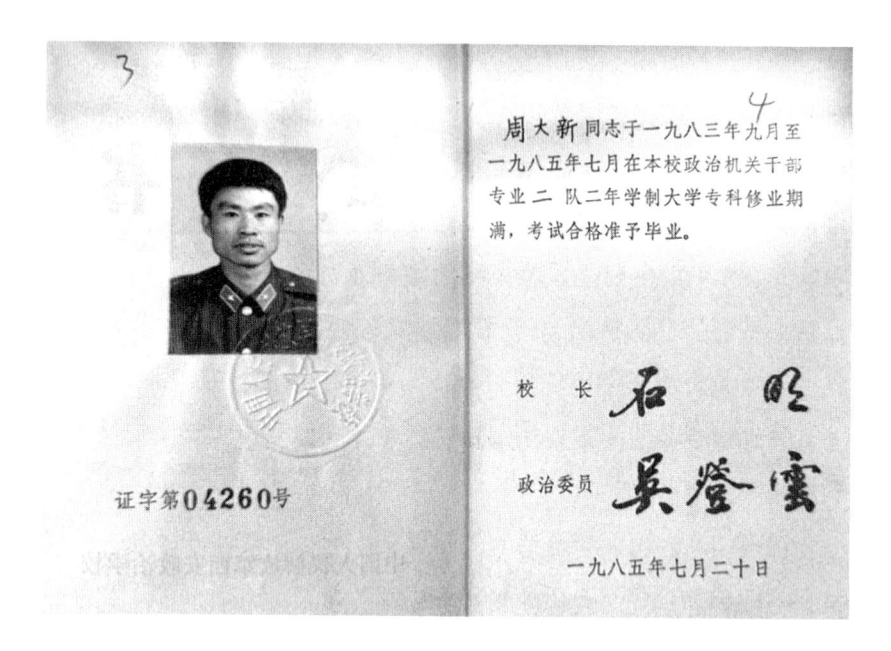

毕业证书

　　西安政治学院学习期间，课程安排得很满，而且作为军队院校，并不是以专门培养文学家为目标的。周大新当时已经迷上了写作，虽然学校的作息时间极不利于写作，他也只能在繁忙的应试教育外发展业余爱好。据同学马誉炜回忆，经常是熄灯号响过，别的同学都响起了鼾声，周大新却钻进被窝里偷偷打着手电筒写作小说。在校学习期间，他曾在《上海文学》上发表了题为《"黄埔"五期》的短篇小说，显然是以西政院政治机关干部第五期大专培训班为背景，里面的许多语言都是来自刚刚学过的哲学、形式逻辑和军事地形学的用语。在学校学习期间，周大新陆续发表了不少作品，多是描写军界生活。他因成绩优异，被记功，并被提干两级，成为一名团级干部。

　　1984年，妻子和5岁的儿子来济南探亲，儿子想看熊猫，周大新就带着母子二人去了济南动物园熊猫馆。儿子站在栅栏外兴味十足地观察，看熊猫吃竹子，还感慨熊猫个头那么大。忽然，旁边有一位小朋友将手中的皮球扔进栅栏里，熊猫看到皮球转动，非常新奇，也开始抱着球滚动着玩儿起来。看了一会儿，小朋友想走了，就要求自己的父亲把球要回来。他父亲就要向栅栏里翻，旁边人大呼危险，管理员也制止了他，后用一根长竹竿把球拨了出来，两只熊猫的眼中还满是不舍之情。儿子看到后，就要求买一个皮球给熊猫玩儿，周大新只好陪着他出去找商场买了一个小皮球。儿子又坚持回到动物园熊猫馆，把自己的皮球扔给熊猫玩儿。但这时候熊猫已经兴趣不大，儿子却安慰父亲，等他们睡一觉后会接着玩儿球……像这样温馨暖人的团聚日子实在太少，周大新更多的时光是要在部队履行军人的职责。

短篇小说《呼啸的炮弹》，发表在《解放军文艺》1984年第2期。小说写顾参谋不认真核查"炮连夜间射击考核计划图"，"我"抱着与世无争的态度，坚持不多言。而小储发现了问题，就指了出来。后在营长咨询问题时，顾参谋随便给出建议，被小储指出问题后，对小储心生不满。同僚对小储说："你身上这股傲气不改，我们作训股这个小庙里就放不下你这尊神。"然而在一次炮兵群实弹射击中，小储还是顶住重重压力，火速赶往观察所，避免了一场可怕的事故，他自己却负了伤。这时的"我"站在小储面前，感到既羞愧又难为情。

短篇小说《街路一里长》，发表在《长城》1984年第4期，《小说选刊》1984年第9期转载，写宛唐公路修路的麻烦事。短篇小说《"黄埔"五期》，发表在《上海文学》1984年第5期，《小说选刊》1984年第7期转载，《小说月报》1984年第7期转载。此外，还有短篇小说《"大门"被拉开一道缝隙》《三角架墓碑》（《奔流》1984年第9期）。

1985年，周大新被调入济南军区创作室从事专业写作。他的中篇小说《军界谋士》发表在《长城》第1期，获《长城》优秀作品奖。小说写一次演习作战中的小插曲。在演习作战中，军长有意在战略部署上留下一个漏洞，但并没有瞒过作训处三位年轻参谋的眼睛。但除邢参谋大胆直言之外，另外两位都有谋不谋。其中，季参谋因之前直言而遭受过打击报复。因此，如何解决有谋不谋的问题，必须从主考官和谋士两方面做起。这个故事也在通过军界首长和谋士的关系，提醒各条战线的主考官应该重视这个问题，如何才能使各项工作做得更好。这一时期，周大新的创作眼界被打开，开始知晓小说如何写才能被接受。

周大新这一时期的小说主要表现对象是军旅生活，更多融入自己的切身经历和感悟，通过和平时期军营的日常工作和生活环境描写，表现出军人复杂的内心和丰富的情感。这些作品还从军人的职责与家庭的义务之间的矛盾入手，透视他们"忠"与"孝"难以两全的心灵冲突。

可以说，1985年之前，周大新的创作基本是盲目的，完全凭借个人生活的积累。1985年获奖之后，他开始思考自己的文学道路。当时通过大量的阅读，他也和同时期的作家一样受到西方文学思潮的影响，西方作家对于人自身的认识、对于人类处境的认识、对于小说叙述方式的创新，都给予他很大的启发。但周大新也明白，自己书写的是中国人的生活故事，必须站在中国的土地上，写出具有中国气派和风味的文学作品。

第四章　军旅作家成长记

随着周大新的作品不断被发表，军队文学界开始重视他的创作，并有了第一篇文学评论《周大新："军界道德"的评说者》。丁临一的这篇文章被认为是最早的周大新作品评论，发表在《解放军文艺》1985年第10期。文章认为周大新的创作多取材于我军青年基层军官的学习、训练生活，注重在对比中刻画新一代军人的性格，反映军人相互之间的关系，而其艺术聚焦点始终落在军人的职业道德方面，他以一个军人的严肃和作家的热忱，专注地、努力地自愿担负起了"军界道德"评说者的任务。备受鼓励的周大新以更大的热情投入文学创作中去。

第一节　前线采访

1986年春天，周大新接到通知，要与军区报社的领导及几位记者一起去前线采访。周大新既兴奋又紧张，终于有机会亲临战场。他们去的老山前线指挥部，是藏在山坳里的一片板房和帐篷，到处是荷枪实弹的哨兵，接待的干事告诉他，这里经常有敌人特工队偷袭，他更是加倍紧张。

听战士们讲述，在这里，常常在黄昏时分，去前线执行突击任务的队员全副武装接受首长们送行，人人抱着必死的信念。行前，首长们简短动员，女兵们送上壮行酒。周大新还来到一个师医院进行采访,护士长说,战争激烈的时候,每天黄昏都要去山坡上掩埋手术切割下的战士小腿,有时候要埋一大篓子。战争的残酷深深地印在周大新的心里。其实在出发之前,他已做好面对危险和突发状况的心理准备,还给年幼的儿子写了一封信,交代了一些事情,甚至包括对于一点财产的分配。

在一个多月的采访中,周大新近距离地感受到现代战争的残酷和危险。去某师指挥部的采访路上,有段公路是直瞄的八五加农火炮轰击的路段,之前有多辆军车被加农炮击毁。所幸当天敌人没有开炮,周大新一行得以顺利进入师部。师部位于一个自然山洞,晚上他们就住在洞里。每个行军床的四周都撒了一圈石灰,是为了防蛇。去前线采访时,部队派了两名战士护送他们。出发前被告知,通往前沿的小路在荒草和灌木丛中蜿蜒,经常有敌人的特工队出没。两位战士一前一后,腰间挎着冲锋枪,腰带上挂着光荣雷,一旦敌人抱紧他们没法开枪时,就得弄响雷和敌人同归于尽,周大新也紧紧握住子弹已经上膛的手枪。前方战士时刻面临死亡和伤残,这些强烈的刺激使得周大新的神经一直处于亢奋状态。这次采访对周大新的人生和写作产生了很大影响,每每想到那些在前线为国流血拼命的官兵,自己对待人生的心态也发生了改变。后来他根据这段经历创作出短篇小说《汉家女》、中篇小说《走廊》等。

80年代,各种文学活动、文学笔会络绎不绝,见证了文学的繁盛。从前线采访归来的周大新应邀参加了《解放军文艺》主办的大红门笔会。刊物主编陶泰忠亲自打来电话,叮嘱他务必参加。周大新也很高兴,在大红门一处空军的营区报了到,看到参加笔会的有获得全国优秀短篇小说奖的宋学武,有兰州军区的李镜等,主持者是《解放军文艺》的编辑刘林。阿城等人前来授课,内容非常丰富。周大新印象很深的是讲述者自信的面孔,以及他们告诫学员,写小说的要有自信,要认定世上就只有自己写得最好。周大新觉得这话很对,写小说这种个体性劳动,没有自信你怎么可能干得下去?讲

周大新在云南前线

课阶段过去之后，刘林逐个听取学员讲创作计划，然后提出自己的建议。李镜讲到要写一个红军墓地守墓人的故事，刘林当即表态认为题材好。周大新也讲了自己想写的两个题材，刘林听了就催他赶紧写出来。

周大新用不到三天的时间，写出短篇小说《汉家女》，又用了几天时间写出短篇小说《小诊所》。在《汉家女》中，写了人性在战场上的表现，这在当时还是有些禁忌的。拿给刘林看后，他本来还很忐忑，没想到两三个小时后，刘林就喊道："大新，你这篇东西写得好。"说会推荐给陶泰忠主编看。过了几天，陶主编来笔会上看稿子，并没有立刻表态。但第二天刘林告诉他，陶主编觉得稿子很好，准备刊发，至于用在哪一期，静待通知。周大新满心欢喜地返回济南军区。不久，稿子就发表在《解放军文艺》1986年第8期头条。周大新后来回忆，那一年有几篇作品被别的刊物退稿，正是不自信的时候，刘林的鼓励格外重要，如果当时稿子被刘林毙掉，自己可能就不写了。

《汉家女》是周大新根据战地医院的采访取得素材，以战场军地医院为背景，讲述了汉家女从军、升任护士长到赶往战地医院救治伤员牺牲的过程，以及她的生活、情感、心灵、观念和命运的改变。在故事中，汉家女原是朴实无华的农村姑娘，为了能参军，不惜将自己与接兵的副连长关在一起进行"要挟"。参军之后，她很快当上护士，并与副连长结婚。但她太善良，甚至同情一位连长妻子，掩瓦、帮助对方生三胎而不是向上级汇报，因此受了处分，还影响调级升职。在作战前线，汉家女同情伤员，骂敌人狠毒，在战友遇到不公平时也爱挺身而出打抱不平。在得知即将奔赴前线的战士还没有碰过女人时，主动要求战士抱她、亲她，有一种大爱在她身上。故事结尾，汉家女因救护车翻车牺牲了。小说中塑造的汉家女形象，并不是完美的英雄，而是有着普通人的性格，真实、质朴、自然。

周大新写《汉家女》，就是想写出一个能代表中华民族美德的女性，所以让她姓汉。关于选择女性主人公的问题，周大新认为自己是男同志，在部队接触的也多是男同志，对于男性的弱点看得很多，容易产生批判的眼光。而从小接触的女性，她们内心善良、奋发向上的一面给自己的印象很深，她们性格中同情、怜悯的成分较多，所以在写作中不自觉地会以女性为模特来写。

第二节 人情美与人性美

在《夏日琐忆——一个形象的生成过程》中，周大新回顾了《汉家女》的创作过程。他返乡时听到一个故事：村里的一位新媳妇，豁达爽快，也引来一些光棍的邪心，她却靠机智善良既让对方受到教训，又没有过分出丑。1985年深秋，周大新参加军区机关组织的工作组，下部队调查计划生育工作情况。到了洛阳，一位干部汇报计划生育工作开展很困难。他讲述一位干部的妻子计划外怀孕了，派人去做工作，哪知对方竟让弟媳代替自己去见面，且面不改色地拍着肚子说："这样子像怀孕吗？"周大新听完哈哈大笑。1972年，周大新因胃病住进泰安138陆军医院。照顾他的护士姓叶，19岁，长得很漂亮，病人常故意不服从她的管理，她虽然很生气，却能迁就他们。面对周大新的询问，她说病人有权利撒娇。在老山前线采访的时候，他见到一位33岁的女军医，每天完成任务之余就是看自己5岁儿子的照片，眼中闪着泪花。还有一个听来的故事，在1984年初春鲁中的军营里，队伍做好开赴前线的准备，二连七班长的未婚妻却突然来到连队，要求当晚结婚。在女方的坚持下，连部举行了最神圣庄严的婚礼。这几个女人的形象储存在他的记忆中，逐渐成为"汉家女"。

《汉家女》发表后，就有其他刊物做了转载。当时，文学刊物在思想解放中扮演着重要角色，人们很快就注意到这篇探索人性的小说，各种反馈信件不断涌来。一开始周大新很是高兴，还有点沾沾自喜；渐渐地，就有别有用心的批判声音响起，他的高兴变成惊慌。当时他很担心这种批判的声音蔓延开来，他知道大批判的厉害，最害怕因此被赶出部队回家种地。还好，原南京军区创作室写过《柳堡的故事》的老作家胡石言站了出来，他与周大新并不相识，却写了篇关于《汉家女》的短评，对作品给予了充分肯定。事后听说一直爱护年轻作家的徐怀中也为周大新说了话，把那股批判的势头压了下去。经历了这件事之后，周大新才明白，一棵小苗刚出土时，如果没人保护，要弄死它是很容易的，踢一块硬土过去就行了。后来该小说获中国作协1985—1986年度全国优秀短篇小说奖。周大新意识到作家要想写出思想内涵不一样的作品，必须敢于超越既有的思考边界和前辈作家已经抵达的地域。

《汉家女》后来由济南军区政治部前卫艺术中心改编摄制为同名电视剧。据导演郑方南讲述，作品发表后，曾引起一些反响和争论，但自己认为这是一篇有新意、有特色的作品。电视剧剧本由龙泰岭改编，在保留小说主要情节、事件和风格的基础上，对其中的一些人物（如宗立山、二班长）进行适当加强和调整。在导演看来，汉家女性格倔强、直爽开朗，有着80年代青年人的特点，说实话、讲实际、心直口快、无所顾忌。当然也有不少弱点、缺点。她性格上的矛盾使其成为一个有特点的人物，而这些正是出彩的地方。在评论者看来，这部电视剧的成功一方面固然与小说提供的基础有关，另一方面成功地运用了画面、造型、音响、光线、色彩等多种艺术手段来塑造人物。例如，汉家女牺牲的一场戏，画面上并没有出现人物，只有一辆救护车在公路上疾驶的大全景，随着一声震耳欲聋的爆炸声，滚滚的硝烟覆盖了整个屏幕，镜头由远至近推成特写，由于充分发挥了电视语言的艺术魅力，画面强烈地震撼着观众的心灵。又如，汉家女送二班长出征这场戏，导演在画面构图上颇下了一番功夫，充分运用了光线、色彩等造型因素，给观众留下了难以忘怀的深刻印象。① 后来这部电视剧获全军电视剧评比一等奖，第九届全国优秀电视剧"飞天奖"三等奖。《人民日报》（海外版）1989年3月21日专文介绍该电视剧。

朱向前对该剧给予高度评价，认为是最早涉及人性的生理心理层面的军旅电视剧。但亦有评论者对剧中的人性表现存在争议。肯定的意见认为，汉家女爽直的性格和坦荡无私的人性美寓英雄于平凡普通之中，展示了汉家女"合乎人性的成长"，实现了从人性的"真"向人性的"善和美"的转化，对特定艺术情境中人物性格的表现又是吻合的。但也有批评意见认为，《汉家女》中几乎所有重要的情节链条都以"性意识"贯穿，这并不符合部队实际，在审美情感导向上也有错误。也有评论者对该剧提出异议，如认为是"奉献精神的错位"，蕴含着"女性是男性的附属品"的封建意识，以及

---

① 彭吉象：《一个"完满的有生气的人"——评电视剧〈汉家女〉》，《当代电视》1989年第3期。

"这种违反军队纪律和社会道德的出格之举,应该发扬光大?"①

在这段时期,周大新心中感到十分困惑,在前线阵地最危险的地方,战士与战士、干部与干部、干部与战士之间,充满着深厚的战友情谊。干粮和水都是让别人先用,安全的地方让别人守,炮弹来临时,也会用肉体去掩护战友。但一回到部队,授功评奖时,就会有很多激烈的争执。进而思考唐山地震时,几个品行不端的小青年,竟想方设法从倒塌的平房下救出两家人。中原某地发洪水时,两家人能毫不犹豫地把木头、绳子拿出来捆成木排,救了两家人。但大水退去,捡拾漂浮物时,竟为争一根树干激烈冲突。为什么在不同情境中同一群人的表现差异如此巨大?在灾难到来时会迅速团结、互相保护,而常态中却显露人性丑恶的一面。周大新希望能遇到一位医生,能对人和人性做出深刻剖析。于是写出《小诊所》这篇小说,通过小镇上的诊所,让三个人演绎一些故事,来表达自己的思考。

该作重在表现人性美、人情美,在评论者看来,如果说生活中的"小诊所"诊断的是人生理方面的病症的话,那么周大新所写的文学意义上的"小诊所",则"诊"出了生活中值得注意的问题。为什么美好的人性、人情在日常生活中难以得到表现,在危难关头却又能充分地体现出来?仔细想想,战场、天灾、人祸之际,人们往往能够团结一致、和平共处,在平时,不少人却为了私利,搞得人与人之间的关系非常紧张。

1986年之前,周大新属于业余写作,他从排长、副指导员到师政治部干事,都有本职工作。到军区宣传部当干事后,日常工作也是写机关公文,读书、写作只能利用午休和晚上的时间。幸亏当时年轻,总能挤出来各种时间进行文学阅读和创作。在这一时期的大

---

① 左孝本:《"奉献精神的错位"——对电视剧〈汉家女〉的异议》,《解放军报》1990年1月14日。

量阅读中，对他启发最大的是两位作家。一位是前文提到的俄国作家列夫·托尔斯泰，周大新在连队当战士的时候就读到《复活》，觉得情爱故事写得特别好，也成为后来自己写小说的重要动因。另一位作家是沈从文。改革开放后，沈从文的作品开始重新流行。沈从文写湘西生活，和周大新家乡豫西南偏僻、贫穷的程度类似，人的生活状态、精神状态也相似，读起来容易引起共鸣，也启发他以自己家乡作为观察对象进行写作。南阳是一个小盆地，北边是伏牛山，东边是桐柏山，南面是大洪山，这些大山将南阳邓州围起来，相对偏僻。周大新就尝试写自己熟悉的小人物，写普通人活着的艰难与坚韧，以及对生活的执着状态。其中，既有愚昧、落后的东西，也有支撑民族前进的成分。从家乡小盆地来观照本民族以及中华文明的发展史，成为周大新着重思考的新的写作方向。

第三节　快乐的青创会

1986年12月31日，周大新到京丰宾馆参加中国作家协会召开的青年作家创作会议。开幕式前，习仲勋、邓力群、王蒙等接见参会人员并合影留念。开幕式上，王蒙讲话，韶华宣读了巴金的书面贺词。唐达成呼吁作家应该站在人类历史的高度，用客观的眼光来看待事物，从历史的高度、以开放的意识建构中国社会的当代意识。会议还讨论了青年创作的问题，强调应该借鉴和继承，避免孤芳自赏、思想深度不足，对生活中蕴含的哲理把握不够等问题。

在大会发言环节，大家各抒己见，周大新认真做了笔记。作家张宇提出文学应提供个性化的生活，文学是人学，人和背景是一样的；范小青提出，封闭的心态可能是文学的没落，对生活的愚忠造不出大文学家；贾平凹提出蜂拥而上可形成流派；白烨提出先锋文学、中间文学、通俗文学的不同形态，先锋文学着重审美，中间文学着重于迫近社会文化生活和教育作用，通俗文学着重于俗世；张志忠提出关于文学的发展，一是基础和积累，二是外来冲击，三是思想旗帜。

青创会是新中国成立之后，由党领导文艺、培养青年作家的一种特殊方式。第一次青创会是在1956年春天召开的"全国青年创作者代表大会"。之所以不叫"青年作家代表大会"，据当时参加会议的陆文夫回忆说，组委会认为虽然与会者都写了一些好作品，但现在就戴上一顶作家的桂冠似乎还早了一点，还是称青年文学创作者比较合适。会上，叶圣陶先生还接着这个话题讲了他的看法，他认为古往今来能够称得起作家的人不多，实实在在地讲，大家都是些"写写文章的人"。

第三次全国青创会在评论家王干记忆中是让其充分感觉到了年代的光荣与梦想，感受到了文学的光荣与梦想，更感受到了青春的光荣与梦想。那一年的青创会还别出心裁地搞了一场文学晚会，女作家张辛欣担任总导演，演员全由作家担任，当时的文化部部长王蒙先生也登台演出，恐怕是有史以来第一次全作家版的文艺晚会。那天晚上的灯光特别奇妙，至今回想起来，还像梦境一样，自己还第一次参加了舞会，虽然名称叫"晚会"，实际上是一场"舞会"。

这次青创会的经历也使得周大新收获良多，他意识到作家应该提高素质，写出有风骨的作品，要关心人民的疾苦。周大新在新年第一天的日记中仍在自我检讨和鞭策："今年，又是一年之始了。回首去年，又生几分悲哀。事，终也未干多少！"新年之初，周大新白天参加讨论，思考人的关注对象；晚上看了电影《罗马之战》《狮子岛》《爱情》《蘑菇人》《出租汽车司机》《呼啸山庄》，还听了外国文学所的两位同志介绍苏联和法国文学的发展情况，又去了民族文化宫剧院看话剧《狗儿爷涅槃》。

第四节　笔会与讨论会

1986年秋，周大新到成都参加《昆仑》杂志社办的笔会，其间写出中篇小说《走廊》《铜戟》。笔会参会者都很年轻，主持笔会的是《昆仑》编辑部副主任、小说家张俊南。参加笔会的20余名作者，最大的不过35岁，最小的才20岁。笔会的第一阶段，是读书，书目有马克思的《1844年经济学哲学手稿》、普列汉诺夫的《没有地址的信》、康德的"三大判断"，还有李德哈特的《战略论》和解放军政治学院编的《论新技术革命对军事的影响》等；思考题有50余道，如：马克思是从哪个角度来论述人和人的社会本质？它在今天的意义何在？个人的情感体验在生活中有何地位？怎样理解"不要横加干涉"？世界、中国、中国军队、中国文学、当代小说、军事题材小说的发展大趋势，小说中的哲学意识美学意识，人类意识与民族精神，战争与和平，材料的物理处理与化学处理等。笔会的第二阶段，是对每人上交的作品进行品评。一干人围坐一圈，推磨似的转圈发言。轮到自己的作品"受审"的时候，周大新的心就会不自然地怦怦怦跳个不停。

周大新的中篇小说《走廊》发表在《昆仑》1987年第3期，《小说月报》1987年第8期转载。后获1987年"《昆仑》优秀作品奖""《小说月报》第六届百花奖"。这篇作品写出了真正的战斗，写我军某部在打了一次败仗之后如何收复失地，展示新的战争画卷。在周大新看来，这是他创作早期重要的作品。前线采访之后，他很少为职级和待遇发牢骚，总是会想起那些在前线为国流血牺牲的官兵。

他的《铜戟》更集中地写了军人职责与身份的冲突。这是一个有着光荣传统的某部二营，在它面临撤销，营以下干部大多转业的前夕，作为丈夫与父亲的军人们才第一次把家庭义务摆在了军人职责之上。想到自己微薄的收入，想到妻子儿女随军梦的破灭，想到自己的出路……他们愤激了。于是由英雄一连连长秦田齐带领大家到师部去"讨说法"。为了制止事态发展，代理营长杜一川强忍自己即将转业的同样烦恼，晓之以理，动之以情，甚至不惜流血，最终阻止了大家，并带着腿伤成功组织了最后一次军事集合，完成了与地方交接营房财产的任务，为自己的军人生涯画上了圆满的句号。周大新在矛盾冲突中渲染主人公心灵的痛苦，展现他们复杂的内心情感，以及当代军人无私奉献的高尚品德。

1987年5月26日，《昆仑》《小说选刊》编辑部和济南军区文化部联合举办的周大新作品讨论会在山东泰安召开。与会者讨论他的两部中篇新作《铜戟》和《走廊》，充分肯定了作品在艺术上的探索求新，认为描写了百万大裁军和对越自卫反击战中的部队生活，尖锐地触及现实生活矛盾，作品充满撼动人心的悲剧美，与周大新过去的作品相比，无疑有了重大的突破和提高。

与会者多认为，讴歌革命军人的牺牲精神，对普通劳动者倾注一片衷情，是周大新作品最显著的特色。这两部作品，是周大新创作的一个新标志。作者通过描写现实生活的一些矛盾冲突，把笔触深入生活，表现了解放军官兵以祖国和人民利益为重的崇高献身精神。这与他过去多写些生活中的小插曲、人物间的小冲突形成较鲜明的对照。周大新的创作风格也从轻巧转向凝重。他试图在扎扎实实的具体描写中升腾出诗意，并把自己的思考升华到哲学高度，同时作品始终贯穿着一种"平民意识"，显示出人民子弟兵应有的"侠骨柔肠"。同时讨论会指出，周大新应保持自己作品故事性强、擅长刻画人物性格的长处，也要拓宽创作的路子，使现实主义的严谨手法同哲理和诗意更为有机地融合在一起。在这次研讨会上，陈骏涛先生评价周大新的创作状态是处于传统和现代之间，点评了作品的思想蕴含和叙述方式。这种分析让周大新清醒不少，也对点评者产生了由衷的敬意。

评论界开始关注这个新人，1987年5月27日，《前卫报》刊载高建国的评论文章《爱流泪的"书虫子"》，回顾了自己和周大新去老山前线采访时的经历。因大雪，去前线的上千里山路彻底堵塞了，羁留旅途中，高建国想找本书打发时间，就想起刚从西安政治学院毕业、从军区宣传部干事调任文化部创作员的周大新。在他的房间里，果然取回一本《苏联短篇小说选》，进屋时，发现周大新在读一本什么斯基还是洛夫的心理学专著，他用两天的时间啃完了，发现他真是一个书虫子！而且在采访时，听到女兵讲生离死别的故事，周大新就忍不住流泪。在之后的接触中，发现他下连队总会用黄旧帆布书包装上一包书，随之而来的，也是一篇篇发表的作品。

1987年6月16日，《人民日报》刊载陈骏涛的评论文章《在"传统"和"现代"之间——周大新小说印象》，剖析周大新作品的艺术特色。文章指出《"黄埔"五期》把陆军学校学员们的生活写得有声有色，在一个个平凡而富有情趣的生活速写中，极力挖掘当代军人新的价值观。《街路一里长》《汉家女》的热播则显示出作者长于刻画人物性格，并善于在人物性格对立和冲撞中推进故事情节的才能。同时，小说艺术革新的浪潮也影响到周大新的写作，他尝试新的表现手法，如叙述角度的转换、电影蒙太奇式的场面组接、情节发展中的时空交错等，但大体上并没有离开传统的故事框架。丛正里在《周大新印象记》（《文艺报》1987年第5期）中，称其为"一枝破土而出的新竹"。

第五节　鲁院时光

1987年9月到1988年1月，得益于陈骏涛先生的推荐，周大新来到鲁迅文学院学习。后来他在《牢记师恩》中回忆，在泰安的作品研讨会上，临别之际，周大新说自己很想到北京的鲁迅文学院学习一段时间，陈骏涛听后很热情，说他可以推荐一下。当时周大新想，陈老师事情多，回京之后可能会忘了这件事，也没有抱太大的希望。没想到不久之后真的收到了鲁院的入学通知，周大新非常高兴。

鲁院前身是1950年创办的中央文学研究所，丁玲任所长，张天翼任副所长。20世纪50年代，郭沫若、胡乔木、周扬、茅盾、郑振铎、叶圣陶、老舍、曹禺、吴组缃、艾青、何其芳、张天翼、田间等一批卓越诗人、作家、理论家、教育家、戏剧家走上研究所的文学讲台。一批批优秀作家迅速脱颖而出，如马烽、西戎、胡正、陈登科、唐达成、邓友梅、玛拉沁夫、张志民、苗得雨，以及《小兵张嘎》的作者徐光耀，《红色娘子军》的作者梁信等，使中国文坛变得多彩而活跃。作家梁斌，是在这里创作完成了《红旗谱》。1954年，中央文学研究所改名中央文学讲习所，隶属中国作家协会。1958年停办。1980年，文学讲习所恢复。1984年，文学讲习所更名为鲁迅文学院，在朝阳区八里庄南里27号建立校舍。

在北京学习期间，周大新多次来到陈老师的办公室拜访闲聊，收获颇丰。在他那个堆满书刊的小办公室里，二人聊时政、聊文学，也聊家常。陈骏涛是第一个支持他写家乡南阳盆地生活的人，于是周大新开始写作"豫西南有个小盆地"这样较为松散的中短篇系列小说。陈骏涛给他指出了如何选择一块土地的问题，以及鼓励他下定朝着故乡走去的决心，在那块古属楚国今处豫西南的土地上，反复寻找。周大新思考自己如何写作豫西南的小盆地，自己最熟悉的生活在那里，于是开始写了系列中短篇小说，如《小诊所》《风水塔》等。他下定决心从家乡寻找熟悉的可以自由表达的对象。

周大新散文《鲁院的周末》追忆了这段美好时光。在鲁院的半年学习时间，他接触到很多的作家、评论家，与来自全国各地的同学切磋争论，眼界一下子打开了。这些系统的教育对他的创作非常重要。在此期间，他也开始写作长篇小说《走出盆地》。当时的周大新已经有了一些名气，继续写下去的动力就是倾诉，想把自己心里想的东西告诉乡亲们。他意识到自己在全国走,看到的外部世界远比封闭的家乡南阳盆地精彩,就想把所见所思传递给乡亲们,起到一些启蒙或提醒的作用。

据朋友何镇邦回忆,多年前那个秋天的平常日子,身着军装的周大新来到位于北京东郊的鲁迅文学院,参加第二期进修班。这一期的学员,以文学编辑为主,周大新是军人,又是作家,且是小有名气的作家,因此在他们班上很突出,自己很快就认识了他。但周大新不是那种锋芒四射的人,他腼腆得像个大姑娘,一般是不大抛头露面的。他总是认真地听课、默默地思考、勤奋地写作,同时经常不显山不露水地做点好事,在经济上接济一些有困难的同学,帮着做点同学的思想工作等。于是,周大新很快成为这期进修班学员的核心,成为威望很高的学员。按照教学计划要选择一位学员为其举办作品研讨会,全班公推了周大新。尽管他于当年的春夏之间已在山东泰安刚刚开过一次作品研讨会,当年初冬时节在鲁迅文学院又为他举办了一次规模更大的作品研讨会。不仅在京的一些知名的作家、评论家与会,部队的不少作家、评论家也应邀与会,连平常不怎么露面的总政原文化部部长徐怀中也来了。会议开得相当热烈,也很有水平。何镇邦认为这是自己在鲁迅文学院主持教学行政工作的十来年中,"为学生举办的许多次作品研讨会中最成功的一次"[1]。

---

[1] 何镇邦:《我的朋友周大新》,见《名家侧影》第5辑,山东文艺出版社,2002年版,第149页。

第五章　南阳盆地的"耕夫"

秉持"朝着故乡走去的决心",周大新逐渐将写作目光投向故土。这一时期,家乡南阳成为他主要的书写对象。南阳盆地位于河南西南一隅,南与湖北接壤,西与陕西相邻,中原、荆楚、关陕文化在此交流碰撞。同时,南阳盆地被桐柏山、武当山和伏牛山团团包围,决定了它有着相对独立和封闭的文化发展空间。独特的地理环境,形成了南阳盆地深厚的文化积淀和独特的文化魅力。"这里风光旖旎,气候温润,是河南最早的原始部落聚居地之一。从刀耕火种的原始社会到工业化的现代社会,南阳人的智慧与楚汉文化撞击在这块神奇的土地上,积淀了极为深厚的盆地文化。这是周大新小说取之不尽、用之不竭的宝贵资源,周大新简直是信手拈来、随心所欲地将南阳盆地的神话、传说、宗教、图腾、礼仪、民俗、谚语、掌故,以及从乡亲口中听来的童话、神怪、民谣、戏词、俚语等,在其作品中大量地穿插运用……"[1]

第一节　小盆地系列

1986年秋,回乡探亲的周大新站在那块黑色的土地上,闻到成

---

[1] 李振邦等:《文化怀乡的精神跋涉者——周大新》,《河南籍著名文学家评传》,大众文艺出版社,2005年版,第168—169页。

熟了的秋庄稼散发出的新鲜香气,望着乡亲们在田间辛勤劳作的情景,他忽然意识到,自己最熟悉和最应该写的还是脚下的故土。那首令他激动不已的《棉花谣》唤醒了他的创作方向:"棉籽种在土里边,小苗出土锄七遍,草死苗好土发暄,手扳棉枝打花尖,花开满地蝴蝶舞,摘下新棉做衣衫……"童谣所唤起的正是来自故乡的温馨记忆。

在周大新看来,故乡是一个人扔掉胞衣的地方,是他抵达人世的第一个车站、认识这个世界的第一所学堂,所以一生都不可能会忘记。他每每见到"故乡"这两个字,眼前立刻闪过当年常在其中剜菜的村边那大片青翠碧绿的麦田,听到当年在沟埂上放羊时的欢快叫声,闻到母亲当年在锅上烙油馍的浓浓香味,所以当周大新会写文章的时候,自然首先想到了写故乡。

这一时期,周大新密集发表了被称为"豫西南有个小盆地"系列作品。短篇小说《屠户》,发表在《山东文学》1986年第8期。写榆林街的珠儿学会了爹的杀猪手艺,摆案卖肉,和镇西营房里的董一宝有了私情并怀孕。对方去云南前线打仗,珠儿收到信得知其牺牲的消息后,珠儿却坚决生下儿子。

短篇小说《小盆地》,发表在《山东文学》1987年第4期。写南阳城西北一个叫温家盆的村子,这里的温泉可以治病,"我"虽然眷恋温泉和"均温"碑,但还是要离开村子。短篇小说《红桑椹》开篇写道:"在我们豫西南,桑椹红都在阴历五月。每年这个时候,孩子们围着缀满桑椹的桑树,用棍子打,用手摇,再不就干脆爬上树去,摘些红的、紫的桑椹吃,把一双嘴唇吃成了红的、紫的,一边吃,还要咿咿呀呀地唱:红桑椹,染嘴唇,吃了桑椹见情人,两人脸上会留印,印儿红,红印儿……"[①]

短篇小说《武家祠堂》,发表在《西北军事文学》1987年第4

---

① 周大新:《红桑椹》,华艺出版社,1993年版,第1页。

期。小说写到商品经济对乡镇的冲击。祠堂有着昔日的威严，祠里大堂屋脊上的兽角，直插入晴空，很是巍峨；祠外那七尺高的土黄色院墙在阳光下放了金光，极是气派；祠堂的大院门还没打开，只有"武家祠堂"那四个烫金的字立在门楣，威武、缄默，渲染着凝重、庄严的氛围。尚智在祠堂前摆货摊，卖鞋和绣着刀、矛的红肚兜，绣着剑、盾的灯笼裤，织着弓、箭的练功宽腰带等。同时摆摊的还有梗子、四婶、郭灶叔、伏田哥、苇儿嫂等。因尚智改制了一台绣花机，又买了两台缝纫机办成专制兵家徽记的服装社之后，成本降低，生意越来越好。但生意兴隆惹了众怒，他被朝顺爷在祠堂里怒斥破坏规矩，要按章法处置。尚智不再摆摊，进了宛城，在建筑队当临时工。而四婶和郭灶叔们，则又将摊子摆了出来。

中篇小说《家族》，发表在《河北文学》1988年第2期。该文被陈骏涛评论为周大新的一篇力作，不仅因为它的篇幅较长、时空跨度较大，描写的是商品经济观念与自然经济观念相撞击这一当代人最注目的现象，而且它具有某种深度和力度。在陈骏涛看来，《家族》的长处是从家族的历史渊源和农民自身的文化局限来揭示农民经商的失败命运，但忽略了导致他们失败的外在的社会方面的原因，也影响到它可能达到的深度和力度。《家族》中所展现的乡镇骚动，一方面，表现了商品经济的萌生及其生产的艰难；另一方面，表现了商品经济所导致的人际关系的变化。在这里，我们看到了人情和利害相撞之后，人情为利害所吞没，亲情关系也受制于经济关系，道德价值与金钱价值出现背反。生活前进了，但亲情关系却淡薄了——这是不是商品经济发展之后所带来的必然结果？在这里，作者也表现出某种困惑感。

随笔《圆形盆地》发表在《解放军文艺》1988年第6期。周大新主要想写"人为的痛苦"，写人的复仇心、嫉妒心、征服心、悔恨心等的存在。在遥远的地质年代里，当伏牛山、桐柏山渐渐隆起，把中原西南部的这块土地变成盆地时，大自然还不知它要在这个盆地里养育多少人。后来，原本栖居在黄河岸边的一些部落南迁，当他们中的一些人发现这个盆地宜于生存而停下迁徙的脚步时，便成了盆地人的祖先。接下来是世代繁衍，直到今天，盆地已拥有了上千万的子孙。随笔还传达了当代盆地人对生命的热爱，展示带有盆地特色的美的享受。关于为什么要执着于盆地人生存状态的叙写，周大新解释说，是因为"人有一个值得重视的特点就是关注同类"。他想写盆地中那些做鞭炮的、开杂货铺的、染布的、玩猴的普普通通的农民，他们在新时期苦苦地追求，有成功、失败、迷惘、痛苦。他们身上负载着沉重的历史文化负担，进而呼唤经济繁荣和现代的、健全的、开放的人格。只要他能把南阳盆地人真实而不是虚假的生存境况写出来，并不顾忌它是多么奇特、多么单调、多么落后、多么不可理喻，那么，就能引起别一地域、别一民族、别一国度人的阅读兴趣。

中篇小说《紫雾》，发表于《人民文学》1988年第8期，后被北京电影制片厂改编为电影剧本《花炮姻缘》，被天津人民广播电台改编为广播剧。小说突出的特点是采用了象征手法，"紫雾"成为笼罩柳镇的封建主义阴影。虽然柳镇经过了半个世纪的历史变迁，但是，封建主义的阴影、宗法观念的阴魂并没有消散，周士高、素素、小枫对"紫雾"氛围的挣脱并不比当年周龙坤、絮儿来得容易。亦有评论将《紫雾》与《百年孤独》比较，认为二者都通过发掘生活中的神奇因素，造成神秘、真幻交会的艺术境界，且运用了反复的表现手法来构筑轮回的时间形式，借以表现丰富的生活内容和人性深度。

中篇小说《伏牛》写男女之间的爱情纠葛，好人与坏人的较量，以及人与牛的感应和人牛双亡的悲剧，也深刻地提示了人性隐秘的角落。作品通过奇顺爷说：牛会叹息！每当它们长长出气时，就是在叹息！它当初见人们种庄稼从犁地、耙地、播种、收割、晒打、磨面到吃到嘴里，那么费力，便感叹人们活着其实也不容易，于是

周大新回到南阳从事专业文学写作

就常为人们叹息！但牛却不断被人类奴役，在故事结尾，"南阳牛资源开发总公司"的巨大广告牌上写着："南阳牛，体质结实，身高臀宽，皮韧毛细，肌肉发达，为我国五大优良品种牛之一。本公司向您提供优良役牛、肉牛、奶牛，向您提供优质牛肉、牛肉罐头、新鲜牛奶、特级奶粉，向您提供优质牛皮、牛黄、牛骨……"① 后小说被改编成电影《痴男怨女和牛》，由长春电影制片厂出品。

周大新因这一时期密集发表的盆地写作被称为南阳盆地的"耕夫"②，这些作品既有他对故乡人情世态的描摹，又写出在商品经济冲击下的人性冲突。雷达在《周大新小说中的善与恶》（《解放军文艺》1988年第3期）中，指出周大新的小说擅长从传统美德中汲取价值，汲取"善"的意义，汲取民族性格中隐含的生命魄力，寻求契合当代生活的"转化"和"整合"。读"豫西南有个小盆地"系列中短篇小说，尤其是《武家祠堂》《小诊所》《家族》等篇，我们

---

① 周大新：《伏牛》，《小说家》1989年第2期。
② 王必胜：《南阳盆地的"耕夫"》，《人民日报》1988年9月21日。

似也跌落在豫西南特有的人情世态里。在那儿，商品经济像鞭子，驱赶着昔日的传统农民，使得原先就埋藏在他们灵魂中的善善恶恶，无所遁形地大量释放出来。这些作品比之前某些写农村变革的作品有所深化。第一，它们摆脱了把题旨维系在政策优劣上的倾向，也摆脱了理想主义的调和态度，极真实地表现了农民在变革中的道德痛苦、裂变、善恶和分化，提供了恶和善的多种形态，从道德伦理的角度把真实性推进了一步。第二，它们不同于作者一度把传统美德理想化的倾向，而是发现一个封闭的文化圈中的危机和惰性，如《家族》中的白痴傻小四，总是怪叫着，正跑一圈，反跑一圈，却总也跑不出那个怪圈。这其实表达了作者贯穿在《家族》等篇中的批判眼光——一种无法突围的悲哀。问题在于，周大新遇到善恶交锋的复杂局面，往往是谨慎地扶着传统美德这根柱子，尽量把矛盾收敛到他便于控驭的程度，这样固然有利于他的评价，但也限制了他驾驭更大的格局和更棘手的矛盾。仅仅有一个道德视角是不够的，还应该把道德放进社会、民族和历史的大系统中，才可改变局促之态，向宏大的境界上升。

1987年12月3日，中国作协、鲁迅文学院、解放军文艺出版社、《河北文学》杂志社在北京联合召开周大新作品讨论会。徐怀中、韶华、唐因、蓝翎、王愿坚、何西来、张炯、陈骏涛、雷达等40余人参加了研讨会。

与会者多认为周大新的作品有着浓厚的生活气息和直面人生的勇气。周大新以他的真诚去探索生活，有助于他摆脱传统思维方式的束缚。他不是要演绎某种思想，而是要表现自己对生活的思考。这使他的作品十分真切，呈现出一种独特的文化价值。同时，作品表现出对现实生活的密切关注。经济改革所引起的现实生活中的种种变化与冲突，是他的大部分作品的共同主题。商品经济的发展，是社会进步的表现，它必然引入竞争机制，引起人与人之间的关系变化，使人与人之间的关系从朴素人情可能堕落为赤裸裸的金钱关系，甚至尔虞我诈，这形成了对朴素民风的巨大冲击。这是当前生活中引人注目的现象，作家给予关注是自然的。关注的角度不同，评价也会不同。不少作家谴责这种冲击，而倾向于田园式的朴素人情。

唐因提出，问题在于这种冲击是不是必然的？商品经济的发展是否必然导致丑陋的人情？周大新的作品表现出作者对生活的独特思考。《武家祠堂》《小诊所》等作品表明，竞争并非一定就是冷酷无情、六亲不认。在商品经济发展所造成的人性演变中，还是有着美好的东西的。这既是作者的发现，也是作者的期望。

陈骏涛认为周大新的作品有着鲜明的变革时代的投影。他的"豫西南有个小盆地"系列作品，主要表现了变革时代人们生存状态的变化，表现了现代意识和传统意识的冲撞和由此而来的心理骚动。他的作品把这些内容和小镇风情结合起来加以表现，形成了较为浓厚的文化氛围，使作品的意蕴得到了深化。《家族》是"豫西南有个小盆地"系列作品中最有分量的一篇，与周大新以前的作品相比，带有明显的突破性进展。作品中的周五爷是个背负着传统重担的形象，给人很多思考。

雷达指出《武家祠堂》和《小诊所》中都涉及恶的问题，的确也表现出作者一定的困惑。但我们不能只讲困惑，应当对作者的困惑做出分析、做出判断。既不能用传统的观念做出简单的判断，也不能只讲恶是历史发展的动力，造成对恶的简单崇拜。生活本身是复杂的。人要改造生活，同时也要改造自己，文学不能放弃这方面的责任。作者应当运用自己的尺度对人、人的心理状态、道德价值、文明状况做出艺术的评价。

曾镇南强调周大新的作品对商品经济发展中人的心理变化和新的经营思想、新的观念与传统的冲突的表现，有他自己的独特东西。在作者看来，新的生活因素的出现是必然的，但对传统也并不都是否定的，甚至有些还是我们民族魂之所系的东西，是十分宝贵的。

王必胜曾撰文评论，周大新的小说多是以一种写实的笔法，真诚地表达他要臧否的人物、褒贬的思想，构成一种情理明晰而思想显见的艺术意蕴和格调。他的文学生命在于对社会人生的辛酸甘苦和人情世态的冷暖炎凉进行揭示和描绘，对历史创造者们踔厉奋发的精神和气概进行讴歌和礼赞，出于这一严峻的题旨需要，他的艺术手法多以写实为主。作家艺术视角应不断调整丰富，但服从于作家的素质和生活视域，以及他所表现的对象，也就是说，有一个属于作家自己的恒稳的支点。

1988年，周大新返回南阳从事写作，成为南阳文友的"亲密战友"。朋友行者的回忆文章《周大新先生》，追忆他这一时期的小说多写南阳，又以自己的言行给予南阳文友诸多真挚的帮助，使南阳的一些后学得以进步，对南阳文气的聚集产生了积极作用。朋友们发现，周大新为人宽容，对人和社会思考得很深入，经常在文字中阐述一些人生哲理。他性格坚强，但又很谨慎。因觉得飞机和汽车太危险，多选择坐火车。在西安求学时，别人都去爬了华山，但周大新不敢去。每次坐车，都会担心发生车祸。每次离开济南的时候，都会把东西简单整理一些，以便家人日后来整理遗物。这就形成其人与文的矛盾——个性的敏感和恐惧如卡夫卡，作品的博大悲悯和地域特色如福克纳。

因周大新的筹备，何镇邦在1988年6月有了一次南阳之行。周大新除了安排食宿和讲课等事宜，还陪同游览医圣祠、卧龙岗、武侯祠，参观汉画馆。何镇邦不仅看到了南阳的山川风物，发现小盆地深厚独特的文化积淀，长江文化与黄河文化交融处独特的文化景观，而且发现了在这种独特的文化背景下颇有作为的南阳作家群，还结识了周大新的一家人，从更深的层次了解了他。周大新请他到家里吃了一顿颇具地方特色的家乡饭，介绍了他的爱人小瑛和当时刚刚上小学的儿子。小瑛毕业于武汉大学，在南阳地区一个局里当副局长，是位副处级的干部。可在家里，她是个标准的贤妻良母，对大新和儿子呵护备至;大新在外忙这忙那,到了家里却当上了饭来张口的"老太爷"。贤妻娇儿,大新的家真是够温馨的!难怪他总是要回到家里写作,难怪他有那么好的创作心态。当然,这个小家庭也不是一帆风顺,一点儿小灾难都没有,据说后来有一个时期,小瑛蒙冤受屈,大新为了替妻子洗刷不白之冤,奔跑于济南、北京和南阳之间,连儿子都寄养在一个战友家里。后来云霾终于扫清了,这个小家庭又恢复了昔日的温馨和幸福。而在这个风浪中,更显示出大新作为一个丈夫和父亲的责任感和博大的爱心。"我听朋友转述大新一家的这段遭遇,更加尊敬大新,也更加信赖大新!""大新也是一个处处损己利人的人,处处为别人着想的人,无论是对家人,对朋友,均是如此。"①

第二节　走出盆地

1989年,周大新完成第一部长篇《走出盆地——一个女人的生活和精神简历》,原名《豫西南盆地的女人》,发表在《小说家》1990年第2期。12月,由百花文艺出版社出版单行本。《走出盆地》正如它的副标题所昭示的,写的是生于盆地、长于盆地的"一个女人的生活和精神简历"。主人公邹艾作为一个世代生活在南阳盆地的农家女,为了追求美好的生活,挣扎、奋斗,付出了巨大代价,屡屡受挫,但始终没有气馁,更没有屈服于命运。在自己作品的扉页上,周大新写下:"我常常用这句话宽慰自己:人不可能完全实现自己心中的目标!"

作品中的邹艾决心走出盆地,她以优秀赤脚医生的身份参军,迈出了人生道路的第一步。在部队,她从卫生员到护士到医生,又成为副司令员的儿媳。可惜好景不长,公公猝亡,丈夫自杀。她复

---

①　何镇邦:《我的朋友周大新》,《时代文学》2001年第4期。

员回乡，开始了她人生奋斗的新阶段，办了一个小诊所，并发展为一定规模的医院，却因用假药酿成事故而破产。故事结尾，面对人生的最大困境，邹艾说："我不会认输的！我还要再从头来！"作品重在表现她与命运抗争的天性。

据评论家何镇邦回忆，周大新1987年下半年在鲁迅文学院进修，当时正好是"文体热"。何镇邦在授课时就鼓吹文体论，如巴赫金的复调小说、电影的平行蒙太奇手法等，大概周大新听进去了，就在小说中付诸实践。1990年春天，他收到周大新送来的长篇处女作《走出盆地》的校样，邀请作序。何镇邦也被女主人公邹艾的人生道路所吸引，为盆地烙印叫好，又为他的小说文体实验感到高兴。在序言中，有这样一段话："本来，像《走出盆地》这种只写一个人的命运、时间跨度较大、单纯纵向展示的作品，是容易写得单调的，但是，由于作者有比较强的文体创造意识，注意不断地变换叙事角度，渲染叙事环境，把握叙事节奏和情调的变化，并在三个部分里用三个神话故事与叙事主线形成一种共鸣照应的关系，因此使本来容易写得单调的故事变得丰富起来，平添了不少韵味。"[1]何镇邦得知《走出盆地》在期刊发表时，作为复线的三个神话故事被编辑删去了，很是震惊和惋惜。于是，在何镇邦作序的肯定和周大新的坚持下，三个神话故事在出单行本时得以恢复。小说中的三个神话故事（天府中的三仙女、地府中的唐妮、阴府中的瑞花）分别与人世间邹艾的人生故事交叉叙述，平行推进。

在故事开篇，周大新介绍了南阳盆地的历史。在久远的中生代时期，中原地区曾发生过一次剧烈的地壳运动，那次变动的结果是一个巨大湖泊的形成和环湖山脉的崛起。又过了许久，由于四周水土流失沉积，那湖泊渐渐干涸而成为一片沃土，它上边长满了各种植物，当然也有供动物们充饥的果子。一群由黄河岸边向南迁徙的

---

[1] 何镇邦：《我的朋友周大新》，《时代文学》2001年第4期。

猿人发现了这些野果，从而停下了迁徙的脚步，于是这地方开始有了人类。又一个时期过去，为了生活方便也因为文明的演进，居住在这里的人们把东边那道长满桐树柏树的山脉起名为桐柏山，把横卧西、北两面那状如卧牛的山脉起名为伏牛山，把南边那到正午时挡住阳光的高山起名为武当山，把被三山围起来的地方叫作南阳盆地！

作为盆地中人，邹艾是山村里不认命的女子。因出生时是女儿，爷爷不允许摆满月酒，说："一个丫头片子，就别再张扬了吧！"长大后，她当上了妇女队长，和同村青年开怀情投意合，却遭到村主任秦一可强暴并怀孕。她打掉孩子后立志跟随开怀父亲陈德昭学医。老四奶劝她："咱一个女人家，老老实实找个男人过日子是正事！人哪，都有个命……"邹艾却说："只要男人们分一斗，凭啥只给我三升？我偏要挣来一斗吃！这回又败了，败就败，总有一天我会胜！"

就这样，邹艾去当兵，并当上了护士。她希望能够实现当医生的梦想，暗自琢磨军医大学竞争力大，决心钻研中医配方治疗扁桃体肿大。她凭借中医按摩等技术，战胜竞争对手金慧珍，赢得巩副司令儿子巩厚的好感。面对婚姻的选择，在开怀和巩厚之间，她也有过内心的挣扎，并进行了一番理智的思考，"如果选择开怀作为此生的伴侣，我可能会建成一个比较和睦的家庭"，"我将结束我在外边的奋斗"，"到老来仍然是个平庸的女人"，"我一定要过过巩厚过的那种生活，一定要进入那个让人羡慕的世界！"邹艾如愿以偿，和巩厚结婚，过上了富足的生活，并利用权力整治了秦一可，报复了金慧珍。然而生下女儿后，家庭忽遇变故，公公猝死，丈夫自杀，邹艾也被迫转业返乡。

邹艾带着女儿回到家乡，开办了"康宁诊所"。已当上副镇长的秦一可又来打她的主意，在经历种种磨难之后，她开办了"康宁医院"，并用中医方法研制出"邹氏妇女滋补膏"。却因误买了假阿胶，所售药品导致七名妇女瘫痪。开怀为了救她而入狱，医院也破产。

后才知原来是陷入另一个策划好的阴谋:"目的就是使你破产!"面对女儿茵茵"妈,这下该认输了吧?"的追问,邹艾仍很倔强。她不愿意跟随女儿去美国定居,"还要再从头来","要把康宁医院办成全南阳、全河南的一流医院,我还要让它在全国、全世界出名","妈妈永远不会被失败击垮!"

《走出盆地》写的是人想挣脱外在束缚和寻找幸福的渴望。在周大新看来,盆地对人的眼光是一种约束,外部环境对人的束缚并不是只这一种;人人都以为幸福在别处,都想去别处寻找,他想写写人的这种境况和心理。盆地是南阳人的生存状态,走出盆地则靠奋斗精神。

评论家张志忠在《逃离土地的一代人——周大新小说创作漫评》(《文学评论》1989年第5期)中指出,周大新所着力刻画的,是农村中逃离土地的一代人,他们为逃离土地进行的奋斗和挣扎,他们欲逃离土地而又最终无法逃离的悲剧和喜剧。他们应和时代的躁动,却仍然没有足够的力量把握时代,把握自己的命运。周大新笔下的河南方言,充满了朴素的热能。《走出盆地》中的邹艾不认命,《汉家女》开篇家女的那一番倾诉:"俺要当兵!……俺家无权无钱,不能送你们东西,也不能请你们吃饭。可你必须把俺接去……俺不想在家拾柴、烧锅、挖地了,俺吃够黑馍了!……"都有咄咄逼人之势,显示着河南人的烈性与泼辣。周大新小说中的惊叹号之多,堪称奇观——它们是河南人烈性的证明,也是作家热血的证明。

《走出盆地》作为周大新的首部长篇小说,是他在这一时期文学思考的结晶。他在分析了人类的主要活动之后发现,人活着或人类全部活动的目的,就是四个字——寻找幸福。人们不停地去劳动、发明、创造、反叛、打仗、迁徙,就是为了寻找幸福。生活在南阳小盆地的故乡人,他们世世代代也在寻找属于自己的那份幸福。《走出盆地》写一个南阳农村姑娘走出盆地改变自己命运的故事,揭示的是中国人和中华民族冲开重重障碍和束缚,坚韧顽强寻找理想的幸福生活的历史。周大新坦言自己当兵的时候，曾经到过沿海地区，也到过北京、西安，在这些地方见识了很多人和事，也了解了很多新鲜的观念。后来回到家乡，他发现家乡人的生活状态和观念变化得很缓慢，与外边的日新月异不能相比。所以他就希望他们都能够走出去。后小说被改编为同名电视连续剧。电视剧《走出盆地》的主题歌颇能道出小说的主旨。

走不出大山难见平川
走不出小溪难见波澜
走不出篱笆难见高楼
走不出迷雾难见晴天

路在那脚下任它坷坷坎坎
爱在那心中任他恩恩怨怨
走过那苦难才知道那甘甜
走出那盆地才知那天外天

这一时期周大新的写作，既有盆地的民俗风情等地域资源的借用，又有在时代脉动下盆地的变化和发展，这成为周大新作品的主要观照视角。在何镇邦看来，《走出盆地》集中笔墨写一位女性的命运，尽管她走出盆地又回到盆地，似乎是重复性的人生经验，但其鲜明的个性特征及盆地意识，使得人物形象具有新的意义。周大新对盆地故事的开掘及人物性格的塑造，使得他这一系列作品特点鲜明，重在展现盆地中新与旧、善与恶、进步与落后、开放与封闭的矛盾冲突，以及通过女性形象和命运展示生命的韧性，盆地人奋发向上的精神品质。

第三节 香魂女

1990年，周大新的中篇小说《香魂塘畔的香油坊》发表在《长城》第2期。他写这篇作品，是因为香油给周大新的印象非常深刻。小时候家里穷，买不起很多的油，总是用小玻璃瓶买一点，吃饭的时候用根筷子蘸着往碗里滴几滴，就觉得很香了。当时构林街东头有个油坊，周大新小时候赶集从那里路过，听到"哎呀嗨"的打油声就停下来看，所闻到香油的香气，在脑子里盘旋了很多年。

1989年秋，周大新去南阳地区医院看病人，在一条寻常巷陌中忽然嗅到一股浓浓的久违的家乡小磨油的奇香，循香来到一家半机械化的香油坊前，发现房子、设备都很简陋，但是生意很兴隆。店主是一位女老板，周大新就专门进去看看，了解其操作的过程，夫妻二人的热情周到也给他留下深刻印象。刹那间，封存于记忆中的往事一一呈现，他的心在激跳。周大新意识到契机来了，灵感有了。回到家他迅速查阅了有关资料，得知家乡的小磨油闻名遐迩，1949年前就曾出口到德国、日本等国。于是他开始在当下改革开放的农村背景下构思自己的小说，9月23日，周大新思考写作，10月11日改成3万多字的中篇《香魂塘畔的香油坊》。恰逢河北的文学刊物《长城》约稿，就给了他们。很快，《长城》责编赵玉彬来信称大作已通过审稿，拟发1990年2期头题。但不久又来信解释说"因近期强调'主旋律'，大作只好屈居二题"[①]。

小说主人公香二嫂的原型是家乡的一位嫂子，长得很漂亮，心地也好。周大新经常到她家去玩儿，有时吃饭端碗面条去了，嫂子就用筷子蘸点儿香油滴到他的碗里。那时香油极其金贵，她的慷慨让周大新很是感动。可惜她三十多岁时患了肺结核病死了，留下四

[①] 周熠：《遥远的风景》，百花文艺出版社，1994年版，第238页。

个孩子。每年回家探亲时，周大新一看见家乡的小磨香油坊就不由得想起她。此外，还有一家邻居，有一个半傻半残的儿子，癫痫一犯，口吐白沫，牙关紧闭，双眼上翻，惨不忍睹；家里高价买来的小媳妇，花儿一样，战战兢兢，哭哭啼啼，跑了几次都被家人抓回，以泪洗面，度日如年。周大新每次撞见，心中便泛起恻隐之情。在他中学读书的镇上，一家小磨油坊飘出的灌鼻油香和高举油锤吭哧吭哧打油的光脊梁师傅，更给少年的他留下了深重、神秘的印象。故乡的水塘、大嫂、油坊、口吐白沫的痴呆者，这些素材引发了他的创作。在周大新看来，婚姻悲剧是人的生存困境的一种表现。中国的婚姻悲剧，一部分来自社会，一部分来自当事者自己。他写这些婚姻悲剧的原因，是想引起人们对赖以生存的社会环境的关注、审察和思考，以及引起婚姻悲剧当事者对自己性格和行为的自审。

1990年的春夜，长春电影制片厂文学部的编辑尹江春在灯下翻阅了几本大型文学期刊后，有些疲乏，正欲休息，偶然翻开新到的《长城》，在目录中看到了周大新的《香魂塘畔的香油坊》，题目不算惊艳，却也别致，而作者的名字周大新很熟悉，《汉家女》不就是他的获奖作品吗？尹江春试着粗读几页，一读竟放不下，读后便暗自拍案叫绝了。文学部主任也认为小说不错，有味有戏，是改编剧本的好蓝本。于是电影厂分别以一千元的价格向《长城》和作者周大新购得改编电影的版权。周大新本来就讲义气，当下就和长影厂"拍板成交"。

1992年3月，在暖意融融的南阳大厦，周大新和导演谢飞第一次相见握手。周大新感激这位著名导演专程来到南阳，谢飞为结识这么一位年轻有为、忠厚待人的小说家而欣慰。谢飞在南阳住了六七天，和周大新促膝长谈。周大新向他讲述了小说的原型和创作的契机。谢飞向周大新述说了他改编剧本的构想、对原作的理解、把握和开掘。为获取感性上的认知和对小说中乡村文化氛围的体悟，谢飞又用三四天时间跑了南阳盆地三个县市的乡镇村落，并深入构林镇走访了几家油坊、油厂，体味当地的风土民情。一周后，谢飞从北京寄来了剧本大纲。5月，谢飞再次抵达南阳，为开机选景踩点。谢飞透露，长影厂资金匮乏，经他斡旋，天山电影制片厂慨然出资百万，玉成其事。主角已选聘由国外归来的斯琴高娃和国内新星伍宇娟担任。

据说，斯琴高娃在瑞士读到谢飞寄给她的剧本后，对香二嫂这个角色很感兴趣，认为人物很厚实、很有色彩。对一个演员来说，遇到这样的角色是难得的机会。虽然在海外已经生活了5年，她还是义无反顾地回国拍摄。谢飞之所以选择"远在瑞士的斯琴高娃来演朴实、泼辣、强悍的香二嫂"，是因为"斯琴高娃的年纪、性格、长相乃至气质都符合剧中角色，她在荧幕上塑造的《归心似箭》中贤惠善良的玉贞和《骆驼祥子》中泼辣的'虎妞'，在观众中留下了深深的印象，香二嫂这个角色让她演，会有光彩、有个性"[1]。本来谢飞还担心她在海外多年会不会形象改变，但一见面，看到斯琴高娃的黑圆领衫、灰裙、布鞋，地道的中国式打扮，感到很意外，没想到她还是那么豪爽、率直。

谢飞两次从北京到南阳，就剧本的修改、投拍、外景地等事与周大新商量。谢飞很喜欢这个地方，觉得民风彪悍而不奸诈，淳朴而不愚昧。南阳老酒、辣莴苣咸菜，谢飞都吃得津津有味。一连数日，周大新陪着谢飞一行人马，奔波于盆地的山山水水。在拍摄之初，谢飞曾带着摄像师到周大新家乡邓州取景，当时正值下雨，道路泥泞，效果不好。又来到陕豫鄂交界处的老街，环境很好，但悬挂的电线影响录制，谢飞只好返回。周大新日记中还多次记载选景的经历和过程。最后剧组敲定在河北的白洋淀开拍。据谢飞讲，白洋淀与南阳风土景物相近，而那里的水塘格局大小合宜，且苇、蒲、

---

[1] 《厉兵秣马夺大奖——电影〈香魂女〉夺魁小记》，1993年3月6日《人民日报》(海外版)。

陪同谢飞导演选景《香魂女》

荷兼备，斜阳朝晖里烟波迷离，极富诗情画意，更有利于抒发影片的意蕴情致。

电影在白洋淀拍摄完成。谢飞把影片拍得诗意朦胧、烟雾缭绕。摄影强调自然光，把白洋淀的暮色拍得像水墨画一样。天津电视台听说长影经费紧张，毅然慷慨解囊，要求合拍。在拍摄过程中，香二嫂的儿媳环环受到呆痴的丈夫蹂躏后，走上房顶，望着茫茫淀水，听着悠悠歌声，思念自己的恋人时，需要一段地方戏色彩的演唱。演员毛素欣就唱了一段老调《红衣仙子》思念恋人的唱段："水冷风清月色静，独自徘徊暗愁心。情郎一去无音讯，难猜其中吉和凶。"歌声如泣如诉，在场人员无不动情，导演谢飞也非常满意。

1992年岁末，周大新应约参加《南阳日报》的一个笔会，正在鸭河水库与文友们谈文学、谈电影，忽然收到了谢飞的电报，请他去北京参加《香魂女》的试映。怀着兴奋与担心，他匆匆踏上了北去的列车。在放映现场，他感受到观众的热情和喝彩。冯牧和陈荒煤等评论家和电影局的领导，都从思想上、艺术上肯定了这部电影，并下结论说是1992年拍得最好的一部片子。陈荒煤认为影片给人们带来一股时代气息和新鲜的思考，影片的结尾提出的问题意味深长。当不幸的"香二嫂"悔恨交加，醒悟到应该解除她以重金为傻儿子买下的漂亮媳妇的婚姻时，儿媳悲叹道：谁还会要我啊！这一声悲叹启示着人们，经济上得到了发展，并不能万事大吉，还必须千方百计地去提高人们的文化素质。冯牧认为影片拍得完整、简洁，忠实于原作，改编后基本上达到了电影所设想的目的。斯琴高娃的表演超出了她过去的影片，登上了一个新的高度。在把握"香二嫂"这个人物内心的矛盾、女性的困惑方面的难度是很大的，但斯琴高娃把一个精干、粗犷、没有文化的女强人准确地表现出来了。定居国外多年的她，演起戏来依然这样朴实，实在是很难得。至于其他主要角色，雷恪生、伍宇娟等人表现都很出色，伍宇娟把被贫困扭曲的儿媳环环演得凄美动人。这部影片之所以能撞击观众的心灵，当然也得助于这些演员的精彩表演。

谢飞是位著名导演，1965年于北京电影学院毕业后，曾执导或联合导演多部电影，如《我们的田野》《湘女潇潇》《黑骏马》等。谢飞谈到自己1986年曾在美国做了一年的访问学者，这段经历对个人的影响非常大，最为重要的一点是开始意识到自己过去受到的教育是不全面的。他的感触是不能再像以前那样简单地塑造电影中的人物，不能把人物片面地分为完全善良的或者是完全丑恶的。艺术要表现和刻画的是全面和丰富的人性，人是矛盾的混合体，不是单一的好或坏，而是好中有坏、坏中有好。在《香魂女》中，斯琴高娃主演的村妇为傻儿子操办了买卖婚姻，虽然是不道德的，但不能就此认定她是个坏人，她也有着值得同情的痛苦和善良的内心。最后她认识到自己的错误，还了儿媳自由，这说明她还有值得肯定的一面。只有全面地刻画人物，才能塑造出有生命力的形象。

1993年年初，周大新的家庭卷入官司的侵扰中，妻子也躺在医院的病床上。周大新天天奔波于家与医院，照顾儿子和妻子。在医院里，早上广播里播送了《香魂女》柏林获奖的消息，护士告诉他，影片获得了第43届柏林电影节金熊奖，他也迷迷糊糊没有听到，直到晚上挤出时间看完了《新闻联播》，才证实了喜讯。给妻子送晚饭时报告了这一喜讯，二人百感交集。一周后，妻子的病情也大为减轻。

谢飞打来电话，邀请周大新到北京参加3月初广电部为《香魂女》召开的庆功会。妻子宽慰他一定要去，于是他连夜登上去北京的客车。3月中旬，济南部队还没有来得及为他庆功授奖，周大新就回到南阳，照顾病中的妻子。

《香魂女》的获奖，使周大新的人生迎来了辉煌，但他非常清醒和淡泊。在接受新闻记者和朋友们的祝贺时，他一再强调《香魂女》的问世和获奖得益于长影编辑尹江春的慧眼识珠，得力于导演谢飞的深厚造诣，以及斯琴高娃和伍宇娟等人的精湛演技。甚至说，影片获得国际殊荣，在某种意义上，和他并没有多大的关系。

1993年5月，家乡邓州举行庆功会，市委书记李辉授予周大新"邓州荣誉市民"称号，并奖励一万元人民币。周大新当即将奖金全部捐献给家乡的"希望工程"。当月，在河南南阳师专，周大新做了场《为了人类日臻完美》的文学报告。

> 人们从事文学创作的最初动机可能多种多样并和世俗生活紧密相联，或为钱或为名或为权或为了获得异性的青睐；但只要他们一直沿着创作之路走下去，就会发现这条路的后半段上到处都写满了提醒行路者的文字：请你为了人类的日臻完美。
>
> 全世界所有的真正可称为作家的人，不管他居住于哪个国家属于哪个民族，不管他用何种语言何种方法创作，他们最后都会在那面写有"为了人类日臻完美"字样的旗帜下站立和汇聚。

作家作为人类中的成员，又以人为描写对象，他们理应关心人类的发展。迄今为止世界上流传下来的文学名著，只要仔细分析就可以发现，它们都有益于人类向完美处发展……这对我们人类学会控制情感从而去谋取到更多的幸福当然有益。无数的前辈作家已为我们树立了关心人类发展的榜样，我们后来者理应跟上。

人类的发展其实就是一个不断完美自己不断抛弃蒙昧和野蛮的过程。

……其实，今天的人类离真正的完美依然还有很大的距离。谁都知道，在今天的人类生活中，战争这个怪物照旧还存在……除战争之外，杀人、抢劫、欺诈、拐卖妇女儿童等丑恶现象都还存在。明明是同类，却偏偏要用假话、假货、假币、假合同去欺瞒、欺骗对方；明明知道别人失去妻子女儿后何等痛苦，却偏偏要拐卖了人家的妻子女儿；明明清楚别人挣个钱也不容易，也要持家吃饭，却偏偏要撬门破窗去偷窃他人的东西。这些现象存在，人类还说得上完美？还有就是人与人之间的冷漠。眼睁睁看着别人溺了水在拼命挣扎，他竟可以扭头轻松地走开；明明听见受伤的人在路边呻吟呼救，他竟会掉过脸去置之不理；明明知道有人食不果腹正在挨饿，他却只管一掷千金大吃大嚼。你说这样的人类能算完美？再就是人与人之间的明争暗斗。你做出了成就，我想办法对你进行诋毁；你登上了一级台阶，我想办法让你滚下来；你这几天笑得快活，我想办法让你哭出眼泪。有这些丑恶事情不断发生，焉能说人类已经十分完美？

面对人类今天的不完美现状，作为作家，有责任用手中的笔去促进真正的完美早日实现。作家该用自己的笔对人类的完美状态做出自己的描述，指出什么是完美的人，什么是完美的人类社会，什么是完美的人类生存状态，从而去吸引人们向那个完美的境界迈进……

在人类向真正的完美状态迈进的过程中,作家们有许多事情可以做,重要的是意识到这份任务并且不偷懒不懈怠。每个作家,当他在自己的书桌前坐下并伸手拿笔向纸上写时,该忆起他所走的路上那一行行提醒他的文字:为了人类的日臻完美。①

此后,小说还被改编为豫剧《香魂女》,由姚金成编剧,河南省豫剧三团创作,汪荃珍、杨红霞、孟祥礼等主演。豫剧在改编中注入了河南文化元素,将香油坊改为钧窑。主要刻画变革年代里两代女人命运和心灵嬗变的故事。童养媳出身的香香在改革开放中靠着钧窑技术成为当地的首富,她的丈夫是赌鬼,儿子是智障者并患有癫痫。但她爱子心切,花两万元为他娶了镇上拔尖的姑娘环环。香嫂忍辱负重,维护自己"贤妻良母""好婆婆"的形象,但她二十多年命运相托、苦苦相恋的却是钧窑坊的帮工任实忠,这段苦涩的恋情既是她事业、人生的重要支撑,又是她生活现状的潜伏危机。在恋情被发现的突降危机中,婆媳惊愕相对,情人则远走他乡。"人去窑败"的痛苦,使两代女人在改变命运的反思与追寻中升华出了人性光辉。该剧获得2000年第六届中国艺术节大奖,实现了河南省戏曲艺术在国家级大奖上"零"的突破,主演汪荃珍获第十九届中国戏剧梅花奖。

第四节 故乡的风物

这一时期,周大新在"文化怀乡"的艺术选择中,更为注重对

---

① 周大新:《为了人类日臻完美》,见《你能拒绝诱惑》,人民文学出版社,2016年版,第44—47页。

故乡历史文化底蕴的发掘和诠释，进而实现地理和精神上的双重返乡。他以风物写人文，不仅写出历史的脉络，更写出时代的裂变，包括写南阳汉画像石的《左朱雀右白虎》、烙画工艺的《烙画馆》、南阳玉雕的《玉器行》、银器文化的《银饰》、马山铁锅铸造技术的《铁锅》，及各种作为背景的风物、古迹等。《左朱雀右白虎》是其中颇具代表性的作品。

汉画像是南阳重要的文化遗产，孙文青发表于1933年《国闻周报》的《南阳草店汉画像记》，考察南阳汉画像的成因：刘秀称帝后将南阳作为陪都，城中住了无数官宦人家，为了生前身后的荣华富贵，厚葬成风。汉明帝喜爱绘画，朝臣多跟风绘画。南阳城北15公里有蒲山，盛产青色大理石，易雕刻且不易风化，提供了原料基础。南阳当时经济文化的繁盛，也升华出美妙的汉画石刻艺术。

1991年，周大新的中篇小说《左朱雀右白虎》发表在《长城》第1期，写的是抗日战争时期故乡几个文化人冒死保护汉画像石的故事。故事开篇，就写民国二十五年（1936）在南阳城西6公里的栖凤岗阳坡发现的一座汉墓，左门上端刻的是朱雀，右门上端刻的是白虎。走进大门，就会看到94幅精美绝伦的汉代画像石刻。这座独特而华贵的画像石墓，该是出自汉代画像石墓最盛行的时期，时间大约在刘秀建立东汉王朝至汉顺帝年间。它承袭和发展了前代的塑形和雕刻艺术，又受了同时代的壁画、帛画等形式的影响。

小说发表之后，责任编辑告诉周大新，冯牧先生对这篇小说很感兴趣，可能要写一些评论性文字。周大新听后很高兴，很早就知道冯牧的名字，读过他写的关于云南的散文，知道他是大名鼎鼎的评论家，而且当年李存葆《高山下的花环》和邓刚《迷人的海》就是经他推荐给全国读者的。

4月下旬，由《长城》编辑部、济南军区文化部筹划举办周大新作品讨论会，主要讨论新近发表的中篇小说《左朱雀右白虎》和百花文艺出版社出版的长篇小说《走出盆地》。72岁高龄的冯牧亲

冯牧与周大新在山东合影

自到场，雷达、何镇邦也应邀赴会。《人民日报》《解放军报》《光明日报》《文艺报》及河北、天津、山东评论界的作家、学者、记者、编辑等参加了会议。冯牧先生讲述在战争年代自己做随军记者的时候，曾随部队到南阳内乡县城，见过汉画石像，印象很深。当时是一个晚上，他一下子被石刻画像的神韵吸引住了。当时他并不知道鲁迅先生对这些石刻的看重，但本能地意识到这些艺术品应该得到很好的保护。但是在战争年代，也只能想想而已。会间，周大新送他一本《南阳汉代画像石》画册，他很是喜欢，长久地翻阅。后陪着他去看了山东博物馆的汉画像石。在参观历城县（现为济南市历城区）西的房彦谦墓时，两人看了欧阳询书的《唐故徐州都督房公碑》。冯牧告诫周大新，做官的要名垂后世靠政绩，为文的要名垂后世看作品，你们年轻人，要紧的是写出好作品，写出能传之久远的作品，这才是大事。你的《左朱雀右白虎》只是你创作上走出的一步，不要不能也不值得满足，要争取写出大作品。所谓大作品，就是要给人一种沉实雄浑的感觉，就像汉画像石刻给人的那种感觉。

你们这一代还是幸运的，要珍惜历史给你们的机会。① 两人相约同去南阳看汉画像石刻，但因种种原因，冯牧先生未能成行，彼此都很遗憾。

何镇邦回忆起在1988年初夏，自己第一次到南阳，周大新陪同他参观汉画馆，面对当年鲁迅先生给予高度评价的东汉墓葬中的墓砖、墓石画原品时，自己被震撼到了。当时还和周大新有过关于汉画和南阳文化积淀的讨论。与会者多认为，周大新对于南阳文化的沉积有了更为深入的开掘，显示出创作上的新飞跃。

1991年4月18日《人民日报》发表冯牧的评论文章《浓郁的地域特色和社会风貌——读周大新小说近作》，认为周大新近年以其独具地域文化色彩的小说创作而引人瞩目。他读完了周大新的近作《左朱雀右白虎》，又读了手边可以找到的周大新的其他几篇长短不一的作品。这些作品大都标以"豫西南有个小盆地"这样的副标题，实际上是一批题材和主旨虽然不同，却明显地揭示了具有相似地域特征和社会风貌的系列性作品。文章写道：

> 和周大新其他许多以描写农民的生活变革为内容的作品相比，《左朱雀右白虎》似乎出现了一种"变革"或差异：作家的笔触所描述的已不是把自己的生活与命运和土地紧密地联系在一道的农业劳动者（包括穿了军装或脱掉军装的农民），而是生活在这块土地上的乡镇知识分子——把自己一生的精力、热情和期望都奉献给先民所遗留下来的珍贵文化财富的发现与保护的知识分子。这些生活在乡镇的知识分子，不同于他们的亲友，他们主要不是依赖种地、养牛为生；但是，他们都具有一种和土地与农民割不断的血缘和亲情。他们珍视这块土地上的

---

① 周大新：《一种深情》，见《长在中原十八年》，人民文学出版社，2016年版，第285—286页。

一切甚于自己的生命；他们珍爱几千年来由他们的祖先所开辟和建设得如此美好的自然环境；他们同样珍爱自己的祖先在这片土地上以卓越的才能和智慧所创造的"第二自然"——文化遗产。在其中，汉代画像石刻是最值得一切南阳人乃至一切中国人都引以为豪的人类瑰宝。在周大新的一些别的作品（如《伏牛》和《泉涸》）中，我们为人们对于土地所蕴含的深情，为使这片土地迸发出更加巨大的生命活力并借以改造农民的生活境遇所付出的沉重代价而深受触动和启发。在《左朱雀右白虎》中，我们并未再看到那些终日在土地上汗流浃背地劳作的农民形象，然而，通过对于热衷于汉代画像石刻的发现与保护的老知识分子王莹质及其学生古涵和女儿王楠这些人物的命运的描述，我们不是也同样深切地感受到一种人们对于乡土与祖国，对于绵延了两千多年的人民智慧结晶的深沉的挚爱之情么！

从《左朱雀右白虎》所着力刻画的三个人物——三位挚爱祖国民族文化遗产甚于自己生命的土生土长的知识分子身上，我们还看到一种不仅仅属于地域文化而且还属于时代的鲜明特征：他们都具有一种强烈的爱国主义情操和自觉地维护与发扬祖国优秀文化传统的责任感；正是这种爱国主义精神才使得这几位平凡的教师、文化工作者和浑身带着泥土气息的农村知识分子作出了一番"我以我血荐轩辕"的壮烈事业。他们的爱国主义精神，已经不是一个空泛抽象的概念，而是一种浸透在每一根血管、每一个细胞中的强劲生命力。这种生命力，既是和他们所生活于其中的南阳盆地的劳动人民相通的，又是和深埋在沃土之中的伟大祖先的心灵相通的，同时，更为重要的，也是和他们所处的时代（国家生死存亡的时代），和这个时代的精神象征——鲁迅先生的心是相通的。①

南阳是全国出土汉画像石最多的地方。但多年间,并没有人知道其价值,许多还被随意砌在院墙、猪圈、桥墩上,任凭风吹雨淋。20世纪初,是由南阳城里几位文化人尽力保存。一直到20世纪二三十年代,远在上海的鲁迅先生两次出钱托他的学生到南阳拓取汉画像石刻,预备出版,才引起人们的注意。1935年11月5日至12月29日,鲁迅先生连续发出7封致王冶秋、台静农关于收集南阳汉画

投壶石刻②

拓片的书信。1935年11月至1936年8月,在杨廷宾、王正朔、王正今等年轻知识分子的帮助下,鲁迅先生先后收集到241张南阳汉代画像石拓片。深感其丰富的想象、大胆的创造、粗犷的手法,"惟汉人石刻,气魄深沉雄大"。在谈新兴版画的风格时,鲁迅先生对木刻青年说:"倘参酌汉代的石刻画像,明清的书籍插画,并且留心民间所赏玩的所谓'年画',和欧洲的新法融合起来,许能够创出一种更好的版画。"③

---

① 冯牧:《浓郁的地域特色和社会风貌——读周大新小说近作》,1991年4月18日《人民日报》。

② 南阳汉画馆珍藏石刻。投壶是汉代流行的一种饮酒游戏。画中置一壶,宾主二人各抱数矢轮番投壶,投中者赢,不中者罚酒一杯。画左一醉汉被侍者搀扶着坐到地上。画像反映了那个时代饮酒之风和酒文化的盛行。

③ 鲁迅:《致李桦》,《鲁迅全集》第13卷,人民文学出版社,2005年版,第372页。

冯牧先生讲述，在1948年的夏天，有一次随军来到南阳地区的内乡县，曾经历了三件难忘的事情。

> 在那里，我第一次听到了这个地区在一位小军阀骇人听闻的残暴统治下人民所经受的苦难生活的故事。在那里，我在行军途中经过了一大片我有生以来还从未见到过的繁茂美丽的樱桃园，使那里呈现出一片即使是在战火硝烟中也令人流连难舍、心旷神怡的非凡景色（这片樱桃林，经过四十多年的历史变革，大约已不复存在了）。在那里，在刚刚获得解放的内乡县城的一所中学里，我遇见了两位学识渊博的教师，他们都是北大毕业的河南人。在抗战烽火中，他们宁愿执著地留守在这片土地上，而不愿意到大后方的大学去教书；其中有一位曾是我在青少年时代的老师，而另一位更年长的须发苍白的数学家，却是一位南阳汉代画像石刻的热心收藏家。就在他居住的一间教室中，我第一次观赏了他所收藏的大批拓片并且为之赞叹不已。就是从他那里，我获得了关于南阳汉代画像石刻的知识和兴趣，而这位数学家对于汉代画像石刻所表现出来的热爱和痴迷也使我深受感动。
>
> 我在读了周大新的《左朱雀右白虎》之后，首先想到的就是我四十多年前结识的这位朋友，就是当年曾经给我留下了难忘印象的这片土地，就是在那段期间我所遇到的许多在这片古老沃土上胼手胝足地劳动和生活着的人们。①

在冯牧看来，周大新是一位近年（20世纪90年代初）以自己独具特色的作品而引人重视的年轻作家。他以自己勤奋的探索和创

---

① 冯牧：《关于周大新的〈左朱雀右白虎〉及其他》，《冯牧文集3·评论卷Ⅲ》，解放军出版社，2002年版，第338—339页。

造，表明了他正在逐渐向成熟的道路上坚实地前进。他正在努力寻求的，是把自己的生活实践和创作实践继续和他所生长、所熟悉的那片土地（富有地域文化色彩的南阳盆地和伏牛山区）结合起来，努力表现与反映这片土地上的人们对生活与生命的热爱，探求和挖掘这片沃土及其人民所具有的独特的美。他在属于自己的领域中已经进行了辛勤的耕耘与勘探，并且取得了可喜的成果。

《左朱雀右白虎》后被改编为现代豫剧《红菊》，编剧王俭、李利宏、何中兴，导演李利宏，主演徐俊霞。该剧是为纪念抗战胜利60周年暨世界反法西斯战争胜利60周年，由河南省豫剧一团推出的。以20世纪30年代为背景，讲述了几位底层知识分子、热血青年、普通群众，为保护汉画石刻免遭日寇的掠夺，从容应对的故事。其间贯穿着红菊、姚大兴、秦思远三位青年的情感故事，以及主人公红菊最终在烈火中化为"太阳鸟"的英雄气节。

周大新写南阳风物的短篇小说《玉器行》，发表于《莽原》1990年第3期。小说借玉器行祖孙两代之间的对立冲突，来写南阳玉器老作坊的故事。[①] 作品中的邱爷是柳镇"一勋玉器行"的老掌柜，是誉满中州的玉雕大师，他凭着当年对邱家玉器行的贡献和精巧的手艺，在诸多徒子徒孙中形成了一种权威，他承传的一些雕刻制作工艺方法随之也成了弟子们遵守的金科玉律。尽管他已到了古稀之年，不太过问行里的具体事情，但他在邱家至尊的地位仍然影响着玉器行里每一个人的言谈举止，以及玉器行的生存与发展。近年，他由开始不满孙女的生活习惯，反对她在玉器制作中对其他姊妹艺术的借鉴参照，发展到亲手打碎孙女精心设计制作的玉雕，潜在的原因是孙女的言谈举止无意中触犯了他的权威和自尊，动摇了他在玉器行中的威信和地位。作品写出了两代人对于玉器文化的观

---

① 曹书文：《论周大新小说创作的审美意蕴》，《河南师范大学学报》（哲学社会科学版）1997年第3期。

念冲突以及时代的发展变化。

南阳有着历史悠久的玉文化,南阳"独山玉",与新疆"和田玉"、辽宁"岫玉"、西安的"蓝田玉"并称"中国四大名玉"。南阳玉的历史可上溯到新石器时代,当时已出现玉铲、玉凿。东周时期,玉文化已经发展到超越其自然属性。"玉有五德"更是将玉人格化。汉代,南阳玉被大量开采和雕琢,出现了加工、雕刻玉的聚居区,迄今还留有汉代"玉街寺"遗址和采玉矿坑。宋元明清时期,琢玉技术已经显著提高,宫中设有"玉院"。明清时期是中国玉器的鼎盛时期,"南阳玉"此时期雕琢的玉器有两种,一种是制作日常工艺、首饰、陈设品,一种是作为达官贵人的礼品。民国初期,袁世凯即将称帝时,南阳知府就征集玉雕工匠数十人,用两个月的时间赶制一整套精品南阳玉雕宴席餐具,向袁世凯进贡。①《玉器行》的开篇,就介绍南阳玉石的典故。

> 南阳出玉石,玉叫独山玉。
>
> 独山玉是以出自南阳城北九公里之独山而得名。独山由蚀变辉长岩体构成,玉矿成脉状分布在辉长岩体两侧挤压破碎带中。其矿物成分属斜长石类,含斜长石、黝帘石、铬云母、透辉石、钠长石、黑云母、绿帘石、阳起石等多种成分。由于矿物成分差异,玉石颜色亦不相同,色彩变幻达八十余种,可划分为白、绿、紫、黄、红、黑六种基本类型。
>
> 独山玉坚硬细腻,色彩鲜艳,具有很好的透明度和高洁净度,是玉雕的上好原料。
>
> 于是南阳便成玉雕之乡,出玉器。
>
> 早在东汉时代,张衡就在他的《南都赋》中记载过当时的

---

① 周献红、李东黎主编:《新时期文化工作的探索与创新》,中国文化出版社,2003年版,第433页。

玉雕盛况；宋元时代，民间艺人磨制的玉器，已开始向东南沿海商人出售并转卖海外；到明朝末年，玉雕事业发展最盛，艺人上千；清末至民国期间，玉雕已成一大行业。

历代，从事玉雕的人家多是后坊前店，自产自销，常在门前挂一木牌，上书"玉器行"。或是在"玉器行"三字前再冠上主人的名字，如：一勋玉器行。

本文所记之一勋玉器行，在柳镇！[①]

短篇小说《烙画馆》发表于《北岳风》1991年第5期。作品中介绍了古老的南阳烙画。

> 烙画，也称烙花、烫花、火笔画，是我们南阳的三宝之一。它是以温度在摄氏三百至八百度的铁钎代笔，利用炭化原理，在竹木、宣纸、丝绢等材料上作画，巧妙自然地把绘画艺术的各种表现技法与烙画艺术融为一体，形成自己独特的艺术风格。听老人们讲，这烙画是早在西汉时期就有了的……身为帝王的刘秀没有忘记昔日烙花人的救命之恩，差遣心腹暗中查访，即宣进京，赐银千两，并把南阳烙画列为贡品，供宫廷御用，南阳烙画才从此开始名扬四海。

中篇小说《银饰》发表于《花城》1993年第5期。这部作品源自豫西南乡下戴银饰的传统，一般人家都有一个家传的银的长命锁，预备给家里生下的孩子戴在脖子上，用意是把孩子的生命锁在阳间，不让阴府的人随便带走。待孩子长到12岁，有了抵御阴府鬼怪的力气和能力，再举行一个开锁的仪式：亲友们摆上酒席，在动筷之前，把孩子脖子上的长命锁打开取下，令其入席坐下，表示孩子已经可

[①] 周大新：《玉器行》，《莽原》1990年第3期。

以掌握自己的生命。周大新小时候就戴过这种长命锁，长大以后，它虽然不在脖子里晃动，但仍然在心里摇晃着。当周大新开始写作后，就想着有一天，要写写这种长命锁。直到有一天，在南阳城的街头看见一个挑着担子给人做银饰的老汉，他心里不由一动。故事轮廓有了，但仍然缺少动笔的激情。再后来，听人说县里发现一个人，他是男人身却愿穿女人衣、戴银镯子，这一下子让周大新激动起来，故事中的几个人物形象瞬间在脑子里清晰了。于是，他就怀着一腔激情写出《银饰》。

南阳的银饰曾经非常有名，它精湛的工艺总是让很多顾客爱不释手，如《银饰》中写道：郑家出品的银饰大致可分两类，一类是童饰，一类是女饰。童饰中有虎头、狮子钱、八仙人、罗汉人、帽坠、大风牌子、压金牌、麒麟牌、和合二仙牌，此外还有挑式、钟式、筐式等各种铃铛，这些铃铛系于小孩儿头部，偶一摇摆，叮当晃啷，极有风趣。女饰中又分八类，第一类是戴在头上的银冠，上嵌龙凤、花卉、虫鱼等物，富丽堂皇、雍容华贵，是姑娘们婚嫁的上乘装饰品；第二类是插在发髻上、卡在辫子上、系在两鬓上的簪子、麻花针、扭丝针、栀子针、大横簪子、围绺花等；第三类是品样极多的银耳环、银耳坠、耳环、耳坠，其中尤以动物形象的最为精致美观；第四类是银项链，包括梅花链、长虫链和四瓣花链等；第五类是银手镯、银脚镯，分龙头镯、竹节镯、绣花镯、素空镯、扭丝镯、蒜梗镯等十几种；第六类是银戒指，有各种花鸟虫鱼的式样，着以蓝、绿等各种色彩，极为俏丽好看；第七类是银纽扣，分莲藕、梅花、桃花、樱桃和金瓜等品种；第八类是为高龄妇女或去世妇女的身上专制的鞋花，左蟾右蛾，寓意长寿升天。

南阳城里有很多银饰铺子，至今仍有做银器的人。周大新喜欢银白色，认为不晃眼，柔和而美丽。这部作品唤醒的是那种关于银饰的记忆，以及他看到过的同性恋者悲苦的命运。在小说中，银饰不断出现，用意是想提醒人们，碧兰、少恒和道景所追求的，是银白色的十分洁净的东西；是想向人们呼喊，书中那些年轻人的生活，原本也可以塑造成像银质饰物那样美的模样。

小说讲的是清朝末年古城南阳的故事。南阳城里一家富恒银饰铺，小银匠郑少恒在为知府家的长媳碧兰打首饰时，意外发现她腿上有划下的伤痕后才知道碧兰的丈夫吕道景喜欢穿女装、喜欢银饰、喜欢接近男性，不喜欢妻子，碧兰结婚后一直忍受这种生活。碧兰和少恒交往后开始相爱，并有了肉体关系。道景活得也不轻松，他常常要为打退做女人的念头选择用香头来烧伤自己。一次偶然，道景发现了碧兰和少恒的关系，他并没有生气，反而觉得自己解脱了，表示自己不会说出去，只提出一个条件，让小银匠每隔一段时间为他做一件银饰。为了弄到银子，碧兰只得偷偷去婆婆柜里取。知府夫妇知道了她和小银匠的事情，设计害死了少恒。老银匠以为是碧兰害死了自己的儿子，又设法害死了碧兰。道景在得知真相后对父母及家庭彻底绝望，选择自杀。

小说发表后，被美国出版的《世界日报》转载，也很快被翻译成英、法、德等多种文字。2004年初春，黄健中执导了"女性三部曲"的第一部——《银饰》，另两部是张爱玲的《金锁记》和柔石的《为奴隶的母亲》。三部关注女性话题的经典小说，反映的都是20世纪上半叶中国女性的悲剧命运。电影于5月13日开始在全国公映。

1993年，有四部根据周大新原著改编的电影、电视剧被搬上荧幕。除《香魂女》之外，还有根据他的中篇小说《铁锅》改编的三集电视剧《铁锅情话》，由中国现代文学馆和北影厂联合摄制完成。根据短篇小说《伏牛》改编的《痴男怨女和牛》，由长春电影制片厂拍摄，于向远执导，在桐柏县实景拍摄，主要演员有刘冠军等。剧组聘请桐柏县文化局郭松峰担任民俗顾问，由他设计了具有浓郁地方色彩和山乡风情的民俗音乐曲调，受到广泛好评。根据中篇小说《步出密林》改编的电影《人猴大裂变》，由西影厂拍摄完成。

影片用豫西南"玩猴之乡"的乡民抛弃传统的生存方式重新选择、确立人生价值的故事展示商品经济大潮对于人生观念的冲击。

《痴男怨女和牛》的故事情节在伏牛山下的伏牛湾展开，青年周照进和恋人西兰、村长的哑巴女儿荞荞在为母牛接生。牛犊是一头取名云黄的良种牛。土地承包后，耕牛也分到各家。周照进和西兰家合分一头大牛，小云黄被刘冠山利用职权划归自己。照进和西兰愤愤不平，离开分牛会场。热心的银升婶受二行之托来西兰家说媒，遭到西兰拒绝。西兰非照进不嫁。荞荞也喜欢照进，刘冠山看出女儿心思，但他告诉荞荞，要请银升婶给女儿另选人家。照进上山放牛，西兰去送饭，二人只顾着谈情说爱，被荞荞和二行看见。二人准备回家，却不见了耕牛。牛没有找到，两家都靠人拉犁。二行借机将自家的牛借给西兰家讨好西兰。照进依西兰的主意，到刘冠山处送礼，想贷款买牛，却遭到刘冠山的刁难。二行出主意让照进娶荞荞，以得到耕牛。想牛心切的照进终于决定和荞荞结婚。西兰见照进变心，多方开导，想使照进回心转意，遭到照进的拒绝。照进和荞荞成亲了，刘冠山把两头大牛和小云黄作为陪嫁。结婚后的照进不理荞荞，把全部的身心放在他的致富计划上。他的牛场越办越大，办起了牛资源开发公司。生活逐渐富裕，但荞荞心中的苦涩却与日俱增。在外面赚了钱的二行回村准备同照进一比高低。西兰被选为村长，她在二行的帮助下办起了皮革加工厂，同时宣布和二行结婚。洞房之夜，二行坦白了当年因忌妒偷牛的行为，西兰听后如五雷轰顶。照进对西兰结婚十分恼怒，他棒打云黄以发泄怒火，雄壮的云黄不堪虐待，挣脱缰绳向照进冲去。危急时，荞荞挺身去救照进，被云黄撞死在墙下。人们发现了荞荞的遗书，如梦方醒，原来荞荞至今仍是一个处女。善良而多情的荞荞去了，照进跪在荞荞墓前痛不欲生。①

  主演刘冠军是解放军艺术学院的青年教师。去桐柏山区体验生活的时候，他发现这里的山势是平缓的，人们的往来节奏也是缓慢的，甚至牛的叫声也是慢节奏。于是找到人物的感觉，应该是和地域融为一体的，缓慢和深沉的。作品中的周照进是有知识有追求的农村青年，自幼接受南阳牛文化熏陶，也立志发展养牛事业。影片就展现他醉心养牛事业，培育出第一代改良牛犊云黄。因为贫困落后，周照进为了养牛放弃了恋人西兰，选择和村长的哑女荞荞结婚。虽然牛场兴旺发达了，但婚姻不幸，荞荞为了救他去世，而他也受到良心的谴责。

  南阳黄牛是全国五大良种牛之一，其特征是体躯高大，力强持久，肉质细，皮质优良。新石器时代，南阳已经出现原始畜牧业。春秋时期，齐人宁戚就曾著《相牛经》，对黄牛的选育提出了明确的要求。秦国大夫百里奚就在南阳养过牛，秦穆公从其养牛看到了他的治国才能，拜他为相，实现了秦国强盛，演绎出了一段"饲牛拜相"的千古佳话。新中国成立初期，国家有关部门在南阳市率先建立了全国第一个黄牛繁育专门机构，开展对南阳黄牛的系统选育。20世纪70年代，南阳率先在国内推广普及牛的冷配技术，实现了黄牛育种史上一次历史性的跨越。20世纪80年代，国家有关部门制定并颁布实施南阳黄牛国家标准，同时把品系繁育技术应用于南阳黄牛育种工作中。② 周大新的作品以南阳牛为题材，也和家乡的地域特质，以及儿时家附近的黄牛农场记忆不无关系。

  中篇小说《步出密林》发表于《十月》1991年第3期，《中篇小说选刊》转载。小说被译为英文、法文。作品写一个耍猴的人不

---

  ① 中国电影艺术研究中心、中国电影资料馆编：《中国影片大典：故事片·戏曲片1977—1994》，中国电影出版社，1996年版，第1249—1250页。

  ② 李义祥主编：《楚风汉韵南阳》，河南科学技术出版社，2011年版，第166—167页。

讲道德良心，哄骗逼迫一位因帮他耍猴被摔折腿的青年替他卖命。最后，这位耍猴人的妻子为丈夫的狠心而气愤，将猴群全部放归山林，夫妻二人另谋生路。小说表现的是人性中善与恶的较量。在《〈步出密林〉之外》（《中篇小说选刊》1991 年第 5 期），周大新讲道：玩猴是祖先传下来的一种生存方式。我从小爱看玩猴，爱看猴子在锣鼓声中翻跟斗，我当时只看到其中的欢乐，并没想到其中也有悲哀。这种生活方式应该结束。一个人的生活之路上也遍布"密林"，你只能对自己的未来有一个大概的计划和展望，你不能想得太仔细、太美好、太顺利，走错路是随时可能发生的事，有时一步走错，便会陷入一片"密林"，便会让你付出鲜血和眼泪。陷入"密林"之后，气馁、惊慌都没有用，你只有沉住气，摸索着向前走，直至找到一条路。

《步出密林》1993 年被改编为电影，由潘培成执导，西安电影制片厂摄制，命名为《人猴大裂变》。主演有徐帆、张嘉译（益）、张秋歌、曹景阳等。电影以新野一玩猴世家的经历为背景，从关猴（逮猴）、玩猴到放猴的曲折过程，反映了新时期农村艺人观念意识的转变。电影在社旗山陕会馆拍摄。山陕会馆始建于乾隆年间，历史上是商贾聚集洽谈生意的场所。每年春秋交易会，会馆的悬鉴楼前就搭起戏台子唱大戏，以招引南北客商。而今，会馆悬鉴楼成了"耍猴人"的临时居所。悬鉴楼的过厅被一分为二，一边是剧中人沙高、苟儿和金金的卧房，一边是老爷子沙老宽的房间，从过厅一架梯子通上戏台子，成了振平的住室；戏台子外还搭了个一百多平方米的耍猴台，耍猴台下，一整片石铺的开阔地，搭上彩灯，放几张台球桌子，真像一片热热闹闹的县城文化夜市场景，和小说中描述的相差无几。[①]

1992 年，《中国文学》发表了翻译成英文的《步出密林》，法国

---

① 白妍丽：《妍丽新闻作品选》，长城出版社，2000 年版，第 355 页。

电影导演柯睿盟先生读后很感兴趣。两年后，他通过北京电影学院的张献敏先生，在南阳找到了周大新，三人一行驱车来到新野。他们到施庵乡兴隆观时适逢集日，柯先生对猴市场很感兴趣，他们在沙堰、樊集、施庵乡镇的猴艺之乡游览采风，与张景全、张志印、张振华等几十位猴艺农民交上了朋友，让他们表演丰富多彩的猴戏节目，拍下了很多精彩的镜头，并按每场100—300元的标准付给费用。

1995年10月，柯睿盟又一次来到新野，这次是由法国格丽亚制片公司与中国电影合作公司联合拍摄反映猴乡农民生活的纪录片。经考察选题，拟定以沙堰镇李营五组农民李程怀一家的经历为主线，取片名为《李氏一家》。此片以"中国文化风情片"参加世界真实电影节比赛，新野猴乡艺人通过电影走向世界。[①]

关于这一时期周大新的创作，评论家张志忠用苏轼的"大瓢贮月归春瓮，小勺分江入夜瓶"形容他总能把质朴、平凡的细节描写得有诗意，并且他的作品中经常会寻找一个象征物，除了写实又有一点超越，有一点形而上的东西，使其作品更具有诗的意蕴和哲思。张志忠认为周大新文如其人，他和他的作品有使命感，又有智慧，其智慧既包含生存智慧，又包含政治智慧，体现了中原作家的特色。也有评论认为其作品展示了一群既具有现代人不安于现状的突破意识，又不乏具有受传统文化心理影响的封闭意识的人们的困惑、躁动和踌躇的心理历程[②]。

这一时期的周大新也对人生、命运与写作的关系有着新的思考和追问。1993年3月，他写出随笔《我们都被偶然左右》，坦言许多大事，从它们的结尾上溯寻找，到最后会发现那最初的起因竟是一个微小的偶然事件。一部好作品的写成也带有偶然性，创作者最

---

① 新野县史志编纂委员会编：《新野县志》，人民中国出版社，1998年版，第4页。
② 张书恒、王志尧：《困惑·思考·超越——评周大新的〈走出盆地〉及其他》，《南都学坛》（社会科学版）1991年第4期。

初的灵感是偶然得到的，写作过程中可能又偶然得到了某一点启悟，写成后又碰巧落到了一位好编辑手中。即使是大作家，好作品也不可能成串地写出来。不要抱怨作家这段日子为什么写不出好东西，因为我们都被偶然左右，也许明年的收成会好些？

1993年7月2日下午，《卧龙论坛》编辑部邀请周大新以及有关人士，在南阳宾馆举行了"周大新创作座谈会"。他在会上谈到自己的写作状况，在表现形式和叙事方法方面要做一个大的调整："现在这种表现方式不行，而且缺点已经暴露出来了，我也很痛苦，因为自己超越不了自己，一直在这一个层面上晃荡，写出的作品读者很快就讨厌了……最近我也在考虑怎么做一点调整，写点自己感到满意的东西。我准备多读点书，好好思考思考，过一段时间再跑跑。一个是到外边跑，一个是到咱这里的农村跑，老待在家里实在是不行。"①

周大新写"豫西南有个小盆地"中短篇系列小说，先后写了《小诊所》《风水塔》后，这时候，一些评论家觉得他总算上路了。但是地域确定以后，他又在这个台阶上徘徊了一阵子，总是走一步停好长时间，探索半天才能前进一步，非常缓慢，所以痛苦始终在伴随着自己。到目前为止，周大新仍觉得自己的小说戏剧性比较强，这是很大的缺陷，并坦言自己最近读了很多书，像美国的《路的尽头》，还有昆德拉和克尔恺郭尔的一些作品，也在思考新的写作方式。"至于借鉴，恐怕我还要结合我们民族中的一些东西，完全模仿他们咱是不干的，因为他们的东西与我们本民族的东西有一定的隔膜。借鉴不能没有，问题是怎么样用出一种全新的东西，就是说既不同于人家的，也不落后于整个世界文化发展的潮流。"②

---

① 张书恒、白万献编著：《南阳当代作家评论》，河南大学出版社，1996年版，第270页。

② 张书恒、白万献编著：《南阳当代作家评论》，河南大学出版社，1996年版，第271页。

总体来说，周大新的故乡写作既注重故乡风物的发现，又注重其间的人性书写。他一直在探讨人性在时代发展中的变化，以及寻求理想人格和叩问人生意义。比如，在1993年华艺出版社的"中国当代著名军中作家精品大系"中，周大新在《红桑椹》《作者的话》中谈道：有许多曾经显赫的人死去了，有许多曾经诱人的东西消失了，有许多曾经辉煌的日子被忘却了，人，应该变得理智和冷静了。

第五节 向上的台阶

1994年，周大新的中篇小说《向上的台阶》发表在《十月》第1期。小说后来获第五届《十月》文学奖，《小说月报》第六届百花奖，1994—1995年度《中篇小说选刊》全国优秀中篇小说奖，还被翻译成法文由法国斯托克出版社出版。

这部作品来自周大新对于"台阶"的感悟。1977年春天，周大新在泰山脚下的大众桥闲坐，当时他正在附近的兵营服役，看到一位少妇拉着刚学会走路的男孩儿走来，孩子松开母亲的手，蹒跚着向冯玉祥先生陵墓的台阶走去。晃悠悠登上第一级台阶后，转身向妈妈笑了笑，妈妈立即鼓励他继续往上爬。周大新看着男孩儿艰难地在长长的台阶爬行的时候，才意识到，这幅图景就是人生的绝妙象征。人艰难地爬完长长的一溜台阶之后，见到的却是一座坟墓，是死亡。周大新当时打了一个寒噤。

几年之后的一个夏夜，周大新和战友们相聚，酒过三巡，在相互述说各自经历的同时，大家把话题集中到一位当上副县长的战友身上，说他幸运，几年时间顺顺利利当了官，享起了福。没想到这位战友竟眼含泪光分享起了自己的艰难，从乡政府的秘书，到乡武装部长、副乡长、副书记、书记、副县长这些台阶一个个走来，在各个职务上面对不同的难处和苦楚。周大新这才明白仕途上的台阶级级相连，且诱惑力递增。每一级台阶上都有温暖和寒意，每登上一级台阶都会得到也会失去。这个夜晚引发周大新对仕途台阶的兴趣，开始注意到站在这些台阶上的人，想起乡间父母对儿子的叮嘱：好好读书，日后也做个官，不受人欺负。周大新决定去写一个人，探寻人类的权力欲望。①

1989年5月底，周大新开始构思，想塑造一位混得如鱼得水的官员形象，将其在权力、女人面前的表演刻画出来。在6月13日的日记中，他摘录了培根《大著作》中的一段话：迷信权威、因袭习惯、屈从偏见和炫耀外表的智慧来掩盖自己的愚昧是认识真理的大障碍。

《向上的台阶》中的廖怀宝，他在完成他的人生追求、向上攀登时，因为一直抬眼向上看，并没有留意到每个台阶其实已经落满了前人留下的灰尘，落满了可以让人生失光失色的东西，没有意识到有些台阶的毁坏可以使他滑向人生的谷底。他一个劲往上走，那种走法让人心悸。②在周大新看来，各种各样的台阶也许只是造物主折磨人类的方式。不论人站在什么位置，都可以发现，在坡顶，悬挂着辉煌、安逸、享受、功名等闪闪发光的诱人的让人舒服的东西；而在坡底，堆放着暗淡、苦劳、默默无闻等令人厌恶的东西。大多数人都选择向上之路，尽管充满艰辛，但即使人一直向上走顺利到达坡顶，接下来该怎样办？也许造物主只想看看人运动的过程。

在作品中，廖老七在儿子怀宝三岁时就开始教他识字，爷爷临死也要将自己在人世上弄明白的最重要的事理留给后代，他用尽最后的力气断断续续叮嘱："不能总写字……要想法子做官！……人世上做啥都不如做官……人只要做了官……世上的福都能享了……就会有……名誉……房子……女人……钱财……官人都识字，识字该做官，咱写字与做官只差一步……要想法子做官……官……"

---

① 周大新：《关于"台阶"的闲话》，《小说月报》1994年第6期。
② 周大新：《"向上"说》，《你能抗拒诱惑》，人民文学出版社，2016年版，第234页。

在政府当上文书之后，廖怀宝在前途与恋人姁姁之间选择了前途。也在步步高升时尝到权力的滋味，"有了官果然就有了一切"。为了升官，他在各次运动中，样样争先。他也摸准了政界的规律，"你要想在工作上受到表扬，你就必须尽早摸准上级的意图，摸准后你就回来赶紧把它变为现实，不管下边有多少怨言，你都要尽快办，办到其他村镇的前头，这样领导才能注意到你，才能当上先进受到赏识"。

沿着这样一个"向上的台阶"攀登的时候，廖怀宝的内心世界里也不是全然没有矛盾、痛苦，乃至愧悔、自责，但每一次心灵冲突的结果总是以官位意识的取胜而告结束。当官高踞别人之上，颐指气使产生的优越感，权力带来的舒适、安逸的生活，只要摸到窍门就升迁有望，根本不用操心费力地工作，这些都对廖怀宝产生了不可抗拒的诱惑力。作品较为典型地揭示了"官本位"文化对人的灵魂的隐性腐蚀和慢性戕害。①

在柳建伟看来，《向上的台阶》中的廖怀宝，是周大新对中国文学的一大贡献。廖怀宝靠着于连式的精神，由一个镇政府的文书爬到了专区常务副专员职位。想领略周大新文学世界的重要风景，必须细读他的《向上的台阶》。② 柳建伟还提及和周大新的第一次交往，是一次长达二十多天的笔会。周大新的深蓝色中山服，以及从来都是温和的眼神，在人群中一贯周到细致的做派，使自己想到巴金《家》中的觉新形象。后来在交往中，愈发感受到周大新的至诚。而周大新的成就更多来源于他保持了面对机会的敏感和主动，为了补课到西安政治学院读书；为了好的创作环境，两次搬家。此外，是如僧人般的苦修本领，勤奋扎实的创作态度也是其成功的因素之一。在柳建伟看来，周大新身上有一种长子式的责任感，也决定了

---

① 程玥：《论周大新小说的人物形象内涵》，《理论学刊》1996年第5期。
② 柳建伟：《永远的兄长：周大新》，《文学世界》1998年第5期。

其文学世界恭良敦厚的美学风貌。他善讲爱情故事，善写女性，却都限定在嗅不到血腥的疆界中。当他塑造女性形象时，总会分外宽容，最多写到偷情和私奔，但也不会严厉地斥责，还会为其行为寻找结结实实的动机。阅读他的作品，常能听到他的一种心音：还是为人间多留一点温馨和美吧。

权力话语是河南作家着墨较多的文学题材，在刘震云、阎连科、李佩甫等作家的作品中多有表述。在评论者看来："作家尤其热衷于对乡村权力关系的描述，它既是作家作品通向'村庄'和中国历史、中国生存的唯一途径，也展示了作家主体隐秘的内心欲望，即对现实权力的一种渴望的情结。'权力'是河南作家的兴奋点，在这一点上，他们所有的灵感、思维和对生活的观察都被充分调动起来，甚至可以说，在某种程度上，作家是在通过文学手段达到自我的宣泄和权欲的实现。"[①]

《向上的台阶》后被译成法文，由法国托斯克出版社出版。法国《读书》杂志在书评中指出：中国人终于睡醒了，可古老的世界却睡着了。过去的时代及其幻想和噩梦，被这位军队作家写出来了，他勾画出了这个时代的一幅色彩鲜明的图画，一幅暗含告退和讥讽但又充满浪漫情调的图画。廖怀宝及其家人的经历，他一波三折的爱情生活及他在官场的失意等，无疑会使《情感教育》的作者福楼拜为之倾倒。亦有书评指出，伟大的万里长征既造就了英雄也培植了山高皇帝远的小伍长（拿破仑一世的绰号）。出身于中国某省偏远山村的一代书人之子廖怀宝在革命战争年代只是众多逆来顺受的普通老百姓中的一员。廖怀宝是一个孝顺的儿子，他对父亲的那句话——在这个世界上做什么也不如做官，一个真正的男人一定要千方百计去做官，当了官就什么都有——笃信不移。聪明过人和一丝

[①] 梁鸿：《所谓"中原突破"——当代河南作家批判分析》，《文艺争鸣》2004年第2期。

不苟的廖怀宝一步一步地爬向仕途的阶梯，一次又一次地跨越障碍及一次又一次地在身败名裂的边缘绝境逢生。向上的台阶那不可阻挡的攀升是以痛苦作代价的，他每在官场上爬上一级都包含着背叛、卑鄙及告密的背景。沉醉在权欲和特权中的廖怀宝不停往上爬，但他为此出卖了自己的灵魂、爱情和友谊。与其读一本知识深奥的大部头专著，不如读一本具有讽刺和教育意义的小说——对平民百姓和专家学者均是如此。

亦有评论者指出，周大新的作品关注现实、直面人生、抨击时弊，不少作品写得很尖锐。《向上的台阶》深刻揭示了权力对人的腐蚀和传统的官本位文化的危害性，具有重要的现实意义和警世作用。同时，作者又呼唤爱情、友谊、良知，指出这些才是人世间最宝贵的东西。塑造人物也颇具功力，廖怀宝的形象没有被简单化处理，而是随着岁月的流逝和时代的变迁多侧面写出他的精神世界和性格特征。但作者的写作意图似乎直露了一些，有些描写缺乏含蓄，在今后的写作中应当注意。[1]

---

[1] 尔龄：《略谈〈向上的台阶〉的意蕴》，《当代文坛》1994年第6期。

第六章　入京履职

1995年6月，周大新被调往北京总后勤部政治部创作室从事专业创作。最初一家三口挤住在一间屋子里，儿子在桌上写作业，周大新只能坐着矮凳趴在床上写关于预报地震的科幻小说。在他看来，自己的童年和军旅生活都相对单一，与社会接触不多，文学创作的视野也就相对窄一些。到北京以后，他参加文学活动的机会多了，买到翻译的新书机会多了，和其他作家老师交流创作的机会也多了。北京给其文学创作带来了很多有益的影响，其中首要的一点就是眼界更加开阔。

第一节　科幻小说

1996年，周大新的科幻小说《平安世界》由明天出版社出版。最初是应出版社邀请，请创作上富有成就的部队专业作家加盟撰写给孩子们读的书，列入"猎豹丛书"。周大新就以地震为话题，写出这部小说。《小说家》杂志社的闻树国看过手稿后，表示很快可以在刊物上发出。明天出版社也出版单行本。随后，一些年轻的读者纷纷来信，说该书很有趣、吸引人，一些成年人也觉得读了很有愉悦感。周大新很是高兴。

《平安世界》故事的引子是136年，洛阳西城的张衡地动仪应验，他长叹：只能知情于灾后，不能预报于灾前，实乃益处有限耳。

接着是2021年，中原地区发生7.8级地震，一位被抢救出来的男孩儿张世和攥着一台录音机，录有身为地震预报员的父亲的叮嘱，自己没有预报出来，愧对中原人民，盼儿长大后一定要从事地震预报研究，制住这个恶魔。

小说中的故事发生在2045年，总后勤部军需研究所战时食品研究所研制的高能食品粒经动物试用试验后，证明功效显著，不久，要正式对人体展开试验。如果成功，吃一粒可以在八至九天不用进食任何食物。张衡第69代传人张世和很是高兴，回到家里和家人分享喜悦。在地震局工作的妻子却要辞去工作，去香港经商。妻子的理由是家境清贫，机器用人是自己组装的，动不动就出毛病；上海每周有近50人飞去太空保健站保养身体，自己家却远远不能实现……张世和在服用两粒高能食品后，视力发生奇异变化，可以看穿地下的任何东西。消息扩散后，先是山西大西堡的居民组长邀请去给看水，好打井解决干旱的问题。然后准确发现乾陵中武则天女皇的位置，后又被犯罪分子劫持去勘探水晶。被营救后，他参与并成功预报了渭河地区的地震，使很多人幸免于难。后被邀请到日本，并成功预测福冈大地震。在日方赠送的三亿日元巨款面前，张世和只要求其做出"永远不对别国发动侵略战争"的承诺。因妻子为了金钱和他离了婚，张世和受到刺激，在美国重金邀约下，成功预报了地震，挽救了数百万美国人的生命。美国政府给的2000万美元奖金被他送给了帮其查找、救助陷入困境的妻子的22位美国人。一家三口得以重新团聚。张世和后又研制出能够看穿地底的新型高能食品粒，并成功预报出英吉利海峡的海底地震。

此时，来自世界各国的代表纷纷来到中国，要求服用高能食品粒。但张世和却因副作用带来的疲劳症无法根治，只剩下一个月生命。得知这个消息，来自世界各地的5000名代表纷纷回国。另外两位服用高能食品粒的研究人员，在听说只能活10个月左右后，相继精神失常了。张世和牺牲后，妻子将其骨灰带回南阳，作为张衡家族的69代传人，将其骨灰安葬在张衡墓侧。全世界的人都感谢他，自发吊唁。美国圣何塞市竖起纪念碑，镌刻："人类在向平安世界迈进的长途中将不断忆起你的名字！"英吉利海峡海底一侧车站广场为其镌刻铜像，上写着："世界不会忘记任何一个为其谋取平安的人！"日本福冈市民捐款在市中心竖立一尊雕像。雕像单脚立地，呈飞翔姿势，双手向天捧着两个巨大的汉字："平安！"雕像的基座上刻着一句诘问："人不是天使，但人为什么不该成为天使？"在两位因服用高能食品粒精神失常家人索赔官司面前，妻子金娜毅然服用了两粒，要让丈夫的遗愿继承下去，也解除了人类对地震的恐惧。

这篇小说的创作缘起是在20世纪70年代末，唐山大地震后，周大新所在部队驻地山东传出消息说要发生地震。他当时担任连队副指导员，驻扎在肥城。连队建立起地震预警制度。他们把一个酒瓶倒立在一个搪瓷脸盆里，值班的战士就坐在脸盆前，一旦地震引起瓶倒脸盆响，值班的战士就吹哨发出预报。有一天半夜时分，不知是风吹还是什么原因，瓶子倒了，正打盹儿的值班员立即吹起了紧急预报哨声。全连官兵迅速从梦中醒来，赤脚跳下床跑出去。有几个新兵忘记床上还有蚊帐，跳下来时扯不开，只好缠着蚊帐往窗外跳，结果摔得浑身是伤。这个晚上的经历加重了周大新对地震的恐惧，也期望能够得到准确的预报。

1995年，周大新了解到地震预报在当今世界还是难题，即便在科学发达的国家，遇到地震还是没有应对的好方法。他偶然间听到一个传闻，说某地一个男孩儿，因为服用一种治肠炎的中药，意外获得神奇功能，能听到远处的声音。虽然他并不相信，但还是希望能够有些用处。他想如有看透地壳运动的本领，就有了预报地震的能力。于是有了这部小说。《平安世界》希望人类能够平安生存在地球上，地震得到准确预报，自然灾害全部得到控制。周大新也对现实有清醒的认识，他清楚地知道地球仍然不会太平，人类内部也在制造着不平安，如骚乱、侵袭和战争。就在他写《平安世界》的时候,北约对南联盟实施着空袭,飞机和巡航导弹的声音响彻欧洲上空。一个适宜人类居住的平安世界还在很远的地方。

在作品的跋中,周大新写道:

> 这是我写的第一本既可供成人,也可供我儿子和同他年龄相仿的少年们看的书。
>
> 我把十二岁至十七岁这段时间称为少年时光。这段时光的全部美妙处我们每个成年人都曾经亲身体验过。人在这段时间里最迫切的欲望就是了解外部世界,阅读是他们最愿做的事情之一。
>
> 我们作为文学作品的制作者,应该给他们提供阅读的书籍。
>
> 这是一本幻想能够准确预报地震的书。书中描述的事情能不能发生并不重要,重要的是它表达了人类想要改变自己现存处境的愿望。地震多少个世纪以来一直在折磨着人类,摆脱掉这种折磨的愿望一直存在于人们的心里。
>
> 我不知道处于十二至十七岁的少年们是否喜欢这本书,但这是我对他们的一份奉献。
>
> 世界平安,是多少人的祈愿。
>
> 平安世界,有没有出现的一天?[①]

许建飞撰文评论,认为《平安世界》抓住了科幻故事中最富有内在冲突性和最富有包蕴性的思想和事件,塑造出最富有感染力的艺术形象,将激发广大少年读者去产生想象,去体味小说的意旨,犹如一盏人类理性的引路信号灯,警示着他们走向未来。

这一时期的周大新已经不再为生活所累,也有了较为固定的创作时间,每天早上 8 点开始读书或写作,中午外出散步,下午 2 点

[①] 周大新:《平安世界》,明天出版社,1996 年版,第 129—130 页。

半到 4 点半之间继续写作，晚上看看报纸，或者上网浏览新闻和论坛。有时候感觉累了，周大新也会出去看一场电影，找朋友聊一会儿天，或者干脆出门旅游几天，爬爬山、看看风景、呼吸呼吸新鲜空气，调整一下思路。在朋友们眼中，现实生活中的周大新是一个低调处世、不事张扬的人：对名利，他总是淡然处之；对朋友，他总是以心相待；即便对于那些初学写作拿着作品前来求教的青年作者，他也总是热心地帮助指点，从来没有以大家自居过。据友人追忆，有一次，他与一位青年作者约定第二天早上 7 点钟见面，但那位作者却迟迟没来。周大新推测，一定是遇到了什么意外，他才没能如约前来，于是一直在约定地点等候了半个多小时，那位作者才匆匆赶到。

在写《平安世界》之前，如何处理科幻题材小说，周大新也犹豫很久，后决定在地震预报领域展开故事。没想到书出版不久，周大新开始奔波于将妻子工作调往北京，当时联系多家单位，都没能成功。最后妻子竟然调到中国地震局工作，周大新也惊叹大概人世间有股神秘的力量。

第二节　文化出访

1996 年 7 月 6 日，周大新得到去青藏高原的机会。他在高原上看到蓝天上倾倒下来的白色阳光，成群的野驴和狼，连绵的雪山和冰川，美丽的青海湖和日月山，壮观的布达拉宫和大昭寺，还深切体验了一回缺氧。

7 月 14 日，周大新晨起在西宁街头散步，看到菜地和麦田。这里的小麦刚抽穗不久，油菜花开得正盛。到底是高原，收获季节和内地相差不少时间。早饭后来到塔尔寺游览。他在日记中写道，塔尔寺是我国藏传佛教格鲁派——黄教的六大寺院之一，是黄教创始人宗喀巴大师的诞生地。在寺内的大金瓦殿门前，第一次见到叩长头的信徒。参观塔尔寺的最大收获是略略懂了藏传佛教与汉传佛教的不同之处。

周大新很想去看格拉丹东的雪光，多年前，在去向南方的火车上，邻座老人谈起自己在川西听到一位喇嘛说过格拉丹东的顶峰，能不定时发出一种类似闪电样的雪光，炫目耀眼，几百里外，都可以看到，谁要是看到那种雪光，可以增寿十年。在出发前，他开始查找资料。得知格拉丹东是男性神，格拉丹东山是男神的圣地，状如金字塔的主峰常年在云遮雾障之中，很少向世人一现尊容。周大新来到青藏线上离格拉丹东山最近的沱沱河兵站，这里海拔4000多米，离格拉丹东山只有100多公里。虽然当晚和第二天早上都没有看到神奇雪光，问兵站的站长和当地的藏族姑娘，都说没有见过，但周大新还是满怀期待，希望它不仅仅是一种神话传说。

从唐古拉山口进入藏北高原，青、黑、白三种颜色一齐飞进眼里，青的是草，黑的是牦牛，白的是羊群。念青唐古拉山的群峰都戴着白色的雪冠，像纤尘未染的天国，极为纯净。一位战士的雕像也给周大新留下了深刻的印象。车进拉萨时，黄色的经幡四处飘荡，让人感受到高贵和吉祥，平和与温暖。拉萨城刷着暗红色彩的房屋和寺院也让周大新感受到七彩的美丽，心灵也得以净化。

1997年7月，周大新跟随中国作家代表团出访以色列，执行对外文化交流任务。一行人先到耶路撒冷一家疗养院拜访会讲故事的作家约瑟·伯斯顿，愉快地交谈了一个多小时。伯斯顿讲了几个小故事，其中讲到他和女婿会面，女婿在沙漠中躺着，只露出两只眼睛。7月10日，代表团参观了特拉维夫市，先到特拉维夫大学参观，观看了学校的博物馆，看到来自世界各地的犹太人，周大新很为犹太人凝聚本民族的智慧吃惊，他还看到了开封犹太人的教堂照片。后来到拉宾广场，看了拉宾遇难处并拍了照。陪同人员告诉他们，拉宾遇难处碎裂的石块，象征着他的死如同引发了一场地震。拉宾的遇难处有花圈、鲜花，点燃了烛光的烛台。旁边的墙上，写满了

在耶路撒冷哭墙前

人们悼念怀念之词。周大新看后心情十分沉重。

　　走进耶路撒冷老城，感受更多的是威严，城墙上的石块残留着被敲打的豁口和火烧的伤痕。在哭墙前，周大新见到无数犹太教徒的祈祷，墙缝里塞满了写有祈愿的纸条，扶墙诵读经文的声音在盘绕。他也在纸条上写下两个祈愿并将纸条塞进了哭墙的墙缝，一是保佑家人平安，二是期盼战争从此在世界消失。

　　这次以色列之行，也使得周大新再度思考民族与人类的问题。在他看来，民族不过是具有共同语言、地域、经济生活以及表现于共同文化的共同心理素质的人的共同体，是放大了的家庭，为什么一定要发生战争，不能和平相处？由于交通工具的发达，地球正逐渐变成一个村庄，如果彼此都视为兄弟，地球村就能草青花香、鸡鸣鸟唱，更为安宁宜居。也许地球上战争爆发时，外星球的人都会鄙视这种不理智的行为。

　　7月18日，回到北京的周大新在日记中回顾了在德鲁兹村庄会见作家阿莱迪时，后者说过的一段话："我们用哲学来统一宗教上的三个流派，我们把犹太教、伊斯兰教和基督教融为一体，信仰一个上帝，相信生命的轮回。这种轮回受到印度教、中国佛教的影响。"德鲁兹是从波斯移民过来的，以色列给予德鲁兹更多的自由，德鲁兹人通常住在山里，一个单独的地方，不与犹太人住一起。德鲁兹人尚武，作战勇敢。他还说："希望战争和死亡不要在我们的笔下出现，东西方能建立一个桥梁，互相沟通，不要打仗。"①

1998年10月，周大新参加中国作家代表团出访罗马尼亚，执行对外文化交流任务。团长章武领着他和吕雷、东西、高兴，飞往罗马尼亚首都布加勒斯特。文化参赞崔念强特地来迎接，罗马尼亚作家联合会主席乌力卡罗也来迎接。

此行先是游览了布加勒斯特市容，看了议会宫、大学广场、革命广场，在洲际饭店、国家剧院、朱哈依雕像、东正教堂前留影。下午休息，周大新和高兴一起去统一商场购拖鞋一双，花去48万列伊，合人民币48元。10月15日清晨，一行游览了有着百年历史的植物园，这里各种树木郁郁葱葱，河水清澈，名人的雕像很多，周大新感觉漫步其中，实在是一种享受。

第二天参观罗马尼亚作家协会，一幢典雅的哥特式小楼里，古色古香，好像是19世纪的建筑。乌力卡罗介绍了罗马尼亚作联的情况，1989年后，政府资助完全断绝，作家团体也因不同政见一分为三，作联的积蓄也花光了，日子很是艰难。后来改选了领导，加强了对原有物业、出版社、报刊的经营管理，强调团结不同意见的作家，经济实力大有起色，原来分裂出去的团体也回归了。已经成为原来东欧国家中唯一仍然健康正常运转的国家级作家组织，拥有两千多名会员，两家著名出版社，开设21个文学奖项。国家奖每年只奖一人，奖金8000美元，由国家银行资助。在乌力卡罗周到热情的安排下，一行人穿越多瑙河，和东、南喀尔巴阡山，游览了5个重要城市，行程2000多公里，会见了80多位作家同行。

---

① 摘自周大新日记。

与罗马尼亚作家合影

罗马尼亚人尊重作家，尤其崇拜诗人。"我们所到之处，几乎每个公园或街心广场都竖立着当地文化名人的雕塑，著名诗人埃米内斯库的雕像更常见，在文化名城雅西，他的雕像下更爱屋及乌地加上了他的情人和朋友雕像，成了一大景观，他写过的白杨树和菩提树也列为遗迹保护起来，很令人赞叹。"[①] 但近年因为经济不景气，作家生活困顿。一位作家说，他刚出一本反响甚佳的长篇小说，稿酬只有 25 美元。在此环境下，仍有很多作家在坚守文学阵地。

在酒谷"创作之家"，周大新听说这里除了星期二、星期三，每天都得喝酒，感到很是惊讶。壁炉里炭火熊熊，餐桌上烛光腾腾，主人们精心准备了晚餐，牛排、鹅肝、牛肉串、土豆、西红柿、洋葱、辣椒、黄瓜，仿佛将一路上从牧区到农区看到的动植物全部集

---

① 吕雷：《萨鲁特，黑海！萨鲁特，多瑙河！——访罗散记》，《吕雷文集 2·散文卷》，花城出版社，2018 年版，第 299 页。

合到餐桌，还有各式的葡萄酒，大家在一起度过了美妙的夜晚。送行的司机是一位乐观的人，一路上他不时用罗马尼亚语唱歌，逗得大家哈哈大笑。当天刚好是他的生日，他唱的一首民歌的歌词是："这是一个节日的时光，我感觉到有点疲惫。但是和一个姑娘去散散步，太阳就会升起来。因为只有姑娘，才能带给我们欢乐。"周大新感慨这真是一个乐观的民族，罗马人和达契亚人的后裔。

在比斯特里察市文化中心，中罗两国作家共同举办了座谈会。由中心主任格则格瓦主持，话题围绕"世纪末文学"展开。章武在发言中说一个世纪以来，中国的大部分时间都处在战争、动乱和贫困之中，而改革开放以来的 20 年是中国历史上最好的时期。因此，中国的世纪末文学主流是积极、健康、向上的文学，是在艺术上多元、开放，走向世界的文学。摩以塞的发言却显得沉重。他认为在罗马尼亚，社会主义业已解体，而资本主义却没有带来任何好处，处于苦闷、彷徨中的作家只能用笔来表达自己对生存状态的疑问和思索。面对文学市场的不景气，幽默文学家亚历山德鲁·米苏打了个比方：诗人有一列火车，小说家有一节车厢，而剧作家只剩下两排座位。① 原来，罗马尼亚作家出书大都要自己掏腰包，诗集薄，出钱少；小说厚，掏钱多；剧本要是不被剧团上演，等于白写。他的话语虽然幽默，但包含着辛酸和无奈。当周大新介绍他已经出版 26 本著作时，罗方同行们先是张大嘴巴表示惊愕，继而全都热烈鼓掌表示祝贺和羡慕。

第三节　依然迷恋小说写作

1999 年，周大新的随笔《我依然迷恋小说写作》发表在《当

---

① 章武：《比斯特里察的金苹果》，《飞越太平洋：章武旅外游记集》，海峡文艺出版社，2003 年版，第 209 页。

代》杂志第 2 期，文中寄寓自己对新世纪写作的展望。

> 下个世纪，我还将讲述一些有关南阳盆地人昨天和今天生活的故事。讲述他们如何和命运抗争的故事，让更多的人了解他们在抗争过程中的胜利和失败、欢乐和哀伤、希望和绝望；讲述他们如何珍惜"爱"的故事，让更多的人了解他们如何把"爱"撒向四方，让"爱"充满自己的生活；讲述他们如何享受生命快乐的故事，让更多的人了解他们如何乐观地面对世界，自豪地繁衍生息在华夏大地上。我会把一些盆地人生老病死的人生过程，把他们喜怒哀乐的情感经历，把战争、灾荒、动乱、和平等等他们所赖以生存的社会环境，都讲出来。从而让世界了解那个不大的盆地，并通过那个盆地来了解中国；让世界了解盆地人，并因此了解中国人。

1996 年，5 卷本《周大新文集》由吉林人民出版社出版。作者在自序中写道：收在本书中的小说作品，写的都是故乡南阳地域的人和事。南阳地处中国中原地区的一隅，阅读这些作品，了解这里的人们过去和今天在想做些什么，他们心灵上的焦灼和灵魂的归宿，也许会对我们了解整个人类的生存境况和认识我们人自身，提供一点小小的帮助。邱华栋撰文《根的谱系》评论《周大新文集》：

> 周大新的小说表现了一个地域文化意义上的庞杂的世界，一个底层的世界。在这个世界中，人们忙碌而艰难地生活着，并带有土地、文化和人种的鲜明烙印，这是根的谱系，是文化之树向泥土深处生长的结果。因此，作为一个民族作家、地域作家在今天这个全球文化一体化、对话化的时代里，恰恰是值

得骄傲的。我想，这也是周大新创作延伸的真正起点！[①]

20世纪90年代，文集热成为新的文学现象，出版社热衷于为实力强劲的中青年作家出版多卷本文集。作品的数量和文学价值，作家的知名度、社会影响力，都需要达到相当的水准。周大新作为现实主义作家，一直真诚地体验、思考、追踪时代的步伐，将南阳盆地作为传统与变革、封闭与开放、前进与停滞的矛盾会合点，用文学的形式记录家乡人的生活与心路历程，表现农民为挣脱命运束缚和心灵桎梏所做出的艰辛努力，进而思考乡村及中国的命运，做好时代的"记录员"。他注重作品的故事性，强调通过"寻找通俗的外衣"来传达自己对人生、人性、社会与人类的严肃思考。因之，作品屡屡被转载，改编为电影、电视剧、广播剧等，在海内外具有广泛的影响力。但周大新也清醒地意识到寻找通俗的外衣只是小说家面对汹涌而来的商品经济大潮而采取的权宜之计，还是应该坚持严肃的文学思考和写作。

在朋友们看来，日常生活中的周大新就是一副文质彬彬的书生模样，保留着农民待人的热情、谦逊、坦诚和实在。他在有陌生人的场合话语不多，常常是坐在那儿听人聊。可世上的、生活中的，他经历的、想象的一切都有可能出现在作品中。平时他每天写作或采访六至七个小时。此外，他所做的事大致有四类：其一，听新闻广播、看《新闻联播》和读报，以便对外部世界的发展变化有所了解；其二，做点简单的家务或辅导孩子学习，以尽一个家庭成员的义务，因为他珍惜温暖的家庭，视家庭为抵御人生烦恼的城堡之一；其三，同朋友、来客交际聊天，以丰富自己对人和人世的了解，有时没人聊天还着急地主动出去找朋友聊；其四，看电影、读小说，尽力寻找快乐。他觉得，人工作是付出，为的是在业余享受。业余

[①] 邱华栋：《根的谱系——评〈周大新文集〉》，《东方艺术》1997年第4期。

时间应以舒服快乐为主要标准,不必太为难自己。他不仅在作品中表现出重思考重理性表达的倾向,就连"潇洒业余"(他的一篇散文标题)、"以快乐为标准"时,似乎也事事都有目的,事事都能说出一番道理来![1]

---

[1] 王理行:《走出盆地——记作家周大新》,《出版广角》1998年第6期。

第七章　想望辉煌的世纪

20世纪90年代，随着出版体制的转轨，纯文学期刊陷入困境，长篇小说的出版能够更好地占领市场，因而出现长篇小说热的新趋势。同时，一批作家经过新时期以来的文学创作积累，文体意识、写作雄心逐渐增强，也促成长篇小说的出版热。作家们在经历了20世纪80年代的寻根、文化热，更多转向探寻本民族的写作资源，选择以本民族的历史文化为支点，进行文学思考与创作。在整个20世纪90年代，周大新一直在默默写作，并以三卷本近百万字的长篇小说《第二十幕》表达对百年中国命运的思考。

第一节　《第二十幕》

三卷本长篇小说《第二十幕》1998年由人民文学出版社出版。周大新用了将近十年的时间创作，写出对人生、社会、自然和对南阳土地的认知与感受，将其作为对家乡的一份回报。周大新想，以后的人们在回忆20世纪中国人生存状态的时候，想了解中原地域人们的生活，都可以拿它作为一个标本。自己写的是南阳人，表现的却是中国人，想通过对地域里人们生存状态的表现，展现中华民族在20世纪的命运遭际。之前设计的总书名为《想望辉煌的世纪》，出版时改为《第二十幕》，"第二十幕"即人类的第20个世纪。小说获第四届国家图书奖提名奖、第三届人民文学奖等。

作品从1900年春天的一个黎明,写到1999年最后一个黄昏,以尚吉利织丝厂几代人振兴祖业为主线,写出了南阳通判晋金存、军界首领栗温保、南阳书院督导卓远等几个家庭的变化。同时又脉络清晰地穿插反映了20世纪许多重大的历史事件,如义和团运动、八国联军、辛亥革命、抗日战争、开国大典和改革开放等。对直接与丝绸出口相关的海湾战争等,也做了客观的反映,全方位地展现了百年历史风云。小说还充分发掘了南阳的地域文化和历史风情,如铭刻了东汉刘秀故事的"安留岗"考古,是当时宫廷中外戚与宦官争权的一段真实历史。还有诸葛亮的卧龙岗,名医张仲景的"医圣祠"和汉画像砖等历史文物,都构成了作品丰厚的历史底蕴。小说篇幅浩瀚,人物众多,其历史演变的过程反映了"全景社会"中各阶层的生活风尚,社会心态和错综复杂的诸多历史事件,也体现出作家的历史视野和人道主义精神。

在创作之初,周大新读了很多南阳的地方史志,以及中外许多关于丝织的书,也到一些县区去实地考察,访谈了一些从事丝织的老人。1988年,当周大新决定写作这部长篇小说时,就想起"韧性"这个词,并选择绸缎作为叙述的象征物。这源于他儿时的记忆。小时候,家门前有许多树木,大风吹来,很多杨树、桐树的躯干被压弯,枝条被折断,他就问父亲:为什么只有这些树会被折断?父亲说:桐树和杨树木质脆,没有榆树、槐树、构树那样有韧性,所以总是被刮断。周大新记住了这个词。十来岁的时候,他喜欢和同伴玩"打翘"的游戏,有一个小朋友身材小、技艺差,大家大多不愿意跟他玩儿。他苦苦哀求,总被拒绝。很长一段时间,没有见到他。突然有一天,他再次出现并要和大家比试,在大家的讥笑中比赛开始了,没想到他竟然赢了。旁边的老爷爷说,他能赢你们,因为他有韧性,总是一个人在那儿练。上中学之后,有一位小麦育种专家来做报告,讲了自己从一个普通农业技术员到小麦专家所走过的艰难道路。他二十几岁迷上育种,其间挨过多次批斗,经历多次实验失败的打击，也有无数逃离育种的机会，但最终坚持下来了，培育出优良的小麦品种，成为著名专家。他最后说了一句："是韧性帮助了我。"这句话让周大新心头一颤。

参军后，有一位战友相貌一般，却看上了一位极漂亮的姑娘。他痴心地追求对方，大家都笑他自不量力，没想到他最后竟然成功了，和漂亮姑娘结婚并过上了幸福的生活。大家追问他的妻子原因，说是他那股不承认失败的韧性让自己感动。[①] 到西安政治学院读书期间，周大新开始系统地读史书，发现民族的力量，以及民族内核中韧性的成分。这些记忆一直堆积在他心里，直到写出表现民族韧性内核的《第二十幕》。

为了使这部小说具有中国味道，周大新给自己规定了几条：一是要有吸引人的故事，因为中国的小说最初就是从说故事而来的；二是叙述时要不慌不忙，向鼓书艺人学习，今晚说一段，明晚再接着说一段，按下这头不表，且说那头；三是要有几个活灵活现的人物在书中走动，最好能走到书的外边，走到老百姓的饭桌、茶桌前。

尚达志是作品着力刻画的一个人物。周大新说自己是怀着既爱又恨、既钦佩又鄙视、既尊重又轻蔑、既想颂又想贬的复杂心情去写的。他的身上，既有中国男人最珍贵的东西，又有很多反人性的令人反感的东西。他是那种为了一个既定的人生目标活着的有惊人毅力的人，也是把幸福做了畸形理解的人。他有着冷酷决心和强烈进取精神，不愿在人生路上原地踏步，为了长远目标随时低头退让甚至受辱，同时也把家族荣誉和事业，即事业的成功视为一切的人。他是中国一类男人的代表，也是中国文化发展到 20 世纪的一个产物和标本。

1990 年 9 月 23 日，周大新专程到泉城路书店购买关于丝绸织造

[①] 周大新：《有关"韧性"的记忆》，《摸进人性之洞》，人民文学出版社，2016 年版，第 47—48 页。

资料书 5 本。他在关于长篇小说的思考中，想到纵横交错的线条：田埂、沟渠、道路、经纬线、电线、表格，都是格子网状，也成为小说的重要意象。《第二十幕》先后以三卷本《有梦不觉夜长》《格子网》《消失的场景》出版。1992 年，周大新完成上卷《有梦不觉夜长》的写作，1993 年由人民文学出版社出版。他在扉页中写道："谨将此书献给生我养我、给过我欢乐也给过我苦痛、给过我荣誉也给过我羞辱、给过我温暖也给过我寒冷的南阳故土。"在作品后记中，周大新坦言，这是《想望辉煌的世纪》长篇小说第一卷。小说从 1900 年的第一天写起，写到抗日战争初期。开篇写南阳尚家的丝绸织造的历史。

> 自唐武德八年始，吾南阳尚家从丝绸织造，迄今已千二百七十六年，绩煌煌。北宋开宝二年，吾尚家所出之八丝绸，质极好，被中外绸商誉为"霸王绸"，所产之大部，贡皇室；亦有一部售西域，吾家最盛时，织机四十七部，桑田百亩。南宋建炎元年，因战乱，绸业凋散，吾家织机陡降至十一部。元至正六年，遭兵燹，家毁几尽。明景泰七年，重振祖业，开机有四。万历十一年，织机增至十九，所织之炼白山丝绸，重被中外绸商誉为"霸王绸"，除贡皇室外，大部被西域商人买走。道光五年，因水旱连年，税苛，停业卖机。同治二年复产至今。①

为了复兴祖业，尚家娶亲时遇到劫匪，因不愿出赎金，痛失儿媳云纬。家境困难时，为了买机器，父亲去世也只用薄席覆盖，还卖掉六岁的女儿做童养媳。儿媳顺儿织了一辈子绸缎，自己却没有穿过一件绸缎的衣服。然而，虽然有着曾经参加万国赛会、京城展销会，远销海外的辉煌，但经历了土匪、战乱、日军来袭，尚家每

---

① 周大新：《有梦不觉夜长》，人民文学出版社，1993 年版，第 6—7 页。

次迎来的一点点复兴，又迅速被动荡的现实重新洗劫。在后记中，周大新坦言："我知道，以我这点可怜的本领，用我这支三块钱买来的破笔，想来参透和写透一块曾经让世人瞩目而后来又差不多被人漠视、蔑视的古老土地，有点自不量力；但我还是写下了上述文字。我想，给当代的或后世的作家们留下一个'兵败此地'的标志，不是也有意义？"① 作品以尚家的织造厂为中心，以卓远引出家国乱世的外部视野，以草绒引入基督教的精神救赎，使得三卷本小说格外立体、厚重。

1994年5月18日，周大新为《人民文学》写《〈艺术哲学〉与我相伴》，谈这本自己最爱读的书，也是对他创作影响较大的一部书。

> 真正读懂《艺术哲学》是在我从事文学创作之后。丹纳的"文学作品的力量与寿命就是精神地层的力量与寿命"，"一部书的精彩的程度取决于它所表现的特征的重要程度，就是说取决于那个特征的稳固的程度与接近本质的程度"的思想，让我懂得了不能为了俗利去写那些实用主义的文字，而应该去潜心研究我们民族、时代、环境的本质特征并努力去加以表现。②

这一时期的文学阅读还被他写入《枕畔五本书》。

在1995年元旦的日记中，周大新仍在思考他的长篇小说，画出格子网图案后，写道："路太难走了，中国太苦了，周而复始地循环。"3月5日，周大新完成《格子网》，1996年初由人民文学出版社出版。故事从抗战、国共内战到新政权建立初期的种种社会事件，一直演进到"文革"结束。抗战时期尚家的丝绸在重庆曾被作为国

---

① 周大新：《有梦不觉夜长》，人民文学出版社，1993年版，第453页。
② 周大新：《感谢丹纳》，《人民日报》1994年6月3日。

礼送给美国驻华大使，换回武器支援。在新中国成立时，还被作为开国大典的饰物使用。后参加了苏联的莫斯科展销活动、广州中国第一届商品交易会。在公私合营等社会运动中逐渐没落，在"文革"中被焚毁，辛辛苦苦置办的工厂再度毁于一旦。

在这部作品中，反复出现格子网图案。按照书中人物对《资治通鉴》的体悟，中间部分是指国家的有规有矩稳定有序之态，四周是指国家的无规无矩动荡混乱之状，应是"资治警示图"。作品也借承志的绝笔信写出对社会体制的思考：

> 如果你日后能够出去并且还能掌握权力，记住一定要做三件事：一，要倡导人们彼此施以爱心，而不要诱使人们互相斗争、猜忌、仇视。我们这些年差不多在不断地组织人斗人，而没有用心去劝导人爱人。我们终于把人性中那部分最丑恶的东西全部诱发了出来，我们只是其中的一部分受害者。二，一定要建立一种科学的政治体制，这种体制将保证社会正常平安地运行，任何单个人都不能说了算，任何人都得接受这个体制的制约和监督。这个体制运行起来应该如我们常用的那则酒令一样：杠子打老虎，老虎吃鸡，鸡吃虫，虫蚀杠子，从而完成一个良性循环。三，一定要把主要精力用在组织社会的物质生产上，要让人们吃饱、穿暖、住宽敞。人活着总是要追求物质享受，吃、穿、住是物质享受的基本内容。想想我们当初为啥要起来革命，不就是为了改变自己的生存境况吗？我们为什么不给人们实实在在的享受呢？[①]

其间，周大新不断思考精神还乡的问题。他认为世界上几乎所有伟大的作家，在其一生中，差不多都在完成这个过程。所谓精神

[①] 周大新：《格子网》，人民文学出版社，1996年版，第374—375页。

还乡，主要是指两个表现：一是把具体的描写对象指向故乡，去发掘故乡的精神矿藏，在作品中张扬故乡的精神旗帜；二是负载着新的精神财富去观照故乡的一切，去审视、发现、批判故乡在精神上负面的东西。

1996年周大新开始写作第三卷《消失的场景》，由人民文学出版社1998年出版。故事从20世纪80年代的春天开始，写到1999年的最后一个黄昏。尚家织业经历了改革开放的蓬勃发展，也历经市场经济的种种负面现象，如官场习气、金钱欲望对人的侵蚀及引起的家族内部官司。故事结尾却留下一个开放的结局，世界纺织品协会邀请尚吉利丝织集团参加美国洛杉矶举办的世界纺织品展销评比大会，后者要在丝绸、棉布、化纤三个门类中都评出第一名，获得镶有"世界霸主"字样的金冠。

关于这部长达百万字的三卷本小说，周大新曾回忆，创作期间，自己身体和家庭都出了问题，他曾以为自己就要告别人世，这部作品肯定完不成了。谁知，他硬是一笔一画，以坚强毅力完成了该作。他甚至感觉一生要完成的任务都已经完成了，后来写的东西都是赚来的。创作是一种孤独的没有终点的旅行，写作者在远行路上。写完了《第二十幕》，因为耗时太长，周大新身心极疲惫，他原本就不是一个自信心很强的人，这种极度疲惫甚至使其对自己写小说乃至写书的意义都产生了怀疑。就在这时，作协创研部的朋友花时间读了这部近百万字的书，还热情地开了研讨会，对作品进行了分析肯定。这一下子又鼓起了周大新写作的劲头，增强了他继续写下去的信心。这些事情他每每想起，感激之意仍盈满胸中。

第二节　风物与家族

在周大新看来，人最基本的生活空间是在家庭里和家族内，展示和透视这个空间的景致，由此来表现和反映一个民族的生存状态，进而对人的生存意义和整个人类的生存境遇进行思考，是作家所做的有意义的工作。《第二十幕》重在展现民族工商业的世纪变迁的同时，也成为人性的花园和灵魂的标本。全书开始的时候，尚吉利丝织业是私营经济，故事结束的时候，尚吉利丝织业又成为私营经济，这既是20世纪中国经济生活中的一种真实现象，同时也是一个象征，象征着我们的生活总是呈螺旋式变化，象征着人类迈步向前的轨迹在某些时候几乎成为一个圆圈，起点和终点极其相似。人类有时觉得自己无所不能，自以为可以跑出很远，已经远离幼稚，但实际上回头一看，离出发点依然很近。这本书如果能让人读了以后，自觉地回视并丈量我们所走过的直线距离，也算是它存在的一种意义。

小说通过对南阳古城和家族百年世相的描绘，从乡村和市镇、商界和学界、官场和战场等广阔的生活领域，检视了中原地区农业文化和民族工业生成发展和兴衰浮沉的历史，审视了种种生存境遇和人性的嬗变，对百年历史进行了深刻的反思。作品着力刻画南阳故土风物，如尚家的宅院就是中原城镇里常见的风物。

> 临街面南是大门，大门两侧各两间店房，东边的两间房收丝，是丝房；西边的两间卖绸缎，有零售、批发绸货的柜台。进了大门是前院，前院两边各两间厢房，这四间厢房便是机房，织机就放在这几间房里。前院有三间住人的正屋，从正屋的两侧，可以走进后院，后院中有两间染房和两间库房，再就是那个不大的桑园。[①]

又如温凉河畔的医圣祠，也是一座值得称道的建筑。

---

① 周大新：《有梦不觉夜长》，人民文学出版社，1993年版，第17页。

这医圣祠坐落在南阳城东关的温凉河畔，是为纪念东汉末年的医家张仲景而修的。张仲景，名机，南阳郡人。曾拜师于同郡名医张伯祖，尽得其传。汉灵帝时，举孝廉，官至长沙太守。其所著《伤寒杂病论》，集医家之大成，为立方之鼻祖，被后世医者奉为经典，推崇他为"医圣"。祠大约建于东晋咸和五年，顺治、康熙、乾隆、嘉庆年间，屡有修葺。祠坐北朝南，以仲景墓为中心，前有供奉伏羲、神农、黄帝塑像的三皇殿，后有中殿、正殿和两庑。整个建筑，既无崇楼高阁之雄，亦无雕梁画栋之丽。[1]

南阳自古有着醇厚的教育风气，历任官吏多重视兴办学校。历史上的宛南书院由南阳知府庄有信于乾隆十六年（1751）改建，规模宏大，为豫南书院之最。光绪刊本《南阳县志》卷六载，知府庄有信改城东弥陀寺为宛南书院。宛南书院位于城东，前临淯水，后倚独山，环境清雅。虽然社会动荡，但历代南阳知府仍然注重宛南书院的修葺，重视地方名士的培养，并制定了关于仁义礼智信等方面的内容，内分敦仁、集义、达智、后礼。庄有信初建书院时便提到"理学明而英才盛"，理学为宛南书院的必修课程。其教学内容不仅包括程朱理学，还包括经史词章的内容。学院注重因材施教、全面发展，不仅有"文"，还有"武"，重视对骑射的培养。宛南书院是传播思想的重要平台。曾在宛南书院讲席的罗文林年少时"承志力学"，终学有所成，终身未仕，出游到南阳后"主讲宛南书院者六年"。他在宛南书院"风度清严，吐音朗越，持论不苟"[2]，学术思想为更多的学子所接纳，名垂后世。宛南书院在文化传播方面积极刊印书籍，强调教化功能，向学之风甚浓。

---

[1] 周大新：《有梦不觉夜长》，人民文学出版社，1993年版，第146页。
[2] 陈青青：《略论宛南书院》，《文化学刊》2020年第4期。

此外，作品中记述了武侯祠，以及南阳悠久的历史，提到了安留岗的考古，汉安帝延光四年阎耀的故事，张衡的故事。还写到了独山所留下的李白诗作《忆崔郎中宗之游南阳遗吾孔子琴，抚之潸然感旧》："昔在南阳城，唯餐独山蕨。忆与崔宗之，白水弄素月。"以及李白《南都行》等诗篇。还有南阳的玄妙观，与北京白云观、山西永乐宫、陕西楼观台并称为"道教四大名观"，都是南阳千古文化的重要标识。

张衡是南阳著名的历史人物，他发明浑天仪、地动仪、候风仪，写出《二京赋》《南都赋》《思玄赋》等。唐骆宾王曾写出《过张平子墓》："西鄂该通理，南阳擅德音。玉卮浮藻丽，铜浑积思深。忽怀今日昔，非复昔时今。日落丰碑暗，风来古木吟。惟叹穷泉下，终郁羡鱼心。"资料记载，1954年，来自苏联的水利专家布可夫专程到南阳寻访张衡墓，称苏联科学院里挂了许多世界科学家的画像，第一位就是张衡。1956年，河南省政府拨出专款，修复张衡墓。作品还提到了南阳的古书，包括1867年同治皇帝批准颁赐南阳珍藏的《道藏》。它是已经绝版的明代刻本，世存两部半，是稀世之宝。

南阳早在战国时期就是军事重镇，也是刘秀的起家之地，刘秀集团功勋卓著的云台二十八将中，有十一位是南阳人。以至后世有"河南帝城，多近臣；南阳帝乡，多近亲；田宅逾制，不可为准"之说。公元22年，南阳饥荒，牵连到刘秀一家。刘家联合南阳地方豪强邓氏、李氏起兵。刘秀于25年初定河北，在鄗县称帝。定都洛阳后，历经南征北战，终于统一天下。南阳也留下了刘秀的诸多传说。

关于南阳的丝绸，书中还选取当地的民谣《绸缎谣》。

绸儿柔，缎儿软，
绸缎裹身光艳艳，
多少玉女只知俏，
不知它是来自蚕。

蚕吃桑叶肚儿圆，
肚圆方能吐出茧，
煮茧才可抽成丝，
一丝一丝缠成团。

丝经理，丝经染，
分成经纬机上安，
全靠织工一双手，
丝丝相连成绸缎。

一梭去，一梭返，
一寸绸，一寸缎，
经纬相交似路口，
路路相连可拐弯……①

作品还写到南阳的伏牛养生酒，是源于秦、盛于唐的一种古代名酒，产于西峡口。用伏牛山麓清冽的五眼泉水，选用优质高粱酿制，再浸以人参等 20 多种名贵中药而成。还有对于婚礼习俗的描写，有尚达志与云纬的婚礼，尚立世和蓉蓉的传统婚礼，还有童养媳的圆房之仪式，绫绫与范炯的倒娶婚礼，以及承达与文琳的新式婚礼……

如达志和云纬的婚礼，要按照宛城的规矩，为新娘子扯脸、挽髻。扯脸要边扯边唱。

一扯金，

---

① 周大新：《有梦不觉夜长》，人民文学出版社，1993 年版，第 22—23 页。

二扯银，

三扯儿女一大群。

四扯苦，

五扯烦，

六扯快乐万万年。

七扯福

八扯寿

九扯儿子吃俸禄……①

    三卷本小说更为注重南阳风物和文化的忠实记录，融入其间的百科全书般的地域文化习俗，包括人们的言行举止、衣食住行、社会交往、婚丧嫁娶、典章制度、器物用品等。作品中反复出现的格子网图案，也贯穿周大新对世界的哲学认知。据作者回忆，在一个早春的上午，他和一群文友在三国古城遗址游览，据说古城是突然被毁掉的，现在已经全部沉入水下。承包鱼塘的人透露，偶尔还能挖出一些陶罐和砖头，周大新发现砖头上还有着横竖相交的纹印。一个冬日的午后，他站在一栋高楼往下看，发现街道、电线和远处的田埂、水渠、林带横竖相交，意识到如果用一个最简单的图形来表现这个世界，那应该是由横竖相交的线条构成。周大新就在《第二十幕》三卷本中以格子网为意象，给予不同的阐释。

    20世纪90年代，家族小说成为重要的创作现象，很多作家都不约而同地以家族的兴衰变迁来浓缩历史的嬗变，用家族对民族历史做出自己独特的现代反思和文化重构。陈忠实的长篇小说《白鹿原》展示了从清末辛亥、民国建立、抗战、中华人民共和国成立半个世纪关中的历史画卷，将小说视为民族的秘史。李佩甫的长篇小说《李氏家族第十七代玄孙》，展示20世纪80年代大李庄村李氏家族

---

① 周大新：《有梦不觉夜长》，人民文学出版社，1993年版，第31页。

"被各种欲望燃烧着的第十代人"生存状态的同时,也将创业与守业的艰难呈现出来,该书认为"每个家族都是民族的细胞"。刘震云的"故乡"系列,长达4卷200万字的《故乡面和花朵》,以主观化的叙事讲述故乡(家族)的历史。王旭烽的《茶人三部曲》,以茶文化诠释民族精神、民族心灵。全书130万字,写出了一百多年的历史,从太平天国到"文化大革命",通过茶人的命运来反映民族的苦难以及历史的进程和追求。

这些多以家族为背景、框架、内容、意绪的作品丰富了20世纪末的中国文学。在评论者看来,这一时期的写作"以家族主题引出的'新寻根思潮'又得以与世纪末人的生存焦虑、边缘孤独获得了内质上的默契:毕竟,家族情结由道德伦理、社会历史已进入美学、人类学及世界性话语的更深更广的层次"[①]。选择此类题材,更多是作家重历史深度的写作观变化。"20世纪前叶,中国家族作为社会转型的承载者,以其艰难蜕变记录了中国从农耕文明向工业文明、从宗法社会向法理社会转化的全部内涵。"[②] 因此,当擅长于现实主义艺术传统的作家们以历史的眼光重新建构这段历史的时候,就促成一批优秀史诗性长篇小说的问世。

与之伴随的,是社会和市场对长篇小说的需求猛增,作家的创作热情空前高涨,作品的形态也多种多样,这也与20世纪90年代我国市场化进程的加速和全球经济一体化的大趋势有关。由于社会思想文化背景日趋多样,精神价值多元,就出现了官方主导文化、民间大众文化、学界精英文化并存的状态。人们闲暇时间增多和休闲情趣上升,有助于长篇小说创作形态的多样。于是,以20世纪往事为背景,探究民族历史与文化命运,揭示民族心灵秘史成为许多作家的文学追求。

---

① 何向阳:《家族与乡土——二十世纪中国文学潜文化景观透视》,《文艺评论》1994年第2期。
② 赵德利:《家族小说的搁浅与展望》,《社会科学》1999年第12期。

相较同类作品，周大新《第二十幕》的独特性更多体现着他的历史观，以及对于民族文化循环论的哲学思考。通过丝织家族的欲望故事，融入社会历史话语，语言风格也体现出诗性的弥漫。作品所采用的历史时间线性结构叙事，呈现出丝织业传世的尚家在历史循环中的顽强生存能力和战斗力。通过尚安业、尚达志、尚立世、尚昌盛四代人为家族"霸王绸"而努力的故事，在民族兴衰起伏的大背景中，展现寻找撑起生命力的基石，以及在不同时代背景下家族对外界的应变姿态及自我完善和修复的能力。正如亚里士多德在论述小说与历史的区别时强调的：诗人的作用是描述，但并非描述已发生过的事，而是可能发生的，因此诗较历史更具哲学性与重要性，因为它陈述的本质是属于普遍性的，而历史的陈述却是特例化的。

第三节　研讨与热议

1998年12月10日，由中国作协创研部和人民文学出版社共同举办的《第二十幕》研讨会在京召开。与会者有邓友梅、陈昌本、李国文、叶楠、蔡葵、韩瑞亭、廖俊杰、陈骏涛、何镇邦、雷达、吴秉杰、胡平、林为进、牛玉秋、王必胜、张鹰、张志忠、朱向前、白烨、贺绍俊、何启治、胡德培等50余人。由时任中国作协书记处书记陈建功和人民文学出版社副总编辑高贤均共同主持。与会者高度评价了这部史诗性作品。

陈昌本认为《第二十幕》是一部结构宏大、内涵丰富的作品。作者通过曲折跌宕的情节发展，艺术地再现了百年民族工商业的艰难历程，展示了20世纪中国社会大舞台上所演出的一幕幕波澜壮阔的人生话剧。作品中所塑造的众多个性鲜明的人物，有血有肉，为新时期小说人物画廊，增加了新的亮色。邓友梅指出，时下一些年轻作家一味地追求作品的自我表达，有脱离社会、脱离现实的倾向。

相比之下，周大新的作品更关注民族、国家、群体的发展和兴衰，难能可贵。这是一种积极的文学观与价值观。

胡平认为，这部作品更具有史诗的意味，是第一部具体细致地描写20世纪民族工商业历史的长篇小说。作品基调高昂，生动形象地描绘了20世纪民族工商业者奋斗挣扎的历史，表现了人性中的美与丑、善与恶。作品深刻地揭露了权力经济的种种弊端。小说中所描写的历史，实际上是男性的奋斗史与女性的牺牲史，引人深思。作品中所渗透的文化精神构成了对官本位现象的冲击和批判。叶楠说，小说不仅重点描写了民族工商业者，也刻画出许多个性鲜明的人物形象，如军阀、土匪、知识分子等。从这些人物身上，折射出时代风云的变幻，是一部"中国的《百年孤独》"。

吴秉杰认为周大新以十年时间写百年沧桑，五代人的命运，尤其是下册把作品的思想性和艺术性提到了一个新的高度，这在当前长篇创作中是难能可贵的。家庭小说兴起的价值并不在于把历史风云寄寓在家族的兴衰变迁之中，这不是文学的追求，而是写出某种精神发展史、心灵史、人生奋斗史以及家族的文化传统、文化个性与时代的关系，这才是家族小说所拥有的历史审美价值和哲学意义。《第二十幕》很成功地做到了这一点。

雷达指出该作品是一部写百年历史的鸿篇巨制，它不仅是一部家族史、民族工业史，也是一部我们民族成长的历史。但作者并没有摆出一副写历史的架势，而是从人物入手，用民间的方式来构建小说的叙述方式。不写历史，但处处是历史，这是历史小说艺术上的新突破。

蔡葵提出，这部小说把人物的历史当作一幕幕戏剧来写，具有厚重的历史感。小说通过尚吉利丝织厂的兴衰经历，深刻地再现出民族工业乃至一个民族的奋斗和再生。作品人物没有类型化，作者准确地把握了人物性格的逻辑发展。小说对人性的深层次开掘尤为出色，具有标志性。

在题材的总汇和主题的深化上,这部小说可说是他前一阶段创作的一个小结,是他迄今为止最成功最重要的一部力作。

如果把人类社会比作一个大舞台,那么从公元纪年到现在,幕起幕落,第二十幕戏剧也即将落下帷幕。小说《第二十幕》所录制的,正是中原古城南阳一个丝织世家在20世纪舞台上精彩演出的场面。小说通过对这个古城和家族百年世相的描绘,从乡村和市镇、商界和学界、官场和战场等广阔的生活领域,检视了中原地区农业文化和民族工业生成发展和兴衰浮沉的历史,审视了种种生存境遇和人性的嬗变,对百年历史进行了深刻的反思。

....

一部具有史诗品格的大著作,不仅要求有纷繁复杂的社会历史内容,更要求作品具有普遍的概括力和哲学的深度。这部小说中尚家大院石碑上五横五竖的神秘网纹,就是一个内容很玄破译不尽的象征体,它在书中不时反复出现,给人警示和启迪。小说开始它就在一个神秘故事中显现在我们面前,然后又出现在许多不同的场合:在云游桐柏山的和尚捡到的木板上,在抗战避难山押的岩画上,在安留岗古墓的祭坛上,甚至在异国他乡艾丽雅家族的族徽上,都神秘地出现过这种符号。小说中结合具体情节,对它作了近20种破译。

....

20世纪是我国社会从农业文化向工业文明转变的一个时代,《第二十幕》选取一个丝绸世家作为这个大舞台上演出的主角,描写在政治权力为中心的社会里,从家庭作坊到民族工业的艰难发展,是符合时代的内容和特点的。作品很好地把个人命运、经济发展和历史事件等结合起来,使我们看到了社会的变化。但作为一个小说家所描写的,并不是社会经济政治史,而是通过这些来描写人的心灵史、命运史和人性史。[1]

白烨指出该书是"以小见大的长篇巨制",作者通过尚家几代人苦心经营"尚吉利"丝织行的过程,既写出了民族工业发展的步履维艰,塑造了工商业文明的典型代表尚达志,又通过治家兴业中与各种权势力量的矛盾与冲突,以及斗争中的此消彼长,从一个独特的方面折射了近百年的社会演变。

张鹰提出《第二十幕》是"二十世纪中国的史诗",所展示的不仅仅是民族资本主义的兴衰史,也是具有广泛的社会背景与文化内涵的社会史、风俗画。我们的后人将会从《第二十幕》中了解到东方一个古老的民族在即将成为过去的20世纪所演示的一幕又一幕的人生活剧,体悟到一个古老的民族在迈向现代化的进程中那痛苦而又艰难的嬗变。

周大新百感交集,他在12月13日的日记中回顾了《第二十幕》的写作情况。从1989年冬天开始动笔写作,1991年冬天写完上卷,寄往人民文学出版社。1992年春天人文社陶良华、赵水全到南阳面谈意见,修改稿5月寄回出版社。1993年11月将上卷以《有梦不觉夜长》为书名出版。1992年夏天开始写作中卷,1994年春天写出中卷,1996年4月以《格子网》为书名出版。1994年夏天开始写下卷,1997年夏天定稿,于1998年以《消失的场景》为书名出版。1997年秋天作者开始对全书进行修改,于1998年7月以《第二十幕》为全书名出版。日记中他还摘录了感慨颇多的读报论点:"小说只能从别的小说中产生,精神家园的传统无法摆脱。伟大的文学是世界性的,它表达了人类生活的一般真理。作家是民族文化的发言人,应以为民族文化增值为目标,绝对摆脱、超越,甚至解构这个

---

[1] 蔡葵:《历史·命运·人性——〈第二十幕〉和周大新的艺术世界》,《当代》1999年第3期。

文化传统是不可能的。"①

　　这部作品的出版也引发媒体热议。《北京晚报》1998年12月15日报道，周大新《第二十幕》拉开文学新幕，十年心血，文学画廊平添鲜活人物；冷峻笔调，三卷本百万字道出100年。《中国文化报》1998年12月25日发表高昌的《〈第二十幕〉：中国的〈百年孤独〉——近访作家周大新》。文中介绍12月20日上午在周大新寓所采访的情况。在记者看来，他的书房很是狭小，除了一台电脑和一个大书桌，最引人注目的就是那码得整整齐齐的书籍了。因为夫人是毕业于武汉大学图书馆系的高才生，所以家里的书籍也都经过严格的专业分类，布置得就像一座小型图书馆。周大新说他一直在想，这个世纪快结束了，历史学家会对历史做些记录，作家也应该把我们民族在20世纪走过的脚印保存下来，为后人回顾历史提供方便。另外，他还想在小说中表达对人生和人性新的理解和认识。他坦言从前自己对人性中美好的一面看得多，其实人性中一些阴暗的部分在一定条件下膨胀后，会造成很可怕的后果。人类的灾难一部分来自自然界，更大一部分是自己制造的。暴露人性中的丑，对世人会有一些警醒的作用。关于小说的艺术构思，这部小说是写给中国百姓看的，必须有好看的动人的故事，周大新认为它还应该引起读者做些形而上的思考。

　　1999年3月2日，《人民日报》发表张菱的访谈文章《心血凝成合浦珠——近访周大新》。1月17日上午，在接受记者采访时，周大新说如果把从公元前以来的历史发展比作一台大戏的话，那么历史舞台上的整个20世纪就是其中的第二十幕波澜起伏的人生活剧。这部小说试图从百年民族工商业的艰难历程来折射社会的沧桑巨变，所以取了《第二十幕》这样一个书名。

　　关于文学阅读，周大新说自己正在读译林出版社的一批外国文

---

① 摘自周大新日记。

学名著，对其中美国作家库尔特·冯内古特的《冠军早餐》、艾丽斯·沃克的《紫颜色》，以及以色列作家阿摩司·奥兹的《我的米海尔》印象深刻。此外，法国作家对其写作也有较大影响。周大新还讲述了自己的创作计划。

周大新坦言他期望在这部作品里搭设起一座座人性的花园，呈示出一个个灵魂的标本。我们从小说的众多人物所裸露出的五色杂陈的灵魂状态，不难见出作者在人性描写方面所做出的此种努力。这位天性善良的作家，尤其注重展示人性中善与恶的对比和较量，常常在人性的流动变化描绘中显示出善克服恶、抑制恶、战胜恶的趋向。比如，尚昌盛对曹宁贞曾经闪过的一丝邪念如何被后者的纯真善良所感化而消失；又如，浪荡成性的尚天气得父亲暴病而幡然悔悟，都是写出人性中善与恶、邪与正的逆势转化。但作家又是清醒和现实的，他并不回避善与美的东西被恶与丑的东西所摧残毁坏的人性悲剧，有关蓉蓉和宁贞之死的描写便是显例。

小说的叙述婉约平和，却并不缺少劲气和力道。大量有生活实感的细节和风俗描写，为这种看似淡远平实的叙述灌注了连绵不断的底气。倘如能稍稍疏松一下过于密实的写法，以便为生活底蕴的充分开掘与升华留出更多空间，或许可以使作品进入更为深沉厚重之境。

2001年，《时代文学》第4期《名家侧影》栏目刊登周大新的文章《摸进人性之洞》以及一些评论和记叙性文章，如李国文的《走出盆地》、孙荪的《虚怀》、王必胜的《榜样周大新》、行者的《大新真好》、何镇邦的《我的朋友周大新》。主持人何镇邦认为周大新以创作实绩构筑起属于他独有的文学大厦。他身处军营，心系故里，面向全国，是位人品、文品俱佳的作家，用当下时髦的话来说，是位"德艺双馨"的作家。在商品大潮冲击文坛，作家们大都浮躁得可以的当下，周大新的为人与创作，更属难能可贵。朋友们也撰文从不同角度谈其人其文，多是赞誉之辞。

第八章　文学的现实关注

21世纪之初，周大新将写作目光更多投向社会现实问题，并写出多部长篇小说，表达对当下人们生存和生活现状的思考。有关注城市化问题的《21大厦》，市场经济进程中乡村变迁的《湖光山色》等。2000年1月11日，周大新来到鲁迅文学院，为长篇小说研讨班的学生讲课，他谈到对长篇小说文体的认识，写作长篇小说的经历和感受。他提出不要急躁地赶工期，要从从容容、气定神闲地来干活；不要指望它来增加银行存款，要把它当作艺术创作活动全身心地去做；不要追随成功者，要怀着自信写自己最得心应手的东西；不要匆忙上阵，要做好一些准备，如艺术准备、资料准备、技术准备等。其间，周大新看到电影《痛苦与狂喜》，影片讲述米开朗琪罗在罗马教皇的支持下，画出西斯廷教堂穹顶壁画的经过。片中的米开朗琪罗与教皇刻画得都非常成功，对艺术创造活动的描写极其真实，周大新几次眼含泪水。他感慨，什么样的作品才能不朽？那必须是呕心沥血之作。

周大新发表随笔《文学，一种药品》，寄寓他这一时期对文学功用的理解，文学对社会问题和人心灵的疗愈，以及身为作家的责任感和使命意识。

这种药品也能治疗人的心理失衡，多少能使人的胸怀在不知不觉间往大处变。

我们在生活中难免要遭遇挫折，挫败感和不平衡感可能随时产生……

这都容易让我们心理失去平衡，产生痛苦。这个时候，如果我们去看看《红楼梦》，去看看贾、王、史、薛四个家族各色人等的下场，你就会明白世上的一切都是转瞬即逝的，没有什么东西可以永久归一个人，我们辛辛苦苦获得的一切，最终又都要被上帝一样一样收走。既是这样，我们又何必为没有得到某一点东西而耿耿于怀痛苦不已？如此一想，人大约就会变得达观起来，心理就可能恢复平衡。

这种药品还能对治疗人的孤独症发挥作用，能让一些患了孤独症的人重新回到人群中。

这种药品也能对人的冷漠症起治疗作用，把人失去的爱心或多或少地唤回来。

好的文学作品，不管它是写什么的，内中必然都饱含着爱，或是爱异性，或是爱生命，或是爱孩子，或是爱社会，或是爱自然。这种爱被作家用语言的糖衣裹好后，很容易被读者也包括那些患了冷漠症的读者咽进肚里，久之，冷漠症患者肚里积存的爱多了，那爱就会燃起火苗，将原有的冷漠一点一点蒸发掉。

作家还是要认认真真地带着一点责任心去写，也就是去造一种治不了多少病可也能治一些病的药品——文学作品，这才算作讲了良心。[①]

第一节　《21大厦》与城市化问题

周大新在写完历史题材的《第二十幕》后，读了一段时间的书，

[①] 周大新：《文学，一种药品》，《莽原》2000年第2期。

想到自己 18 岁出来后很长时间生活在城市，却没有写过城市文学作品，他开始将目光转向城市，用一年多的时间写出了自己第一部表现都市生活的长篇小说《21 大厦》。小说从 2000 年开始写作，其间换了多个名字，如《金色大厦》《远东大厦》《新世纪大厦》，后定名为《21 大厦》。选择用数字命名是源于《第二十幕》是对 20 世纪的一种概括和纪念，《21 大厦》算是对 21 世纪初民族精神大厦内部的一些景观展现，也寄寓了对数字化生存生活的一些思考，更是对 21 世纪初人们的生存状态和心灵形态的呈现。小说发表在《钟山》杂志 2001 年第 4 期，6 月由昆仑出版社出版单行本。

从 1974 年起，周大新就来到城市生活，1978 年开始接触大城市中的各种人物。他在济南、西安、郑州、北京等城市来来往往，最初是以一个乡村人的目光去注视城市，后来在城市生活久了，有一天晚上散步时，看到一座正装修试灯的新大厦，几百个窗户的灯光都在亮着，灿若星辰，他心中突然一动：为何不把自己想要写的人物都放在这座大厦中，以此来表现自己所了解的城市？

《21 大厦》是周大新多年城市生活的积累，也是写作资源上新的寻找。城市化是中国现代化必须经过的一段道路，大量中国人已经或将要在城市生活，作为写作者，没有理由不去关注和表现他们的生存状态。故事发生地是周大新所居住的万寿路，附近有几栋大厦，最早的大厦是公主坟的城乡大厦，小说就是以城乡大厦为原型写的。作品通过一座大厦中的各个楼层，写出不同阶层人们的心灵和生命状态。在周大新看来，我们正处在一个飞速变化的时代，人们的物质生活、价值观念、道德标准都在发生深刻的变化。美和善继续在我们的眼前飘动，一些人灵魂深处的邪恶、自私和伪善也开始挣开束缚在人们面前现出身形，社会的精神状态开始出现新的景观，《21 大厦》很想把这种景观做一个展览。

故事的主人公是一名保安。他出生在豫鄂交界处，从部队转业来到北京打工当保安。他从小就喜欢看天上的鸟儿自由飞翔，也想飞出家乡，当他来到京城街道时，是带着无限欣喜和向往的。在21大厦中，他分别在4层、58层、地下2层、32层、43层工作，见识了形形色色的人物和事件，勾连起众多人物图谱。4层为餐厅，在不同的餐位上，有单身母亲、海军中尉、大学生服务员。58层为高级私宅区，有纵情声色精神空虚的女白领、因腐败被抓的高官的情妇、偷情的男总裁、癫狂的国画大师。地下2层为停车场，在这里，他认识了贪官情妇彭仪、辛苦供养儿子考上大学的丰嫂、下岗工人老梁、勒索钱物的梅苑、妻子有精神病的老余。32层是办公区，有着亚东信息公司、金萝娜化妆品有限公司、尔爽保健用品公司。当保安爱上梅苑并憧憬着婚姻时，得知自己只是玩物，而心灵崩溃。周大新选择保安视角是因和他有着共同的乡村生活背景，知道他的所看所想。他在生活中也曾接触过很多保安，家乡的年轻人还曾在北京办过一个颇有名气的保安公司。小说就是通过大厦的不同阶层展开，保安就成为周大新观察大厦各种人物的眼睛。故事结尾处，周大新并没有明确写他是否自杀，只写他走向窗户，想从大厦跳下去……

小说中频繁出现的大鸟更多作为一种意象。

> 在古代，人们对鸟像精灵一样在天空自由自在地飞翔这件事很惊奇，人是不会飞的，鸟为何会在天上飞？人对天的博大和神秘的崇拜早已形成，人们认为天是主宰万事万物的主，于是，人就认为鸟是可以传达和联系天意的使者。也因此，从两万多年前的氏族公社时期开始，许多民族把鸟类作为他们心目中的神灵而加以崇拜，这就是"图腾崇拜"，是一种原始的宗教信仰。我国远古时期生活在黄河下游一带的少昊氏就是以鸟名官的鸟图腾民族。在外国，哥伦比亚印第安人的祖先把雷鸟和鹰视为威力无比的神鸟；猫头鹰和天鹅在古希腊和古罗马神话中，都被作为勇猛和美好的象征加以歌颂。所以我觉得，大厦

的设计者这样做，也可能和图腾崇拜有点关系。

我们每个人的内心深处，其实都有一种想飞离地面、飞离现实生活、飞离苦痛和烦恼的欲望。①

这部书周大新最初并没有想写成悲剧。但写着写着，就写成悲剧了。周大新的理解是人生多是悲剧，从出生就要吃苦，四五岁开始学东西，直至十七八岁考大学，然后学到本领去找工作，还要经受找对象、买房的忙碌，然后是结婚、养育孩子，不断地经受各种烦恼、苦痛，欢乐的时候很少。然后老年开始生病，活动能力、视力、食欲都变差了，直到死在床上。人生确实享受到很多快乐，但也会经历很多苦恼和苦痛。大概有这些看法，就导致他不知不觉地写成了悲剧。

在评论家张鹰看来，这部书展示出当代都市社会的人生画卷。"保安的视角"在作品中发挥着举足轻重的作用。一方面，作为一个从闭塞的农村来到都市社会的谋生者，他对都市有一种"隔"的心理状态，正是这种状态所产生的"陌生化"效果承担起作家对陷入滚滚红尘之中的都市男女的鞭挞与批判；另一方面，作为一个急于要在都市寻找到生存出路的小农经济的背叛者，他的心理状态和那些与他的生活环境相距非常遥远的大款以及梅苑等靠出卖色相而生存的都市男女有了心理上的一致性，"21大厦"楼顶那只欲飞的大鸟成为他们心中共同的图腾，也成为他们共同的渴望。正是这种审视者与被审视者既"隔"又"融"的心理状态为作品增添了无穷的机趣，在呈现作品整体艺术上的丰富性的同时也展现了作者对于都市社会的双重态度：一方面，作者揭示了都市社会在物欲侵蚀下道德的堕落与人性的沉沦；另一方面，作者对于都市社会的人生状态

---

① 周大新：《21大厦》，昆仑出版社，2001年版，第318—319页。

又表现出力图拯救者的无奈。[①]

在何镇邦看来,这部作品令人耳目一新。虽然没有完整的故事情节和人物形象,却写了生活或出现在这座大厦的几十个人物的故事,通过大厦的一个姓谭的保安人员把它们串在一起,形成一个有机的整体。这些零散的故事大都表现了相同的主旨:现代物质文明的高度发展与人们精神失落、人性被扭曲之间的矛盾形成了一种现代病,正是这种现代病给现代人的生活带来了困扰。作者当然不可能给这种现代病开出药方,但是他通过一些人物命运的描述和人性的深度开掘暗示我们,提高人们的道德水准显然是医治这种现代病的良方。周大新正是通过这些表现不同主旨的相关逸事,从各个方面体现小说的主旨,把一些看似不相关联的人物和故事组合在一起,成为一个有机的整体。小说中写了"21大厦"中每一层都有一个大小不同的黑雉的雕像,这是建筑师有意做的,也是小说作者有意安排的。这个黑雉的雕像象征着人们虽然幽禁在功能设施完备的现代化的21大厦内,但总是想飞。这种象征手法的运用和神秘气氛的渲染,给作品增添了若干艺术的韵味。

林为进认为《21大厦》更像是一部寓言小说,又像一部警示小说,可骨子里仍然是一部内蕴丰实的社会小说。《21大厦》这个有限的空间,展示了多层面的人生世态。有限的空间,浓缩着社会的版本。《21大厦》里随处可见的、关在笼子中的黑雉鸟,是象征,也是提示。局限于大厦内的人就像被关在笼子中的鸟,除了"大厦"这一有形的"笼子","天性中同样存在渴望自由、期盼振翅高飞的人,但又不得不接受法律、道德、舆论、规范、纪律等束缚。同时,还得面临嫉妒、欲望、贫穷、疾病、灾难、战争等的制约和磨难。

[①] 张鹰:《〈21大厦〉:当代都市社会的人生画卷》,2001年12月2日《人民日报》。

那一切，比起困在笼子中的鸟，似乎是更为严密"①。

2001年8月28日，昆仑出版社举办了关于《21大厦》的研讨会。参会的有李国文、何镇邦、雷达、李敬泽、蔡葵、贺绍俊、白烨、胡平等。何镇邦提出，我们看一个作家，有两个坐标，一是纵向比，一是与当前比。纵向比看作品的深度与厚度，与当前比是看作品与时代的联系，是不是与时代的发展同步或超越了时代的局限。周大新写了很多作品，如《第二十幕》《汉家女》《走出盆地》《香魂女》等作品，标志着他的深度和厚度。这部《21大厦》写的是21世纪的人与人的关系，具有很强的时代感。小说保持了他一贯的写作精神和风格，但在写作方法和技巧上，在文体和语言方面，在结构和叙述方面，已经有了追求新的创造。象征的运用，使这部小说的韵味更浓了。周大新写出了"与时俱进"的新小说，确实值得祝贺。

李敬泽更多强调城市题材写作的意义。他认为现在的小说多是写农村的事，也有写都市的，但成功的不多。我们大部分作家都生在农村，长在农村，对农耕文明的记忆非常深。再者，农业文明的简单化，使人的个性特别突出。与此相反，现代都市人，则是非常复杂的，性格是多层面的，一个文化功底浅的作家，要想把握都市生活，非常难。大新从农村转向城市，在创作风格和写作状态上发生了变化，在艺术创新上很有雄心壮志。《21大厦》不只是写了大厦里的都市人，也写了从农村进城的处于边缘的农村人。"这部作品艺术上的优势在于用农村人的眼光观察城市，用农民的世界观去解构城市人的心态。但这个谭保安，还可将他写得尖刻一些，写他对城市又敬又怕，写出他狡猾的一面，忠厚的一面，道德正义的一面，还有欲望的冲动和强制自己的一面。《21大厦》用雉鸟的欲飞的形

---

① 林为进：《展示多层面的人生世态——读周大新〈21大厦〉有感》，2001年8月16日《文学报》。

体作为象征,用 21 大厦所处地面的古怪传说引发一种纵深感,读来也很有味道。"①

《21 大厦》当时的市场销量很大,有人估计在 15 万册以上,但周大新个人所得并不多,主要是因为那个年代盗版书的横行和猖狂,不少作家难免受到损失。2004 年 12 月 11 日,根据小说改编的同名电视剧《21 大厦》在广西北海开机,由中国电影集团公司第三制片分公司与北海市合作拍摄。导演为袁军,李小冉出演女主角梅苑,王姬扮演一名海洋研究机构负责人——一个挣扎在家庭和事业之间的女性,杨立新等也饰演了该剧的重要角色。

第二节　五十岁的盘点

2001 年,周大新发表随笔《五十岁》,进行人生的盘点。

这一站,是人生的重要分界点。
…………
从五十岁这一站往后,人应该活得更加从容。
五十岁之前,我们不是已经见识过了升降沉浮、荣荣辱辱?一些人忽然间升到了权力的顶峰,在"中央文革"发号施令,出门前呼后拥,后来的下场却很惨;另一些人在一个早晨被推入深渊,在牛棚里艰难度日,后来却过着美好的晚年。在见识过了这些之后,我们应该能做到宠辱不惊,做到升不欢喜过度,沉不悲观绝望,活得从从容容。
从五十岁这一站往后,人应该活得更加明白。
五十岁之前,我们不是已经尝过饥饿的滋味,见识过穷困

---

① 杨平治:《当代都市生活的多层面展示——周大新长篇小说〈21 大厦〉研讨会纪要》,2001 年 10 月 18 日《中国文化报》。

的模样？1960年，我们中的很多人都把野菜和树皮当过主食。许多年里，我们吃饭要凭粮票，吃肉要靠肉票，穿衣要凭布票，买食油要凭油票。在经历过这些之后，我们应该明白，人活着的目的，其实就是为了创造富裕平安的幸福生活，为了让自己、让他人、让子孙后代活得衣食无忧精神快乐。对那些你争我斗互相折腾的事情，我们应该拒绝参与，人活着不是为了去整别人。

从五十岁这一站往后，人应该活得更加清白。

五十岁之前，我们不是已经见过许多贪图不义之财的官员被关进监狱，不少贪心之人惹来杀身之祸？金钱多了固然好，可如果因为贪污受贿把人身自由失去甚至把脑袋丢掉，那可就划不着了，五十岁之后把声名毁了，是很难再挽回来的，上帝已很少再给你挽回的时间。假若你死了之后，后人指着你的坟茔或骨灰盒说：这就是那个贪财的家伙！这会使你的灵魂永远不得安宁。

从五十岁这一站往后，人应该活得更加潇洒。

五十岁之前，我们为了让自己在社会上站稳脚跟，为了给孩子创造好的生活条件，为了照顾父母的身体，差不多一直在马不停蹄地向前赶路，不少人玩的时间甚至连正常休息的时间都不能保证。五十岁之后，应该多少放慢一些前行的速度，学会休息以保养身体，可以安排旅游出去走走，可以到音乐厅去听听音乐，可以在节假日去钓钓鱼。想睡时就倒头睡足，想吃时就去买来喜欢吃的东西吃一个饱，以保证工作时能有充足的精力。潇潇洒洒走路，快快乐乐生活。

五十岁，既是一个重要阶段的结束，也是一个崭新阶段的开始。我们应该以清醒的头脑迎接它的到来。

再有两年，笔者就也到了五十岁，我愿和所有同龄的朋友一起，顺利跨过这个人生重要的分界点，去一睹五十岁之后那片人生领域的风光。①

2002年5月,在参加凤凰卫视《纵横中国》河南篇的节目录制中,周大新谈到河南人并不排外,一个证据就是犹太人在开封的定居。关于南阳人的性格特征,周大新认为:一是执着,干什么都要把它干好,表现在对家园的固守,对土地的深情;二是温和,不主张以牙还牙,愿当和事佬的人多。关于河南人的饮食特点,更多是杂糅、中和。有辣,又不是四川、湖南那样辣;有酸,又不像山西人对酸的迷恋;有甜,又不像淮扬菜那样甜。豫剧的特点,是比京剧更接近人的生活实相,抒情,声泪俱下。人们迷恋豫剧,是因为要去戏里寻找快乐,获取教益。河南民间庙会的核心是贸易,是施展民间艺术的诱惑力,制造一个热闹世界。少林武功的武魂是维护正义、保存弱者、保护自身。

同时,他在进一步思考文学创作问题。在22日的日记中,写到关于几个重要问题的备忘录。今天是一个多种文化形态并存的时代,我们当下的社会是一个平和的商业的消费社会,世纪之交的文学正在发生很大的变动。文学得以流传的秘密是对人性内容的不断发现,使人对自身的认识更趋全面;对人的生命过程的礼赞,使人觉得自己活得有意义;对人的尊严的肯定,使人与社会的和谐程度更高,使社会变得更美好,使人变得更崇高。作家创作作品的目的是保存人类生活经验的丰富性;多少个世纪以后,诗人们从我们的作品中知道21世纪的人是怎样生活的。文学创作要的是极端。中庸可以是我们做人处事的态度,但文学创作不能中庸。文学就是好玩儿。热爱文学的人都是爱做梦的人。

2002年9月22日,周大新在国家图书馆做"道教文化对中国文

---

① 周大新:《五十岁》,见《长在中原十八年》,人民文学出版社,2015年版,第142—144页。

学的影响"的演讲。演讲反应热烈,听众提问不断。周大新表示,道教不同于佛教和伊斯兰教,它不是由外国传来,它是从中国本土生长出来的。它源于先秦的道家,奉老子为教祖和最高天神,同时承袭了中国古代社会的巫术和求仙方术,是土生土长的本民族宗教。它在东汉晚期逐渐形成,长久作用于民族文化心理、风俗习惯、科学技术以及社会政治经济生活的广泛领域。道教文化是中国传统文化的一个重要组成部分,对中国文学的影响非常大。

2002年12月18日,周大新为河南省文学院的学生讲课,题目是"我们的个人生活"。年末最后一天,周大新在日记中写道:"今年的日子过完,还算顺利。五十岁结束。明年怎么样?会遇到些什么日子?几件大事能否顺利完成?走着看吧,一切顺其自然。"[①]

2003年,周大新的散文《人生尽头的盘点》发表在《海燕》第1期,谈到自己阅读《廊桥遗梦》续篇《梦系廊桥》的感受。作者沃勒写出一个即将走到生命尽头的男人盘点人生收获的情景,触及一个深刻的命题,人到生命的尽头将会怎样盘点自己的收获?人在死亡将至时会怎样去衡量自己的所有获得?罗伯特·金凯就是要用他的举动告诉人们,人在生命的最后阶段衡量事物的标准会发生变化,人只有到这时才会明白,人生最重要的收获不是事业的成功,不是金钱,不是权力,不是名声,而是爱。因此,在你生命力还旺盛的时候,一定要学会去爱!

在接受采访时谈及文学作品的影视改编问题[②],周大新坦言因小时候听河南坠子书、大鼓书、豫剧,看电影,也曾有创作电影剧本的经历,写小说时难免受到写剧本的思维方式的影响,故事性强,情节相对集中,矛盾冲突比较激烈。最初被改编成电视剧的《第二等父亲》,也是归因于当时社会普遍关注南方边疆的战斗,电视台才

[①] 摘自周大新日记。
[②] 李蒙:《风从两山间吹过——周大新谈文学作品的影视改编》,《传记文学》2003年第1期。

拿去拍，周大新个人也没有得到报酬。陕西台的本子还请他改编了一稿，但没有被采用。从此之后周大新就不再去改编自己的作品了，他发现文学创作是个体创作，影视创作是集体创作。作家对自己的作品总是偏爱，很难取舍，改编时也难有新的发挥，让别人改编也许会对作品有提升。《香魂女》的电影改编得益于导演谢飞，他很注重深入生活，来到南阳走访了不少地方，了解当地的风土人情，弄清香油作坊的运作，还和很多老乡拉家常。又请了很多优秀演员，拍出具有意境美的电影，也扩大了小说的影响。周大新个人不太敢去搞影视，毕竟电视剧的特点决定了无法对生活进行深刻的思考，无法达到小说和散文的深度。影视受到的外界压力较大，写小说的压力主要来自作者内心，他还是愿意跟自己较劲，力争写出更好的作品奉献给读者。

3月5日，在武汉召开的全军创作室主任会议上，周大新谈到创作问题，建议将小说创作分为三个部分加以抉择。一是面向青年干部战士的、娱乐性的小说；二是对军队生活、社会生活有一定思考的所谓问题小说；三是对人类未来命运进行关注和追问、对人类精神提升有意义的、面向知识层次较高的读者的小说。

4月27日，周大新在重庆参加笔会，他做了《关于人的内心世界》的演讲。周大新提出人的内心世界是一片大海，无边无际、深不可测、波涛汹涌。人的内心世界是一个混沌而黑暗的世界，既有动物化的心理部分，如食色、统治欲、攻击性，也有社会化的心理部分，如仁义礼智信，但仅是一小部分。人的内心世界的两种基本景观，既有常态的爱，如同情心，又有非常态的，如嗜血、同性恋。探索人的内心世界秘密的途径有很多，例如科学的心理学研究、宗教神学的解释、封建迷信的解释、文学的感知和表现。作家探索和表现人的内心世界的意义，是更全面地认识人自身，更真实地表现人，为人类的发展留下艺术的记录，使自己的作品更具经典性、恒久性，更有魅力。目前，作家探索和表现人的内心世界的主要成果是权欲、色欲、物欲，对内心平衡的追求。作家探索人的内心世界的方法有观察和交谈、接触与剖析、自我审视。作家表现人的内心世界的方法，有靠写外在的活动来表现人的内心世界，写人的意识流的，以自我意识的形式来袒露内心。

周大新的随笔《地依旧人已新》发表在《人民文学》2003年第7期《非典时期的精神生活》专栏，可以视为特定时期的生活记录。做梦也没有想到，新世纪刚开始不久，我们正准备买新房搬新家，开新车去旅游，向好日子奔的时候，会突然有一场瘟疫向我们扑来，会有一种名叫SARS的烈性传染病想要一下子中止我们的生活，想不由分说地就夺走我们宝贵的生命。周大新也为非典型性肺炎和反常的气候感到忧心。

第三节 《湖光山色》与市场潮中的乡人

2003年4月4日，周大新在人民大会堂参加了南阳市政府召开的"丹江情"南水北调汇报会。周大新的家乡南阳是中国南水北调中线工程水源渠首地。这次在京举办宣传活动，主题为"一湖丹江水、情系北京城，南阳山水美、喜迎天下客"，旨在向首都人民全面汇报南阳人民在为保护丹江生态环境、保证南水北调工程引水质量等方面做出的努力，为表达南阳人民与北京人民"水连水、心连心"的深厚情谊，还推出了邀请首都各界代表免费游南阳活动。6日，周大新来到河南大厦，参加南阳市工商联合会举办的"南阳人建设北京"座谈会。

9月16日，在杭州参加笔会的周大新，再次坐船游览西湖，看了雷峰塔、苏堤、白塔、断桥、灵隐寺等。20日下午，他读到徐志摩的散文《丑西湖》，将历史上文人的感觉做对比，周大新觉得自己理解徐志摩那时的感觉。这一时期，周大新也开始构思新的写作方向。他在26日的日记中写道，关于散文，应写写"四处看湖""湖说"。他回顾自己看过的湖,感觉青海湖是粗犷的男子,安大略湖是文静的少妇,东湖是脏兮兮的小伙子,洞庭湖是不安分的小伙,昆明湖是浓妆艳抹的妇人,西湖太美,消磨人的斗志。他准备写长篇小说《雾笼丹湖》,写写地道的农村生活。他随即写出散文《天下湖多性不同》。

这世界上的湖可是真多。

词典上解释说,湖是被陆地围着的大片积水。诗人们说,湖是上帝撒下的珍珠。普通百姓们说,湖是神造的水盆。

不管湖是什么,反正这世界因有了湖而变得更加美丽,人们因住在湖畔而得了许多便宜。我虽无缘住在湖畔,可却天南地北地去看了许多湖,每每站在湖畔,我都会感到心旷神怡。也就在这观湖看湖的过程中,我发现湖有性别和性格。

我的故乡邓州汲滩地面上的安众湖,一看就像一个脾性温顺娴静的少女……

开封龙亭前的那个湖一看就觉得他像一个性格刚硬的男人……

杭州西湖则分明是一个美丽的性格柔和的少妇……

青海湖你一见就会感到他是一个粗粝剽悍的壮年男人……

颐和园的昆明湖则像极了一个贵妇人……

济南的大明湖很像一个阔公子,一副不愁吃不愁穿的模样……

位于美加接壤处的安大略湖,则是一个不加修饰、奶水丰富的乳母……

湖南的洞庭湖则更像是一个饱经风霜的老爷爷……

和洞庭湖相比,向以色列供水的加利利湖,很像是个宽容慈祥的老奶奶……

我看过的湖还有很多,他们中的每一个都不仅仅是自然界的一件摆设,你若仔细体察,你都可以和他们悄声对话。

自然界的每一种东西其实都有灵性,包括他们——大大小小的湖。①

2004年7月,周大新再次回到故乡邓州,对豫西南一带的农村状况进行了为期两周的考察。他在家乡领导和文友的陪同下,登上九重山上的楚长城。原以为楚长城只有一公里长,谁知道竟然长得看不到头,蜿蜒于很多山头,规模那么大,看起来那么雄伟,经历几千年的风雨,还有一人多高,当年房子的地基、练兵场都还在,真是让人惊诧,可以想象当年该有多么威武雄壮了。后来他又到淅川香严寺、丹江湖(丹江口水库)看了看,沿着湖走了很久,还到农户家和乡亲们拉了家常②。周大新将此行的所见所感写成散文《南阳乡间行》。

七月流火时节,我回到了故乡南阳,在邓州、淅川和南召的乡间走了一遭。戴上草帽,在浓烈的阳光里重新踏上我曾经洒过汗水的田埂,在田垄里让玉米、绿豆的叶子碰着自己的双腿、双臂,鼻子里沁满庄稼的青鲜气息,心里涌满了欢喜;重新走进我熟悉的村庄,听到村庄里特有的鸡鸭狗羊们的合唱,望着在暮色里袅袅升起的炊烟,心里有一种异常亲切的归依感;重新握住父老乡亲们起了老茧的手,听他们谈论天气阴晴、儿女亲事、地里收成等诸样家常,一种温馨感油然而生。我惊喜地发现,与我上次归乡相比,无论是田地还是村庄抑或是乡亲们,都有了不少新的变化。

---

① 周大新:《天下湖多性不同》,见《摸进人性之洞》,人民文学出版社,2016年版,第316—320页。
② 这一时期,周大新曾写出《中原看长城》(《海燕》2004年第12期)、《悠悠丹水情》(《淅川年鉴》2005)等文章。周大新面对丹江水库,曾作诗献给家乡人:曾付血汗情无限,换得碧水映蓝天。静待引渠地上伏,悠然北上润心田。(摘自周大新日记)

地

田地还是过去的田地,但田地里长的庄稼是精心打理和整治过的庄稼。每一亩地里的庄稼苗,不管是玉米还是绿豆,不管是红薯还是谷子、花生,都能让人看出种植者在管理上的认真。这一点和前几年有了不同。前几年,由于每亩庄稼上缴的税费提留太高,种田人辛苦一年,扣去上缴的和自己的投入,不算所下气力和流下的汗水,所剩的已经很少,个别的人家种一亩地甚至只落个十几元钱。这使他们对田地的感情迅速降低,种庄稼的兴趣一落千丈;干农活儿变得敷衍、潦草起来。个别的对土地生了愤恨,宁愿撂荒也不下种。今年,由于政府每亩地只收一次税且将税金压得很低,有的县收二十三元九毛五,有的县只收十四元,这让庄稼人重新觉得种地值得,种地的热情重又高涨。三个县里,都没有一块土地撂荒。我到家的时候,天正旱着,邓州的农田里玉米苗的叶子都被太阳晒得打了卷,乡亲们顶着烈日用机器将井里的水抽出来浇到地里,有时一直摸黑浇到半夜,只怕秋庄稼苗被旱坏。那份经心和辛苦让人难忘。

田地里的一个变化是,种经济作物的田块多了……乡亲们怀着由衷的欣喜说,同样面积的土地,今天赚的钱远远超过了过去。

田地的"种植者"和"所有者"不再一致,也是一个新的变化。有的全家外出打工赚钱,家里分到的责任田没有人种,便把田地委托给自己的亲戚或邻居来种,地里的收入由种植者来得,同时由种植者负责缴税;有的人家因办厂或经商,无暇再种地,便把自家的责任田交到愿种的农户手里去种,自己代为缴税,用此法保住土地,留下日后的退路;还有人家因为镇子开发或高速公路经过,自家的责任田被占并被一次性买断,手上虽有了钱却又找不到其他投资继续赚钱的门路,没有田地却又只会种地，他们便替一些劳力少的人家种，所得由双方分成。田地的"种植者"不一定就是田地的"主人"，这种现象和谐地存在着，让人惊奇。

村

村子的变化最为显著。村子里变化最大的是房子。邓州构林镇的几乎每个村里，都有人家盖起了楼房。楼房多是两层，有客厅、卧室、厨房、仓房和凉台、晒台等，虽然装修得不如城市，但人住在里边，其舒服程度和住城市里的楼房没有太大的差别。盖不起楼房的人家，也多把自己的旧房翻修过，盖成平顶的或坡顶的，比过去漂亮多了。院子的门楼是乡间人家都很看重的建筑，大多数人家的门楼如今都翻修得高大气派，有的还贴上了红色的大理石或花岗岩石片。个别的人家还修建有停拖拉机的房子，和城市人家的车库有点近似。南召的大冲还由村委会拿钱，在村中的一块高地上修建了供村人休闲娱乐的凉亭和石凳。你走进大冲的休闲场地，会以为走进了城市某个社区的休闲处。

村路的变化也让人惊喜。我小时候，不论是镇与村之间还是一个村子内的户与户之间，其连通的道路都是土路，一下雨和雪，路就泥泞得难以行走，别说走机动车与平板车，就是步行，也挺烦人，男人们多要打赤脚，女人们就需要穿泥屐。如今，邓州地面的所有乡镇与各村委所在的村子，都有沥青路相连……村人外出，可以不受雨雪影响，能脚不沾泥便利地由村道到乡道到县道再到省道和国道。

村子的绿化面积也大大增加，变得更美了。由于宅前屋后的树木归各家所有，所以每家人都热心种树。不仅种榆树、桐树、柳树、构树、杨树等用材树，也种桃树、杏树、木瓜、枣树等果树，使得家家的屋子都掩映在绿树丛中。还有的人家在门前、院中种上了指甲花和牡丹、月季等，使得花香满院。由于树多，就引来了鸟；由于有花，就引来了蝶。你走进村子，听见鸟在啼鸣，看到蝶在翻飞，那心情立马就好起来了。

人

乡间的所有变化，归根结底来源于人。到乡间，你若只看衣饰，乡亲们变化并不大，男的多是一条裤衩一件背心，女的则是一条长裤一件短衫，可你只要仔细观察，就会发现与过去相比，他们关注的事情有了变化。过去，人们最关注的是怎样提高每亩地的产量。如今，人们的市场意识变浓了，知道倘是种的东西不对市场的路子，产量高不一定就能赚来钱。大家不再漠视市场闷着头种田，而是更加关注农产品的市场行情。在淅川乡间与乡亲们聊天，他们最爱问你眼下哪些农产品热销，哪些地方有专门的辣椒、花椒等农产品交易市场，地里产啥东西最能卖钱……人们对市场的变化比过去任何时候都更加关心。

人们种地的方法也有变化。过去，农人种地都是凭自己的经验和老辈子传下来的法子；如今，大都懂得用科学的办法使用农业机械来种地……

人们的法律观念变强了。过去，人们只知道人犯了法是要受惩处的，对法律充满畏惧，不知道法还有保护自己的功用。如今，乡下人也懂得用法律手段来维护自己的利益，对法律有了一种亲近感了。乡亲们遇事不再靠争吵甚至动拳头来解决问题，而是用法律来讨回公道。我回家时，恰好村里有十几户人家地里的绿豆苗出现了枯死现象，原因是买了不合格的除草剂，这十几户人家保存好证据，找来证人，然后又把那个卖除草剂的人叫来，让他实地察看恶果，之后告诉他，如果他不赔付，就要把他告到法院去。那人见人证、物证俱在，打官司肯定要输，只好答应分期赔偿。

人的流动量也更大了。如今，人们不再死守家园，而是一有机会就到广东、郑州、北京和沿海城市去打工挣钱。短则一两月，长则一年，个别的甚至一去几年，只是每过一段日子往家里寄些钱。过去我回到老家，人们问起我的工资数目，我答出后，他们总要羡慕地咂嘴称奇：那样高?! 这次又遇人问我的工资数目，我答出后，听的人都反应平静，个别的还撇撇嘴说：不高嘛，陆家的大小子在深圳打工，月工资五千多哩。真的？倒是我有些惊奇了……

人们使用的交通和通信工具也大变样了。过去，乡下人上街进城走亲戚，多是骑自行车；如今，很多人骑的是自己的摩托车，要不就坐自家的小四轮拖拉机，方便、快捷。摩托车和小四轮拖拉机在乡间很普及，稍有些钱的人家总要买一个。过去，乡间人传信息，主要靠人们带口信与便条。如今，邓州、淅川和南召三地的乡村，安座机的人家很多，个别的年轻人腰上也别了手机，有事打个电话就成。南召有一个村子，腰里别手机的就有七八个人。

乡间的变化让我这个游子心里感到十分欣慰。我知道，与沿海的乡村相比，南阳还有不小的差距，可我相信，有今天的基础，它会变得更富、更好、更美。①

周大新感慨今天的农民和过去确实不一样了，种什么能多卖钱，心里都有数，是市场经济大潮下的新型农民。从小就好胡思乱想、爱给小伙伴们编故事的周大新，心里便有了为故乡的父老乡亲写点什么的愿望。于是，便有了三十多万字的《湖光山色》。这是酝酿在他心中十几年的故事，每次返乡看到乡村的变化，自己都在思考，中国的农村该向哪里走？欧洲的田园化已经消失，中国还能步其后尘吗？在今天城市化进程中，土地存在的意义到底是什么？难道就

---

① 周大新：《南阳乡间行》，见《摸进人性之洞》，人民文学出版社，2016年版，第327—332页。

任由房地产商无尽开发吗？周大新希望将自己对当代农村的思考融进小说中去。

周大新回忆当时写作的时候很激动，沉在一种激情里，花了两年多一点的时间。周大新是一个易动感情的人，写着写着就能把自己感动得一塌糊涂。他一直在牵挂着父老乡亲们的生活状态，更希望用自己的作品来反映当下乡村的变化。目前，城市资本开始向农村流动，部分乡村在资本的运作下开始变富。一些乡亲在这种资本流动中被冲击得失去了方向，应该是一种实情，很多人并没有做好迎接这种变化的精神准备。一些小镇上，也有小洗头房、网吧、洗浴中心，对乡村的一些年轻人来说，这些具有极大的诱惑力，但弄不好就会出问题。当然，城市资本在向乡村流动的过程中，也给乡村带去了正面的变化，乡村里很多楼房盖起来了，商品供应丰富了，人们的生活好起来了。但不能否认，有一些负面的东西，一些腐蚀人心灵的很不美好的东西也开始出现了。传统的乡村生活正面临着冲击，古老的乡村世界正在发生着巨大的变化。身为作家，要把这种境况表现出来，以引起读者的关注，于是便有了《湖光山色》的构思。

小说以丹江口水库为背景，描述了一个曾在北京打过工的乡村女性暖暖与命运抗争、追求美好生活的不屈经历。生活在依山傍水的楚王庄的她，在穷困苦痛中因一段楚长城被考古专家意外发现，而走上了一条新路。小说写的是春种秋收、择偶成家、生病离婚、打工返乡、农村旅游这些乡村寻常生活，展示的却是对人性嬗变、历史遗产和权力运作的思考。在这部充满悲情和暖意的小说中，周大新以他对中国乡村生活的独特理解，既书写了乡村表层生活的巨大变迁和当代气息，也发现了中国乡村深层结构的坚固和蜕变的艰难。

在周大新看来，中国的城市化正在不事声张地进行，大批城市像孕妇的肚子一样在快速隆起膨大，乡村因而随之发生巨大的变化。

有农民渴望离开乡村，世世代代的生存之地变成了极想抛弃之处，其外部和内部的缘由究竟有哪些？和农民拥进城市这股潮流并起的另外两个现象，是大批城市人在节假日里向一些乡村和小镇拥去，使一些城市资本开始向乡村流去。这反向流动的两股人流和反常的资本流动，在告诉我们什么？会带来啥样的结果？"这一个个问号一个时期以来，一直在我这个眼下住在城市里的农民儿子的脑袋里翻腾，它们促使我去思考，《湖光山色》便是这种思考的一个小小的果实。"①

暖暖的人物形象由两位姑娘重叠而成。一位是故乡小镇文化站的向导，当时周大新在故乡采风，向导的形象、气质，不卑不亢的态度和标准的普通话令自己眼前一亮。交谈后才知她是本地人，大学毕业后先在武汉工作，因不堪骚扰和挫折，一气之下返乡，觉得生活在家乡最舒心，已经准备结婚了。另一位是在北京打工的陕西姑娘，初中毕业后在保洁公司做工，一小时能挣六到八元钱。在周大新家做了两天活，她的勤快和能干给他留下了深刻印象。周大新了解到她想挣钱供弟弟读书，同时为自己准备一份嫁妆。两个姑娘的形象在周大新脑海里重合为一，成为《湖光山色》的主人公。在2005年8月，终于写到结尾处时，周大新曾经设计了三个结尾，一是青葱嫂与开田在湖中同归于尽，二是大型楚国情景剧《离骚》夭折，三是暖暖突然站起，流着泪说："你怎么会这样做！"② 周大新觉得自己写的悲剧太多了，就做了改动，不想再制造一个悲剧。何况，想凭借个人的力量来终结人间的丑恶也是不可能的。小说最初的名字是《西岸》，9月8日，将其改为《湖光山色》。

2006年《湖光山色》由作家出版社出版后，迅速引起评论界的关注和热议。贺绍俊的评论文章《接续起乡村写作的乌托邦精

---

① 周大新：《我写〈湖光山色〉》，2006年5月25日《人民日报》。

② 摘自周大新日记。

神——评周大新的〈湖光山色〉》(《南方文坛》2006年第3期),指出《湖光山色》的意义就在于,小说所构建的田园乌托邦为乡村写作开辟了一道亮丽的风景线。暖暖是作者着力打造的一个代表着乡村未来的新型农民,新型农民自然是乡村年轻的一代,他们有知识,也接受了现代化的熏陶。她曾经逃离乡村,开了眼界,学会了穿着打扮,收拾出来"最像个城里人",而她"存折上的数字正在缓慢向一万靠近"。但就是在暖暖充满憧憬的时候,作者果断地将她拽回了乡村,因为城市终究不是暖暖的归宿。那么,乡村的希望在哪里?现代化的风暴刮走了土地的肥沃和滋润,往日的田园成为板结的荒野,它再也生长不出年轻一代的希望。回到乡村的暖暖也想依凭着土地致富,但不仅没有致富,还被城里贩卖假种子的人骗了,背上了沉重的债务。搞考古研究的谭教授的到来,让暖暖触摸到农村的真正希望,那就是发展旅游业。她看到了自己家乡的自然风光和历史文化的开发价值,先从开办家庭旅馆开始,学会接待游客,一步一步把事业扩大。暖暖的"楚地居"给贫穷的楚王庄带来了富裕和幸福。小说的结尾,是众多的国外游客来到楚王庄观赏丹湖的迷魂烟雾,当碧绿的水面上袅袅升起如梦如幻的烟雾,各种奇异的景观如海市蜃楼般在游客们眼前出现时,暖暖用英语对众人说道:"在烟雾里你们会看到你们心中特别想看到的东西。"这是一个很有意思的结尾。在虚幻的烟雾中实现自己的愿望,说到底,周大新还是一位现实主义作家,因此他的田园乌托邦并不是逃离现实的虚无缥缈,他把这个乌托邦搭建在现实的土壤上。于是现实的种种矛盾也会在这个乌托邦中得到反映,他又是通过解决这些矛盾从而使乌托邦得以完善。这个矛盾可以归结为城市与乡村的矛盾、物质与精神的矛盾、城市对乡村的破坏、乡村为城市做出的牺牲,这在许多作家的作品中都得到了反映。在表现城乡冲突时,几乎所有的作家都站在乡村的立场上,对城市持批判的态度,但这样一种文学的批判往往是以城乡截然对立为前提的,仍摆脱不了二元思维的缺陷。

周大新虽然同样是站在乡村的立场，但他并不强调城乡对立；相反，他认为城市的现代性既给乡村造成困境，又是乡村走出困境的契机，因此，他的田园乌托邦也需要依赖城市的力量。

孟繁华《乡村中国的艰难蜕变》（2006年5月16日《文艺报》）强调，《湖光山色》是对中国农村生活变革的续写：既看到了最广大农村逐渐被放大了的微茫的曙光，也看到了矛盾、焦虑甚至绝望中的艰难挣扎。《湖光山色》对乡村中国重新做了整体性的叙事，它是作家理想主义的产物。"现代"将带着人们希望和不希望的一切如期而至，它像空气一样弥漫四方，挥之不去。楚王庄的"湖光山色"终将在"招商引资"、在"赏心苑"按摩小姐以及薛传薪"现代"管理和拜金主义的冲击下褪尽最后的诗意。就它的社会形态而言，楚王庄既不是过去的也不是现代的，它正处在一个进退维谷的两难境地。或者说，楚王庄就是今日中国广大乡村的缩影，艰难的蜕变是它走进现代必须经历的。暖暖的愿望在乡村中国还很难实现，暖暖的理想是作家周大新的"理想"，是周大新的期待和愿望。如果这个看法成立的话，《湖光山色》在本质上还是一部浪漫主义小说。

阎晶明在《善良如何面对残酷》（2006年5月23日《中国图书商报》）中指出，当传统的秩序被经济、物质冲破之后，我们看到的是一个充满智慧比拼、利益竞争、善恶较量的乡村世界。楚王庄是新时期中国乡村的一个缩影，这个千年不变的小小村庄，似乎在一夜间被强力改变。深有意味的是，在小说家眼里，秩序的打破改变着人性和传统人际关系，如旷开田和詹石磴两家之间的恩怨纠葛和轮回往复；而无论时势如何变化，仍有许多美好的东西始终不变，并因大浪淘沙而更加彰显其光泽，暖暖以及始终支持、爱护她的村民们就是明证。正是在这种"变"与"不变"的纠缠中，《湖光山色》为我们展现了一个既有主色调，又纷呈着各种杂色的小说世界。

陈晓明在《当下乡村的现实真实》（2006年6月1日《文学报》）中认为，作品面向当下现实，写出了周大新理解的改革开放以来的中国乡村变迁的生动面目,写出了乡村的新一代农民的性格和心态。中国的农村改革已经过去30年,从十一届三中全会的包产到户到后来的土地承包制,从农村解决温饱到大批农民工进城,从农村的税费改革到农村土地荒芜,中国农民经历了剧烈的动荡和市场经济的冲击。去写写当代的农民,写出他们的苦楚,也写出他们在中国这个巨大转型时期的变化和新生的希望,这无疑是一种当下性的真实,也无疑是一种迫切的需要。与当下知识分子话语热衷讲述底层苦难故事相反,周大新书写改革开放给乡村中国带来的新变化,小说集中笔墨描写贫困中的农民如何通过市场经济来获得自己的生存空间,开创自己的生活道路。小说中写的楚王庄,实际上就是周大新家乡豫西南丹阳一带,其地理依据真实可信。20世纪70年代中期丹阳建立了一座巨型水库,对当地的农业经济发展起到相当积极的作用。但当地农村依然落后,农民生活困窘。小说写出了新一代中国农民如何抓住中国正在兴起的市场经济,抓住机遇勤劳致富。小说通过暖暖这个外柔内刚的乡村妇女,写出了乡村妇女如何自尊自强,在改革的浪潮中选择自己的命运。

在胡平看来,周大新的小说总是充满诗性,让人能体验到他内心流淌过的纯洁、温柔和可以被称为宽恕的感动。《湖光山色》是一部现代农村寓言。这是一个土克水、木克土、金克木、火克金、水又克火的故事,一个关于乾坤旋转的故事,从中竟然演绎出时下农村的大事小情、盛衰兴废、风水流转,也显现了作者的睿智与高明。周大新不仅看到了农民进城打工给城市带来的变化,也敏感地看到了打工农民必然推动乡村城市化进程的趋势,显示了一个作家深邃的目光,也显示了一个农村出身的作家对农民命运的真切关注。这种关注几乎是呼吁,作家希望看到有许多像暖暖这样的新人物返回家乡,搅动波澜,带来山乡巨变。小说是虚构的,但内容异常真实。书中的楚王庄,具有深厚的历史积淀,附近遗存有古长城、楚墓,地下埋藏有青铜器、陶器,村庄自身有待考证的历史典故也蕴含着神秘的文化价值。和其他描写农村变革的作品内容不同,这个村子的崛起不是靠工商业的开发,而是靠考古发现和旅游业的随之兴起。在书中,农家田园与幽静古刹、先秦都城、烟波碧水相映生辉,融为一幅具有现代意味的田园场景。由北大教授的造访开始,笼罩在丹湖之畔一座神秘村庄的历史迷雾层层散去,数千年生活于此的人们初次发现他们四周埋藏的财富。所以,"这又是一部有关发掘和寻找的浪漫小说,它自然生成的悬疑氛围和令人兴奋的期许是作品丰富魅力的一种来源。我们简直可以假设,周大新也是在为家乡人民勾画一幅新的蓝图"[1]。

面对采访,被问及乡土写作如何面对网络时代,乡土题材还有多大的文学空间时,周大新回应,乡土文学不会出现后继无人的状况。现在文学逐渐商品化,乡土小说读者人少,年轻人不愿意写,可以理解。"但中国是农业大国,每年有不少农村学生考入大学,进入城市,还有不少大学生毕业后自愿回到农村工作,他们还是会关注那片土地的。"[2] 关于《湖光山色》已在网上进行连载,对于自己作品上网怎么看的问题,周大新认为在网上连载是件好事,可以吸引更多的读者。当然传统文学和网络文学毕竟不太一样,受众也不太一样,所以可能有些上网的人不喜欢看自己的作品,那也无所谓,因为作品的受众就是有局限性的,不是一部作品就能吸引到所有的人。

2008年,长篇小说《湖光山色》荣获第七届茅盾文学奖。金秋时节,在乌镇颁奖,评委丁临一宣读授奖词。

周大新随后发表获奖感言。

> 尊敬的各位领导、各位评委、朋友们,很感谢把茅盾文学奖给了《湖光山色》。由于城市化的进程和城市资本向乡村的流

---

[1] 胡平:《诗性和唯美的周大新》,2006年6月9日《文汇读书周报》。
[2] 《周大新:网络时代不会终结乡土写作》,2006年4月17日《北京青年报》。

铁凝为周大新颁奖

入,中国的乡村正发生着巨大和深刻的变化,身为一个农民的后代,我热切地关注着这种变化。在我的故乡,这种变化使我的父辈、平辈和晚辈们既感到高兴和充满希望,又感到惶惑、不安和痛楚。为了表现出这种心态和心境,我写了这部书,谢谢你们注意到它。你们的关注会使我的父老乡亲们也感到欣慰。

我们这个时代由于社会变革的进行,科技的发展和世界的紧密联系,人们的生活质量有了前所未有的提高,但同时,灾难的频发和社会各方面的急剧变动,使人们面临的问题比前人相比不减反增。也因此,人的心灵比以往任何时候都更需要得到抚慰。我应该带着你们的鼓励更加勤奋写作,用自己的文字为读者送去温暖和慰藉。谢谢!

担任第七届茅盾文学奖评奖办公室主任的胡平对该作品的评价是:《湖光山色》可以视为现实题材、改革题材、新农村建设题材创作的综合代表。2008年正是改革开放30周年,第七届茅盾文学奖授予《湖光山色》这样的标志性的作品是合适的。"《湖光山色》正确地反映了30年来中国广袤农村发生的基本性变化,同时,又正确地避免了某些主旋律创作报喜不报忧的浅薄弊习,对社会历史及世道人心作出双重考察,显示了现实主义和人道主义创作的力量。以我看来,在农村题材创作上,周大新本来就该是获奖作家,他的《第二十幕》与上届茅奖失之交臂是遗憾的。"①

周大新一向被认为是低调的"平民作家",多年来安静地生活在部队大院里,每天心平气和地阅读、思考、写作。虽然创作三十年来他从未大红大紫过,也没有在各种文学流派和文坛纷争中出现过,但一直以创作实绩冲击着文坛。在周大新看来,获茅盾文学奖是自己最重要的一次获奖,是一种鼓励。人们在精神领域跋涉,有时候也需要鼓励,自己会带着这种鼓励继续写作,争取把下一部作品写好。以前自己的作品读者不是太多,这次获奖后也许会有一些读者带着好奇心去读。获奖对自己以后的创作不会有什么压力,更多的是一种鞭策和鼓励,仍然会按照自己的写作计划不断写下去。被问及怎么看该届四部获奖作品有三部是关于农村题材的,周大新回应,农村题材作品创作的繁荣也是有道理的,中国毕竟是农业大国,农村人占了全国人口的绝大多数。即使生活在城市中的人,也与农村有着千丝万缕的联系,关注乡村、书写乡村,在很长时间内恐怕仍然是相当一部分作家的写作重点。随着城市化进程的发展,这种情况会逐渐发生变化,但这个过程肯定非常漫长,毕竟中国有几千年的农耕文明,有好几亿农村人。其实现在农村题材的作品和以前的同类作品也有了很大的变化,它是与城市生活交织在一起的,无论是作家还是小说中的主人公,都或多或少有一些城市生活经历,对农村生活有了一种与过去完全不同的视角和体验。

在周大新看来,回望故乡是很多作家的重要写作资源,你可能在故乡生活的时间并不长,但你心灵生活中的主要养分都来自那里。童年对一个人的影响是决定性的,终生都无法摆脱。随着年龄的增

---

① 胡平:《我所经历的第七届茅盾文学奖》,《小说评论》2009年第3期。

加，人们都会不约而同地回望故乡。虽然也在城市生活了几十年，但城市生活总是进入不了自己的意识深处。以往写过城市题材的作品，但总觉得有点"隔"，很难达到游刃有余的境界。现在正在写一个军事题材的长篇小说，描写的是当下中年军人面临的困惑。

《湖光山色》后被改编为同名电视剧，中共河南省委宣传部、河南省广播电影电视局、河南电影电视制作集团、河南电影制片厂联合拍摄。由牛建荣执导，杨明娜、刘小锋、刘威、褚栓忠主演，并于2011年3月16日在中央电视台第八套播出。

4月11日，周大新在《光明日报》撰文《对乡村世界一片深情——由小说〈湖光山色〉谈起》，说创作《湖光山色》这部小说的初衷之一，是想把当下乡村变革中的真实境况表现出来，引起读者们对乡村世界的关注。现在看，这个目的部分地达到了，不少生活在城市的读者和电视剧的观众，给自己打电话表示他们对作品所描绘的乡村社会产生了很大兴趣，表达了想去豫西南乡村仔细看看的愿望，自己很是高兴。乡村世界的确值得生活在城市里的人给予更多的关切。在周大新看来，乡村世界的现状不容乐观，很需要城市伸手相助。在我们国家，乡村和城市发展不平衡的情况有目共睹。乡村相对贫穷，城市比较富有，也因此，城市对农村人的诱惑力非常大，伴随着城市化的进程，大批的农村青壮年劳力流向城市，很多乡村只剩下了老人和孩子留守。留守的孩子们的境况令人不安，他们既享受不到父母的爱，也很难安心读书。生活在城市里的人完全可以在这方面给乡村以帮助，让进城打工的农民能把他们的孩子带进城里读书并享受亲情。还有，由于历史的原因，农产品的价格和工业品的价格差距较大，种粮成本因此升高，只靠种粮的农民很难富裕起来，因此乡村土地撂荒的现象经常发生。为改变这种情况，城市可以有所作为，城市里生产农业机械的工厂和其他面向农民的工业品生产者，应尽可能地薄利销售，这会帮助农民降低种粮成本，从而激发他们的种粮积极性。再就是乡村学校因条件差，对优秀教师的吸引力不强，师资力量薄弱，使教育质量偏低。人的素质不高必然会进一步制约农村的发展，城市的教育部门，应该想办法给乡村教育以支持，应该定期派出教师到乡村的学校里讲课支教。城市可以帮助乡村的地方还有很多，乡村只有在城市的帮助下也实现了生产的现代化，农民的生活水平也赶上了城里人，中国的现代化才算真正实现了。

第四节　阅读与作家的责任

2005年，周大新也在不断思考读书的问题。他在3月26日的日记中有一篇小文《关于读书》："现在人们普遍读书的时间、阅读范围有限，推动全民阅读非常必要非常紧迫。一个不重视阅读的民族，其素质不可能提高，政府高层应对此事发一个警讯。为应付生活所进行的阅读，读书的人未必见得少，但浅表阅读多，深度阅读少。一个不进行深度阅读的民族，其素质不可能有大的提高，久而久之，在和别的民族竞争中，就会处于劣势地位。所谓浅表阅读，是指为了寻找即时快乐、打发时间、了解新闻、当下实用。这种阅读对人的心灵是不会发生影响的，对人认识自身和外部世界的规律并没有大的帮助。所谓深度阅读，是指为了使自己的心灵变得高贵而进行的阅读，重在向真、向善、向美；为了加深对外部宇宙世界的认识而进行的阅读；为了使得自己更富智慧而进行的阅读。"[①]

在周大新看来，图书馆的作用应该是：向不同人群推荐不同的书目，帮助年轻人制订读书计划；就读书方法或某一部书的阅读体会举办专门的讲座；简化借阅手续，让更多的人更方便地借阅到书。作为作家，更是应写出好作品来推动全民阅读。所谓好的标准应该是：有利于净化人的灵魂，让人的心灵变得更美、更高贵；有利于

---

① 摘自周大新日记。

民族精神的重铸，使整个民族鼓荡起一种昂扬向上的精神；有利于人们思考未来，对人类命运给予关注。关于对青少年阅读的建议，周大新认为应制订一个阅读计划，包括哲学著作、史学著作。

3月20日，周大新进一步思考人生与文学。他在日记中写道：作家的一个重要任务是参悟人生。人生的归宿在人性，人的行为要合乎自己的天性。人生的要求是安与乐，人生的境遇是富贵贫贱，做人的道理则是人生哲学。人生之路多曲折，希望追求改变现状，与社会环境紧密相连的人生规律。对作家来说，写出人生的况味并不容易。他还总结了人生的规律：有奋斗通常就有回报，对未来的希望会控制人的一生，失望和烦恼会伴随人的终生，幸福和快乐的时刻常很短暂，人生境遇与社会时代紧密相连。人生的误区是，以为幸福藏在财富、权力、名气里，以为爱情是不要条件的，以为人生来是为了幸福。人生的归宿是我做了我天性允许我做的事情，我无愧于家庭和国家。人生的目标是善待自己，尽责于家庭，尽心于视野，尽忠于国家和民族。

2005年4月15日，周大新发表散文《藏书的地方》，追忆自己的读书生涯和书房变迁。

> 我一直以为，书都是写作者心血的结晶（当然，那些以赚钱为目的兑了大量水分的书不在此列）应该妥善保存，你不接触它也就罢了，你一旦把它弄到了你的手边，你就该善待它。而且只要你善待了它，它通常是会给你回报的，会多少给你一些知识、智慧和才华。人给书一个好的栖身之处，实际上是在为人类的经验和知识寻找一个存放处。社会上的图书馆，我们家庭的书房，其实都和保存粮食的仓库一样，是我们维护正常生活不该缺少的地方。①

---

① 周大新：《藏书的地方》，2005年4月15日《人民日报》（海外版）。

第九章　军事文学的实绩

新世纪之交，和平年代的战争书写成为热议的话题。《中华读书报》刊发了对谈文章《和平年代军事文学新的生长点何在?》（木斋、舒晋瑜）、《和平年代军事文学出路何在》（王洪、舒晋瑜），莫言也在《解放军文艺》发表《战争文学随想》等。2002年4月4日，担任总后勤部政治部创作室主任的周大新在《解放军报》发表文章《军事文学大有作为》。4月6日，第三届冯牧文学奖在京颁奖，周大新获军旅文学创作奖。此时他再度将创作视野投向军事题材，写出关于战争历史反思的长篇小说《战争传说》，以及反恐题材的长篇小说《预警》等。

第一节　战场的记忆

作为军人，周大新对于军事题材一直很关注。1996年12月26日，他在解放军艺术学院文学系讲课，题目是《引发感动，军事题材小说应该具有的一种魅力》，谈自己对于军事题材小说的理解和思考。1999年3月15日，他在解放军艺术学院文学系谈创作经历和体会，提出"70后"作家的崛起，叙述方式的革命在继续，作家对城市生活日益关注，军事文学期待再次迎来辉煌。4月25日，他应武警政治部《中国武警》杂志之邀，来为武警文学进修班的同志们讲课，题目是《小说与地域文化》。周大新提出世界上大多数小说都带有地域文化色彩，凡失却了地域文化色彩的小说，都或多或少地减弱了其审美力量。小说中的故事，总是要在一定的地域范围内演绎。小说中的人物，总是出生于特定的地域，有一定的地域文化背景。小说的语言要融入地域方言方有意思。作家应该选择一块自己最熟悉的地方作为关注对象，对其现状进行观察和思考。地域文化小说为读者接受的心理原因是人们总对差别感兴趣。

1999 年，周大新开始构思创作《关于战争最后消失那天庆祝仪式的设计》（《百花园》1999 年第 12 期），这篇带有"狂想"性质的小说，体现了他在以色列之行后，对于战争的重新认识，以及呼唤和平的愿望。小说阐明虽然战争的最后消失肯定离我们人类的生活还有很远的距离，但这并不妨碍我们对那一天的想望，而且可以预先对仪式进行设计。

他还在《世纪留言》中写道："把人们的聪明才智用到正经地方，别用到互相杀戮上。二十世纪的两次世界大战和无数次局部战争造成了几千万人的死亡，小心这些亡魂的眼泪会造成地狱发水，漫溢到阳间来，淹死杀戮制造者的后代。谁杀人的本领再高强，上帝都不会给他褒奖。我们渴望阳光灿烂，但对那些阴云低垂的日子不应该忘记。也许还会有坏天气。"[1]

2000 年 12 月 21 日，在空军模拟训练中心的长篇小说座谈会上，周大新听到与会者关于长篇小说的说法，很受触动，并在日记中记下：长篇小说就是要把时代的痛苦告诉后人，是要诊出时代的心灵病症。长篇小说是人的精神历程和心灵秘史的披露。写作长篇小说主要在枯燥的军营生活中发现浪漫和传奇。世界变化很快，但人身上有些东西是变化很小的。作家生活体验的深度和广度决定作品的厚度和深度。次日，周大新在座谈会上谈了自己的理解，不要用实用主义对待长篇小说，不要把军事题材的范围看得很小。在写中国

---

[1] 摘自周大新日记。

人命运的时候，不要忘记对人类命运的关怀，战争是人类为了生存所玩儿的一种残酷游戏。

在关于战争的随笔《去看战场》中，周大新写出自己数次去看旧战场的经历和思考。

> 站在这些旧战场上，我仿佛又看见了当年两军对垒的情景，看见了那些军人们肃穆、沾满泥土的面孔，看见了那些闪着寒光的刀剑枪炮，看见了堑壕和碉堡，看见了那些冲杀的士兵和将领，看见了翻滚着的浓烟和大火，看见了伤兵和无数战死者的遗体。
>
> 站在这些旧战场上，我仿佛又听到了撼动山野的喊杀声，听到了惊天动地的枪炮响，听到了负伤者的痛楚呻吟，听到了战马的悲切嘶鸣和飞机的呼啸，听到了败方的呜咽和胜方的欢叫。
>
> 站在这些旧战场上，我仿佛又闻到了浓浓的血腥味，闻到了刺鼻的硝烟味，闻到了物体被焚的焦糊味。
>
> 过去的一切仿佛都还在这战场上保存着。看着这些战场，你会在心里感叹，人类发展到今天，曾经经历过多少惊天动地的事件，人类可真是活得不容易呀！这每一个战场，其实都是人类发展史这本厚书中的一页。常翻翻这些书页，对我们后人会有好处，这会使我们更全面地认识人类自身。
>
> ……………
>
> 一个地方一旦被选作了战场，是这个地方的不幸，这和一个人选择了一场灾难一样。一个人频遭灾难，会衰老得很快；一个地方如果连续被作为战场，其生机和活力也会受到损坏，破落的速度也会加快。在中东地区，一些城市比如贝鲁特，要不是因为战火频仍，肯定会是另一番崭新的模样。

每次站在旧战场上,我都在想,脚下的土层里肯定埋藏着很多故事。那些惨烈的战斗场面和战斗中发生的各种意外会很吸引人;那些上阵者和战死者中,每个人都有父母、兄弟、朋友,很多人会有姐妹、妻儿、情人,他们每个人的经历也可能异常感人。只可惜,随着战场的沉寂,所有的故事也被埋进了土里。①

2001年3月,周大新写出散文《回眸罗马和平》。

从公元前29年屋大维战胜安东尼回到罗马之时,到公元162年东方战争爆发,罗马帝国在这一百九十一年间维持了比较稳定的统治,在广大的疆域里没有大的战事发生,这就是世界史上著名的"罗马和平"时期。

一百九十一年的相对和平日子,的确是一段不短的时间。

在这段时期里,社会相对稳定,城市地位提高,技术传播速度加快。农业领域出现了带轮的犁和割谷器,水磨广泛运用;建筑领域应用复滑车起重装置;矿山中应用排水机;制陶、冶金、制呢等行业都分为不同的工序。帝国的经济出现了繁荣景象。其中意大利的青铜制造、制陶技术、毛织技术、玻璃吹制等都有发展,还能制造较复杂的外科医疗器械。埃及和北非一带改善了灌溉系统,扩大了耕地面积,每年出产大量的小麦,成为帝国的谷仓。高卢和西班牙都培植了葡萄和橄榄。爱琴海诸岛的葡萄、橄榄和其他农作物的栽培也恢复了起来。高卢南部和莱茵河沿岸兴起了金属、纺织等行业,产品远销中欧、不列颠和西班牙。东地中海沿岸享有盛名的传统手工业再度繁荣。

---

① 周大新:《去看战场》,见《摸进人性之洞》,人民文学出版社,2016年版,第19—23页。

腓尼基的染料和玻璃、埃及的麻纱、小亚细亚的纺织品均畅销于罗马上层社会。西欧各地的采矿业开始发达，铅、锡、银、铁、黄金被开采了出来。随着经济的繁荣，社会各阶层人的生活水平都有不同程度的提高。

人活着其实就是为了追求和平美好的生活，当社会在某一时期能部分地满足人们的这种追求和愿望，人们就会长久地怀念它。时至今日，人们在回首历史时还会不时提起"罗马和平"时期，原因也在这里。[1]

周大新思考了一个庞大的帝国之所以能在长达191年的时间里争取到相对的和平日子，有几条宝贵经验。比如，始终保持一支训练有素、纪律严明、组织严密的常备军，建立一套优抚退伍战士的制度，对外采取比较灵活的政策，积极开展内外贸易以积累财富、壮大帝国国力。作者最后深情呼唤中国历史上能出现191年的"罗马和平"，想一想那种情景都使人高兴。

周大新4月写出的散文《将帅们》发表在《山花》第6期。他先是考证了将帅们的童年生活，发现优秀的将帅们都有一个共同点，那就是在挫折面前从不丧失向前奋斗的信心。他历数了艾森豪威尔、蒙哥马利的往事，包括战场豪情和家庭生活，他发现一场大的战争结束之后，将帅们的表现、心态、处境都很不同。艾森豪威尔"二战"后在纽约市政厅的演讲主题是"我不过是一个完成职责的堪萨斯农家孩子"。他的不居功自傲赢得观众长时间的欢呼，并在7年后，成为美利坚合众国的总统。走出战争的蒙哥马利否定了要给功勋卓著的将领们一笔奖金的动议，认为除国王的荣誉勋章外，金钱的奖赏是过了时的东西。

---

[1] 周大新：《回眸罗马和平》，见《摸进人性之洞》，人民文学出版社，2016年版，第26—27页。

2001年4月9日,周大新在军事科学院多功能厅参加《文艺报》举办的"中国作家论坛",讲述"作家当前面临的几个问题"。他谈到,人类知识更新太快,作家要懂的东西有很多,如计算机、多媒体技术、虚拟现实、网络技术,还有各种网络攻击技术,如污染性攻击、阻塞性攻击、肢解性攻击等。社会生活变化迅速,很多东西来不及把握,包括股市动荡、金融危机、医疗保险、情人泛滥等。几代人的生活方式差别太大,彼此理解起来更加困难,如青年人的时装、染发、歌厅,中年人的看电视、骑自行车上班,老年人的听收音机、聊天等。作家应付生存的压力加大,安心读书、静心写作的时间减少。周大新也提醒自己多读军事方面的书籍。

6月25日,周大新在军事博物馆会议室召开的总后勤部美术、书法、摄影展的座谈会上,谈到对艺术创作的理解。鼓励大家在艺术上大胆进行探索,充分张扬自己的艺术个性。鼓励大家关注当下生活,用作品把当代人的生活场景和生存状态艺术地保留下来。鼓励大家把生活的审视上升到哲学层次,增强自己作品的思想意蕴,创作出具有恒久艺术魅力、能够传世的作品。

2001年,周大新的散文《摸进人性之洞》发表在《时代文学》第4期,文中表现出其作品对人性复杂的多重审视,写出进入人性之洞的不同风景。走进第一厅,首先看到的是浓浓的爱意,空气中流溢着轻松和安逸。然后又来到第二厅,看到到处充斥着欺骗、敲诈、贪婪、盗窃和寡情。第三厅是凶杀现场,有着浓浓的血腥味。第四厅是人性反常的恶。第五厅是杀戮现场,恍然间有些丧失勇气,但还是决定迈步向前。该散文表现出周大新对人性多维空间的警醒和审视,这也是他小说中着力探讨的层面。

11月5日,周大新参加中国军事文学代表团出访俄罗斯,进行为期8天的友好访问。6日,一行人先是到达莫斯科市二战胜利纪念馆参观游览,纪念馆前的纪念碑似一把利剑直插营房,上边刻有"二战"中全苏参战的城市名字。碑前塑有一位骑士,骑士用长矛斩断象征法西斯的毒龙。在馆内，馆长亲自引领大家参观并介绍各馆的文物。馆长是"二战"时参加过莫斯科保卫战的老兵。他介绍说，俄罗斯历史上有两场战争值得纪念，一场是1812年抗击拿破仑进犯的战争，另一场是1939年抗击法西斯德国进犯的战争。在1939年开始的战争中，俄罗斯共有2700万人死亡。午后去红场游览，看了莫斯科大饭店、列宁墓、克里姆林宫大教堂。一行人还观看了莫斯科大马戏团演出，节目让人大开眼界，有杂技、魔术、驯兽、绳技；参观了俄罗斯宇航博物馆，见到了第一颗人造卫星的副本、第五艘载人登月飞船的原件、许多卫星和航天器的样品。周大新还参观了普希金之妻——娜塔丽亚·岗察洛娃家的庄园。

　　周大新一行还参观了卡卢加州博物馆，见到了当年俄国抗击拿破仑进攻时的一些兵器和文物。在朱可夫纪念馆，看到了他留下的许多文物。朱可夫是一位传奇式的军事家，一生为俄罗斯奋斗，为抗击法西斯进犯做出了重要贡献。在参观圣彼得堡的炮兵纪念馆时，周大新大开眼界。夏宫里的藏画和雕塑作品更是惊叹。在叶卡捷琳娜的宫殿和普希金当年读书的村子中，只是匆匆一看。冬宫得以细细游览，宫殿真是金碧辉煌，建筑精美绝伦，藏品令人慨叹。在游览圣彼得堡绘画艺术博物馆时，周大新看到这里的画分为圣像画、肖像画、通俗生活画、现代派画像等部分。他对其中的三幅画印象最深：一是描画农民在麦田收割的画，极逼真地画出了农民的神韵和田野的美；二是描画渔民在大海中与海浪搏斗的场面，九级浪把人与自然相抗争的场面画得极为震撼人心；三是关于两支骑兵部队在战争中相遇、互相厮杀场面的描画，让人生出惊惧来。

　　俄罗斯广袤辽阔的国土、旖旎瑰丽的风光、光荣辉煌的历史和悠久深厚的文化遗产，给作家们留下了深刻的印象。在俄罗斯期间，作家们分别与俄罗斯作协、独联体作协、卡卢加作协和圣彼得堡军事文学组织进行了座谈，中俄两国作家就两国的文学、历史、军事文学创作和出版的现状进行了交流。中国军事作家代表团由总政治部宣传部艺术局原局长汪守德领队，成员有朱苏进、乔良、周大新、朱秀海、徐贵祥、项小米、裘山山、庞天舒、刘宪平。

周大新回国后，还写了出访情况汇报，谈及感受。

这次访问虽然只有短短的10天，但收获颇大。一是对俄罗斯当前军事文学创作的主要题材指向和创作现状有了新的了解。苏联解体以后的这些年间，翻译界对俄罗斯的军事文学作品的翻译量较之以前大大减少，中国军事文学作家对俄罗斯的军事文学创作现状了解不多。这次访问中，由于面对面地同俄罗斯军事文学作家进行了几次交谈，才知道，俄罗斯作家这些年的创作条件虽然很差，但仍有不少作家在从事军事文学创作且创作出了一批重要作品。这些作品的题材指向，一个是历史上的反法西斯战争，另一个是近些年发生的阿富汗战争和车臣战争。作品的思想主旨是宣传爱国主义和英雄主义。他们介绍说，苏联解体之初，在俄罗斯是有一种要军事文学退出文坛的论调，但很快受到了生活的嘲弄，没有宣扬爱国主义的军事文学作品来凝聚人心，俄罗斯民族怎能奋起？二是对过去读过的俄罗斯优秀军事文学作品的内容有了新的理解和体会。过去读过列夫·托尔斯泰的反映俄罗斯人民抗击拿破仑侵略的《战争与和平》，读过《这里的黎明静悄悄》等不少反映"二战"的优秀作品，这次到俄罗斯境内，亲自沿着当年拿破仑大军退却的道路走一走，亲自到列夫·托尔斯泰描述的罗斯托夫伯爵院内看一看，亲自到被法西斯德军围困三百余天的列宁格勒转一转，亲自到莫斯科二战胜利纪念馆里去数一数战死者的名册，那种感受和当初读作品时的感受大不相同。对作品中表现出的那种不屈的俄罗斯精神有了新的理解，对作家把生活升华为艺术作品的本领更加叹服。这次访问，也是对俄罗斯经典军事文学作品的另一种形式的重读。三是对俄罗斯的国情和民族心理有了新的了解，创作时有了新的参照系。参访的作家们过去对俄罗斯的了解主要是来源于书本，零碎而不真切，这次到俄罗斯亲自看一看、听一听，对俄罗斯地广、人少、森林多、田园景色美的情况有了真切的感受，对俄罗斯人粗犷、惯征战的特点有了更多的了解，对俄罗斯绘画、雕塑、建筑作品里表现出的心理倾向和美学趣味有了把握。有了对俄罗斯国情和民族心理的这些了解，就使自己在写作时有了新的参照系，我们今后在塑造人物时就会更准确更精妙，在描述时就会更有中国特点。四是对俄罗斯作家的真实生活状况和心态有了了解。经过多次接触，大家发现不仅俄罗斯作家协会经济拮据，大部分作家个人的生活也很窘迫。他们的工资和稿费收入都很低，很多书还需要自费出版。一些作家为了维持生活，不得不违心地去写一些没有文学价值的宣扬暴力、色情的小说。他们普遍感叹生活不如苏联时期，大都深切怀念过去。作家谢里缅杰夫在座谈时一再感叹：生活、创作都很沉重，非常沉重！不少作家在座谈时都希望我们在进行社会变革时不要走他们的路。

这次访问中唯一觉得遗憾的是，没有与俄罗斯30岁上下的年轻作家们接触，未了解到年轻作家们的创作主张和创作情况。这主要是俄罗斯的年轻作家还没有形成队伍，俄罗斯作家协会与他们尚没有密切的联系，无法安排这类会见和交流。①

2002年4月，周大新获"冯牧文学奖"军旅文学创作奖，朱向前宣读了周大新的获奖评语。

20年来，周大新在密切跟踪现实军营生活的前行步履和当代军人心灵变化轨迹的同时，又时时深情回眸远逝的老年时光

---

① 摘自周大新日记。

和乡里故事，他在两条战线上左右开弓，得心应手。他以勤勉坚韧的精神，秀丽灵动的笔触和沉着稳健的风格，分别创造出了军营和乡村两个小说世界，充分显示了他同时植根于军营和乡土两方文化厚土的优势，以及与时俱进的创作实力，成为在中国文坛上持续活跃并且愈来愈受到大众关注的军旅小说家。虽然他的三部曲《第二十幕》代表了他目前的最高文学成就，但是我们在清点新时期以来军旅文学成果的时候，仍然无法忘怀他早期完成的《"黄埔"五期》《汉家女》一类新颖、别致、精巧并产生了广泛影响的中短篇小说。因此，我们有理由期待周大新为军旅文学持续写出更加厚重的黄钟大吕之作。

（周大新发言：今天，我们虽然仍生活在和平的日子里，但战争其实离我们并不遥远。身为一个军队作家，应该去关注军人、军营和战争，如果我们能写出那种对延缓战争、争取和平有益的作品，九泉之下的冯牧先生是会露出笑容的，我该为此去努力。①）

第二节 《战争传说》的反思

周大新的军事题材长篇小说《战争传说》发表在《大家》2003年第6期，12月由长江文艺出版社出版单行本，被收入"九头鸟长篇小说文库"。15世纪中叶，称雄蒙古草原的瓦剌人举兵进犯明王朝。明英宗听信宦官王振的谗言，率军亲征。结果土木堡一战，几十万大军土崩瓦解。英宗被俘，瓦剌人的骑兵直逼北京城下，一场北京保卫战就此展开。在这些重大历史事件中有一个瓦剌女子的身影，她潜入王振家中，获得信任，从而施加了影响。她利用自己的

---

① 《第三届冯牧文学奖在京颁奖》，《2002中国年度文坛纪事》，漓江出版社，2003年版，第312页。

恋人获取情报，谋求刺杀军事首领的机会。小说以小人物串联起大的历史事件。

2001年10月，在读《中国通史》的过程中，周大新对明清部分很感兴趣，并思考长篇小说的写作问题。他准备以"土木堡之变"为中心展开故事。从俄罗斯出访回到北京后，周大新进行了战争史、军事史的准备后，开始写作。2002年，周大新更是集中精力写作这部长篇。

关于为什么写作这部作品，周大新坦言战争是每个民族都躲不开的一个凶神，要想全面表现和反映人类的生存状况和经历，不能不涉及战争。现在世界范围内虽然大规模的战争没有爆发，但局部还是枪声不断。战争的危险也一直存在着。他曾去过以色列，能感受到两个民族之间的敌对情绪。因此，写一部反映战争的长篇小说，一直都是自己长存于心的愿望。再者，自己当兵三十多年，对军旅生涯和战争或多或少都有一些了解。具体为什么选择"北京保卫战"作为表现对象，主要出于三点考虑：一是这场战争离自己较远，想象空间比较大，可以充分发挥；二是这场战争关系到一个王朝的生死存亡，本身很有戏剧性；三是这场战争就发生在所居住的北京城，激战发生的地点是德胜门和西直门，日常生活中常常经过的地方。这本书的主角是普通人。周大新就是想写写普通人对战争的感受和态度，由下而上地看一场战争。战争的过程并不重要，写出人在战争中的感受和体验，才是文学写战争的任务。

选择新的写作方法，也是源自周大新对以往战争小说的不满足。中国历史上的战争不计其数，战争中死伤的也不计其数，战争值得作家们审视并认真书写，但好的战争题材作品很少。周大新认为有三方面的原因：一是许多作家不愿去直面这种血腥的生活，题材太沉重，心理上得承受折磨；二是担心思考有禁区、有风险，害怕对战争的评价会惹来麻烦，尤其是中国的很多战争都在民族间进行，今天的评价有可能撕裂伤痕；三是没有创新，总是跟在《三国演义》

后面跑,习惯于写将帅、帝王在战争中的作用,千篇一律,没有新鲜感。

在周大新看来,过去军旅文学作品展开的方式,大多是先从最高统帅写起,然后写将领;底层士兵是战争的主要参与者,作品却很少涉及。中国的史书一直写的是官员史、名人史,不是写的民间史,老百姓是不进入史书的,军事文学作品也是这样,很少写到百姓。创作这部小说就是想用普通老百姓的眼光来看战争,看战争对普通人的生活造成了怎样的影响,对他们的心理产生了怎样的冲击。作为一个从底层走来的人,周大新希望自己的作品能够对普通老百姓的心理进行展现。战争真正的参与者是普通老百姓,他们的感受和上层是完全不同的,把这些东西写出来,就能够给读者传达比较新的、比较真切的对于战争的感受。正史一般是不记普通人的经历的,任何一场战争中普通人的喜怒哀乐都很难保存下来,土木堡之战和北京保卫战也是这样,无数普通人的遭遇和痛楚大都和战死者的尸骨一起埋在了地下。要想写出他们的生活,不可能凭借正史,只能依靠民间传说,依靠想象。小说中的女主人公寄托了周大新对普通百姓的全部深情,正因为依靠的是民间对历史和战争的诠释,所以他不想把这部小说称作"历史小说",而只称它为"战争题材小说"。

小说以明代"土木堡之变"和"北京保卫战"为背景,以战争的参与者、底层士兵的视角来看待战争,书写战争对普通人生活和心理的影响和冲击。小说从一位瓦剌女子展开,她被安排到明内臣府中刺探情报,并在一定程度上影响了战争的走向;但她也有人性美好的一面,最初她是为了复仇,后又爱上了武士,但最终失去了一切。作品以人性视角来展现时代风云,那些呼风唤雨、贪污受贿的人臣,也有着对浮华的厌弃。宦官王振带瓦剌女子来到清远地,看看池塘和花草,并告诉她,人哪,最初都是待在清净处,后来就想热闹,一心想往热闹处去闯,可真在热闹处待长了,又只想找个清静的地方去。热闹之处是非多呀！

　　文学家回首并表现历史生活的目的，和历史学家不同，不单是为了让历史生活复原。周大新认为小说家在把历史生活作为对象表现时，应当注意三个问题。一是要用现代眼光去观照。写历史生活不能为写历史而写历史，也不能只是复活历史，呈现不是目的，要用现代眼光、现代意识去表现历史生活，要让重现的远久的历史生活对当代生活有近切的启示。二是要站在俯视的角度去审视。不管当年是怎样有名的人物，怎样轰动的事件，怎样惊心动魄的变动，只要它进入了历史，那么作家就可以用俯视的探究的眼光去翻查、去分析，从而得出自己的结论。三是要充分施展想象力。萨特在《想象心理学》中就强调，艺术品是一种非现实的想象的创造物。

　　《战争传说》是以瓦剌人和明王朝的战争为背景来思考如何处理民族关系的。当时的明王朝就是想彻底把北方少数民族打服，瓦剌人也卧薪尝胆来打明王朝，战争非常残酷，双方死了很多人。周大新就尝试思考怎样才能弥合今天各民族之间的矛盾。当今世界各地的很多局部战争其实都是民族问题引起的，所谓不同民族无非就是在不同的地域生活后，形成的不一样的生活习惯的人群罢了。为什么就不能和平相处呢？周大新想用作品来弥合这种分裂，在写这部小说时自己的内心也充满矛盾：一方面，对明王朝处理不好与瓦剌人的矛盾，不断造成许多普通瓦剌人的死伤很生气；另一方面，又对瓦剌人的上层统治者企图统治全国，想用落后的生产方式改造国家很反感。这样，在对这场战事的描写上，内心就处于两难之中：一方面，对瓦剌女子的报仇行为表现理解和同情；另一方面，又不愿京城被攻破使屠城事件发生，给京城百姓造成更多的死伤。瓦剌族和明皇帝统治下的汉民族完全没必要发生这场战争，他们是兄弟，原本应该和睦相处。同室操戈是中外历史上一再发生的悲剧，之所以选择这场战争作为表现对象，也是想把这种特别让人痛心的悲剧性的战争真切地展现在人们眼前，把它的生成过程和后果清楚地告诉读者，让人们对这种战争的出现给予特别的警惕。

在评论家李敬泽看来，《战争传说》以"土木堡之变"和"北京保卫战"为背景，那是明代历史上的惊天大变。御驾亲征的皇帝被蒙古瓦剌军队俘虏，几十万大军土崩瓦解，北京城岌岌可危，历史似乎逆转，大元王朝将卷土重来。当然，我们都知道，大明度过了这次劫难，但我们不知道的是，一个瓦剌女人在其中所起的关键性作用。在成文历史的缝隙里，"传说"生长出来。"历史"绝不仅仅是史书上记载的那些"事实"，或者说，"我们并非仅仅因为那些事实而热爱历史，我们的历史兴趣深深地系于其中隐藏的那个想象区域：我们对被条理清晰的'历史'所过滤掉的事物的好奇"[①]。

作者这一精致的构思同样来自历史留下的残篇断章。周大新在搜求文献资料的过程中，发现了一本"纸张发黄变脆的线装故事抄本"，它记叙了一个瓦剌女子亲历战争的情景。于是，这个故事被作者看中，生发开来，构成了长篇小说的主体。史学界通常注重对历史事件的整体的、全方位的宏观的解释，但有的历史学者却注重个体的亲验。《战争传说》体现了另一种历史观点和历史真实，从一本发黄变脆的线装故事抄本上，周大新看到的不仅是私人视角，相信也包括对"传说"的发现。他在民间听了不少有关这场战争的口头传说。这些传说内容离奇而有趣。评论家胡平说："固然传说并非信史，但其生命力印证了至今存活于民众中的有关战争的民众的诠释。相信这一发现也是作品最后定名为《战争传说》的由来。"[②]

在这部长篇小说之前，周大新曾在《芙蓉》2003年第6期发表中篇小说《北京之战》，创作缘由更多是对战争历史的反思。周大新曾访问过以色列及巴勒斯坦的两位作家，他们的儿子都在战争中丧

---

① 李敬泽：《一个女人的战争——〈战争传说〉读后》，2004年4月15日《河南日报》。

② 胡平：《小说家发现的历史——读长篇小说〈战争传说〉》，2004年1月13日《人民日报》。

生了，但他们作品的主旨都是呼唤和平。他们整天思考人类的共同命运，体悟到两个民族应该和平相处，不能再互相杀戮。写《战争传说》，就是以瓦剌人和明王朝的战争为背景来思考怎么处理民族关系。作家应尝试用作品来弥合这种分裂，但作家的力量其实是微乎其微的。作家只是把这些想法写出来，也许若干年以后被某一个成为政治家的人读了，他会通过系统的施政措施把问题给解决了。

《战争传说》出版之后，有朋友劝周大新：既然你已经写成了一场历史上的战争，何不再选一场战争继续写下去，写成一个战争历史小说系列？他听了有点心动，于是就选了宋朝的一场战争准备继续写下去。可是当真的准备去写宋朝那场战争时才发现，虽然可以把战争的经过写出来，但面对那场战争内心却是空的，并没有感受到强烈的爱、恨、伤痛、愤懑、同情和怜悯，也没有从要写的那场战争中获得新的思想发现。面对历史上的战争，周大新有了"审美疲劳"，这才发现相关的情感储备用完了，思考能力也停在原地不能发力，就没了动笔写下去的激情。他这才知道，作家的情感也有倾倒空了的时候，思考力也有需要充电的时候。若想继续写下去，要么歇一歇，读读书补充补充知识，待情感储备充足和思考力活跃之后再动笔；要么就先停止使用现有的写作资源，再找一种新资源。

第三节 人生的《预警》

2006年10月，周大新开始思考新的长篇小说《没有预警的战争》（暂定名）。12月初，写出散文《勇于创新，开拓军事文学新天地》。7日，在礼堂听孙思敬政委做反渗透、反心理战报告。10日起，周大新开始写作新的长篇小说《预警》。一些接触到的反恐事件使得原先藏在头脑某个角落的情感也被激活了，他又开始激动和冲动起来，相关的人物、故事、叙述方法、语言样式不断地涌进脑子里。

其间，周大新曾想把小说命名为《侦查报告》或《没有预警的战争》或《第四个判断》。但家庭的劳累，写作的辛苦，使得周大新很快病倒了。在2006年最后一天，他在日记中写道："至此，2006年在身体不适中过去。但愿来年一切顺利。"[1]

2009年，长篇小说《预警》发表在《中国作家》第13期，9月由北京十月文艺出版社出版单行本。这是周大新的第一部当代军事题材长篇小说。他用近两年的时间写作《预警》，写当下的军队生活，军人被恐怖分子设计暗算的故事。更多写人的命运的不确定性，写民族对未来不能盲目乐观，灾难其实离我们很近，近到随时可能毁掉我们。周大新此时被誉为"低调的热门作家"，在2008年前往乌镇领取茅盾文学奖的前一周，他已经写完了新作《预警》的第一稿。四稿改完，北京十月文艺出版社出版了这部具有热门元素的新书。这是一个谍战加反恐的故事，仅凭"谍战"二字的热度，在报纸连载的第二天，就有知名导演打电话到出版社联系改编事宜。但周大新老实地说，他的用意不在谍战的跌宕起伏，他根本不致力于此，最根本的目的，还是想发出一种人生的预警。

在小说中，998部队是一支机密作战部队，作战局局长孔德武业务精湛，提拔军职在即。这位年过五十、家庭和美、公认好男人的作战局局长，随后遭遇了美色、金钱的一系列诱惑。有人帮他妻子炒股，几天之内就赚了40万元；有人邀她女儿留学。为报答朋友盛情，他陪同朋友患抑郁症的妹妹到处求医问药，不想这个病恹恹的女子却对军事机密情有独钟。《预警》中还有几个情报贩子，他们没有立场，只认金钱。虽然他们可能是我们的朋友，但是他们像真正的敌人一样危险。和平时期的人们很容易忘却战争的威胁，可事实上战争的种子始终潜伏着，"预警"就是要将其消灭在萌芽状态。对恐怖行径，周大新最不愿意看到的是许多无辜的平民沦为牺牲品。

---

[1] 摘自周大新日记。

周大新出席 2009 年中国人民解放军
总后勤部军事文学创作笔会

周大新说，自己一直没有继续写军事题材，是因为没找到能令自己激动起来的题材。在大家都熟悉的题材领域，自己很难写得比别人好。恐怖主义是世界性的问题，甚至是面临人类成长史上的重大事件。战争是成年人之间的互相搏斗，恐怖主义是以毫无过错、完全无辜的妇女儿童和老人作为杀害对象的，世界上每天都在发生恐怖袭击事件，而且还把它作为一种英雄行为。这对普世观念来说，是人性的倒退。

在周大新看来，值得军旅作家去写的东西很多。军人在和平时期的爱情，艰苦地域驻军官兵的奉献精神，军人对新武器、新装备的学习和训练，大型实兵演习，去外军院校参训的经历……但有两个新的题材领域应该引起军旅作家的特别注意，一个是海疆上的风云，另一个是恐怖主义行为的弥漫和反恐斗争。这两个题材领域里都存在着丰富的写作资源，值得去发现、挖掘和表现。作为军队作家，应该拍案而起，用自己的笔去分析恐怖主义的起源，为最终制服恐怖主义做准备；去展示恐怖主义的残酷，唤起所有人对恐怖主义的警惕和痛恨；去表现我军官兵反对恐怖主义行为的决心和行动，以鼓起国人战胜恐怖主义的信心。每个时代都有每个时代的问题，每个时代的作家都会对自己所处时代出现的问题进行文学上的应对。

关于军旅小说，周大新将其分为三类：第一类是战争小说，直接表现战争，历史上的战争、边界战争；第二类是和平年代的军营生活，要写出和同行、前辈不同的作品很难，这也是他不轻易去写的原因；第三类是写历史上古代军事博弈的小说。这三类小说，周大新都尝试过。《预警》的写作，他觉得是相当"过瘾"的，因为在周大新的内心深处，他一直想在战场上指挥打仗，如今这个理想只能在他的笔下完成："写作战局长，我就是作战局长，所以这次写书也让我过了一把指挥作战的瘾。"

第四节 全球化背景的写作

2009年，周大新随团访问澳大利亚、新西兰，进行文学交流活动，和当地作家进行座谈、交流。

2010年10月27日，中国、土耳其的作家和诗人代表在土耳其伊斯坦布尔的海峡大学孔子学院进行交流和对话，这是中土文化交流活动"感知中国·土耳其行"的重要内容，旨在增加两国人民的理解和友谊。中土两国共10位作家参加了交流活动。周大新做了演讲，题目是《全球化背景下的作家写作——在土耳其海峡大学的演讲》。部分内容如下：

> 全球化是目前我们从事写作的人不能避开的一个时代问题……
>
> 不管你喜欢全球化还是反对全球化，全球化作为人类成长发展进程中的一个阶段，已经出现在了我们的生活中。这是随着飞机、高铁等现代交通工具的普及和互联网信息时代的到来而发生的必然现象。地球上各区域、各国家之间的距离，从来没有像现在这样小，地球正在缩变为一个村落和一座城市，人

的劳动成果和人自身，不可能不出现频繁流动的局面。

我们现在能选择的，只是如何面对全球化，对它采取何种态度。

身为一个作家，我首先觉得全球化是一种事实，正视这种事实是尊重社会发展规律，是顺应历史潮流……各国的精神产品互相产生影响的程度，也从来没有像现在这样大。人员在全球的流动量，更是从来没有像现在这样多。

同样，作为一个作家，我感到全球化也是一种机遇。全球化可以使我们作家更方便地在全球走动，可以开阔我们的眼界，可以使我们拥有更多的写作资源，可以使我们的创作有更多的参照系统。此外，全球化可以使我们的作品更方便地走出国界，给世界上更多的读者送去爱和精神慰藉，送去美的享受，去影响更多的心灵。这当然是一件好事。

但作为一个作家，也要对全球化进程中的负面影响保持警惕。随着物质和精神产品包括人自身的流动，生活在各国的人们对人生之幸福，对美、对人与自然之关系、对人类社会之发展的认识，会逐渐形成共同的看法和标准，但这绝不是说各民族的文化会逐渐失去自己的特点而完全趋同。我们知道，任何一种民族文化，都是那个民族在长期发展过程中形成的精神根据地，是其赖以生存的精神家园。在民族文化的相互关系上，应该强调的是相互尊重和借鉴，是彼此宽容和学习，而不是要求融合和趋同。融合和趋同的结果，只会使人们在心灵和精神上产生无所依托和无所凭借的痛苦和不安。也是因此，作家应该通过自己创作的作品，去展现本民族文化的美好和魅力，从而使其他民族对其产生敬意和学习、借鉴之心。

……我会用我的文字，去向世界上更多的读者描述这个有几千年历史的文化形态；我会用我的作品，去向世界上更多的读者介绍在这种文化传统中长大的各种人物；当然，我也会用我的笔,去向世界上更多的读者指出这一文化传统中的糟粕。

我希望在全球化的背景下,会有更多的人从我的作品中,了解和理解我们中华民族的文化传统。①

周大新的发言获得土耳其诗人、旅行作家杜尔孙·厄兹登的赞同。他曾经访问过北京、上海、西安和新疆,他呼吁中土两国大力发展民族文化、加强文学翻译,支持本民族文化。土耳其女诗人、作家泽伊内普·阿利耶是中国诗人李白的崇拜者,她也对西方文化的冲击感到担忧。谈及世界文学的组成,大部分人的回答是西方文学,但自己并不认同,还有我们亚洲的许多国家呢,民族文学是保护自己民族脊梁的工具。现在世界由单极化向多极化发展,特别是在政治上,但是在文学上,目前还是单极化,我们必须努力改变这种状况。女作家梅尔萨特·波伊拉兹说,中国在全球化进程中讲述着自己的故事,取得了举世瞩目的成就,这与中国领导人的智慧是分不开的。土耳其希望加强与中国的合作与交流,希望在全球化的进程中并肩前进。

周大新的随笔《军事文学的新情况与老问题》发表在《文艺报》2013年6月28日。他回顾过去的军事文学创作情况,认为取得了很辉煌的成绩,但原来存在的老问题依然如故。归结起来,大概集中在以下几个问题:一是写历史上的军人和战争时,少有新的思想发现。一些作品的思想蕴涵是在重复大家都知道的历史结论,还有一些作品在思想意蕴上是在重复前辈作家已发现的东西。因此,这些作品不能让读者精神一振从而得到思想启迪。二是在写当代军人和当代军队生活时,因为担心惹麻烦,不愿去触及问题。塑造和叙写的人与故事离生活挺远,甚至很假,很难获得读者认同。三是

---

① 周大新:《全球化背景下的作家写作——在土耳其海峡大学的演讲》,见《摸进人性之洞》,人民文学出版社,2016年版,第73—75页。

对未来军人和未来军队生活的想象不丰富，高质量的军事科幻作品十分稀少。美国因为历史很短，他们的军事文学在题材选择上回头看的也有，但关注未来的更多一些。他们很早就有关于机器人之战、无人机之战、空间之战的小说和电影作品，今天，这些幻想的文学作品中的战斗场景已经变成了现实，可我们至今还少有类似的作品。一句话，我们得努力。

第十章　更希望传递爱与温暖

2008年8月3日，周大新的独子周宁患脑癌离世，这是周大新夫妇最为痛苦的日子。之前，他们为给儿子治病，历经三年不停地奔波和劳累，在希望与失望中不断经受煎熬。而当儿子撒手而去的时候，周大新绝望了："我们没有做过任何该遭惩罚的事，凭什么要给我们这样的回报？！"周大新给周宁买了墓地，他想让儿子入土为安。送儿子去天寿园歇息之后，他没法不回忆过去，回忆时，除痛楚之外，愧疚一直在折磨着他。就是在那时他决定，一定要把这份愧疚写出来，要不然，自己可能活不下去。当时他还没有体力和精力写这种沉重的东西，在写了一部轻松些的作品，逐渐恢复到比较正常的心理状态之后，他从2009年6月开始写作长篇小说《安魂》。

第一节　何以《安魂》

在朋友们眼中，周大新重情重义，对家庭认真负责。孩子童年时，他因在部队，很少有时间陪伴孩子。回到南阳从事专业写作后，一家人才有了团聚时刻。儿子上小学时，周大新沉迷写作，很少过问孩子的学习。好在孩子成绩还不错，也很少让他操心。孩子在五年级时，有一次没有回家吃饭，周大新很是着急，就骑着自行车找他，发现他正在学校附近的小饭馆里和同学们吃面条、喝汽水。周宁解释说之前同学请过他，自己今天回请。周大新很生气，就动手

周大新和妻子、儿子的合影

打了他，儿子很委屈，问为什么大人可以请客吃饭，小孩儿就不行。周大新只能说：你还小。

周宁考进南阳重点中学后，周大新常常去参加家长会，老师、同学对周宁评价都不错。因为孩子迷上了体育，长跑、篮球、足球、排球、乒乓球都喜欢，周大新虽然为他置办装备，却并不希望儿子走专业运动员的道路。因此，当市体校的老师来考察周宁的跳远成绩时，他就急忙找老师拒绝，周宁对此很有意见。上学的路上，从家到学校需要过两个路口，出于安全考虑，周大新不允许周宁骑自行车，要他步行上学（考试），他也很是不满。

家乡朋友圈里熟悉周大新的人都承认，他生活规范，男女相处有度，有独善其身的君子之风。坚持白天写作晚上散步，看场电影访访朋友，早晨还要起来跑跑步，这是多年的军营生活养成的习惯。留得青山在，不怕没柴烧。在创作上他一直是清醒和机智的，在家庭中一直是负责任的。[①]

周宁考上高中的时候，周大新已经调到北京工作，就想把他转到北京的学校。没想到困难重重，后来还是在朋友的引荐下，花了

---

① 周熠：《遥远的风景》，百花文艺出版社，1994年版，第256页。

三万元的择校费才找到接收学校。儿子看到厚厚的三沓人民币交出，很是触动，小声告诉父亲自己一定会好好学习。

　　高中是孩子学习的紧要时期，也是叛逆心理最强的时期。周大新并不懂得这一点，还是按照老方式管他，由此引起儿子不满。在要不要学计算机的问题上，父子发生严重的分歧。周大新当时买了一台计算机用于写作，儿子老想去学，父亲担心影响他考大学，坚决反对。于是儿子趁父亲不在家的机会操作计算机，被发现后就被严厉地训斥，父子矛盾冲突不断。临近高考时，压力都很大，周大新也尽力说些轻松的话减轻孩子的思想负担。每门考试前都是儿子进考场，父亲提着饮料和点心在考场外等待。那个闷热的夏天，父子俩都瘦了好几斤。这段生活体验后被周大新写入中篇小说《同赴七月》，发表在《中国作家》1998年第8期。他还在日记中写道："7月7日，今天开始高考。上午陪周宁去考试语文，下午开始化学（考试），继续读《卑微的神灵》。看到校门外家长的担心样子，感慨良多。8日，全天继续陪周宁去学校参加考试，上午数学，下午英语，继续读《卑微的神灵》。9日，上午陪周宁去考物理。高考至此结束，松一口气。周宁十二年的学习告一段落。下午休息，重新装上电脑，明天开始工作。"[1]

　　1998年，周宁考上了西安通信学院，周大新很是高兴，9月5日将儿子送去学校。但是儿子第一次离开父母独立生活，夫妻二人都很担心。反倒是儿子信心十足，后来打电话总能感觉到他的成长，如他对国家大事的看法，对人际关系的处理，对家人的关心，都让夫妻俩松口气，儿子是真的长大了！

　　周宁非常善良。有一次从西安放假回来，周大新托人给他买了一张卧铺票，当时卧铺票非常难买。没想到儿子上车后遇到一位老人生病，就把自己的卧铺票给了老人，自己坐了他的硬座。周大新

---

[1] 摘自周大新日记。

到卧铺车厢去接，没接到，以为出什么事了，后来还是孩子自己跑过来。还有一次，他看到万寿路附近的天桥上，有乞讨的残疾女孩儿，就和父母商量，要求家里收养那个孩子……

在朋友们看来，儿子考上大学这件事，周大新很是高兴。他认为自己在教育孩子上没有多少经验，比较溺爱。教育孩子的功劳全是夫人杨小瑛的。他们全家是1995年年底才在北京团圆的。当年周大新在济南军区创作室工作时，杨小瑛在南阳一个人带着孩子生活，吃了不少的苦，受了不少的累。好在儿子最终还算有出息，没有辜负父母的期望。尽管他们没有在孩子的学习上有过什么刻意的培养和辅导，尤其是在孩子升入高中以后，数理化课程越来越深，即使想给他指点指点，也是力不从心。这个家庭的学习气氛很浓郁，周大新和杨小瑛都很有事业心和上进心，这对孩子无疑产生了潜移默化的良好影响。不过，尽管杨小瑛也有自己的事业，家庭里一直还是以周大新的写作事业为中心。在周大新从事创作十余年的日子里，家务活基本由她一人承担起来，做饭洗衣、接送孩子，抽空还要进行业务学习。1986年春，周大新和战友去前线采访，杨小瑛一颗心整天悬着。那些天，她吃不安睡不稳，直到一个月后周大新安全归来，她才觉得心里踏实了。

周大新回忆写《第二十幕》碰到进展不顺利的时候，写了扔掉，心情烦躁，就经常和儿子发生些小冲突，父子间有时吵得还挺激烈，母亲就从中间劝劝，让孩子理解、支持父亲。长篇小说《第二十幕》上中下三卷，每一卷都改过三四遍以上，这样连抄带改就是三四百万字。周大新当时还不会用电脑，完全用手写，这样即使以每天三千字计算，不停地写下来，也需要一千三百多天，这么大的工作量，没有杨小瑛的理解和支持，是难以想象的。在朋友们看来，如果说《第二十幕》真的如同评论家所言是一部"女性的牺牲史"的话，那么首先就是杨小瑛的一部牺牲史和奉献史。为此，杨小瑛包揽了家务活和麻烦事。周大新的家里有着丰富的藏书，这些书都按正规图书分类标准整理有条，像个小型图书馆。这些书都是杨小瑛帮助整理的。杨小瑛不大爱交往，回来就在家里忙活，对家人关爱，对单位里的同志也挺好。原来单位里有位同志，因视力不好下岗，生活挺困难，杨小瑛就一直很关心他，每次回南阳都叫上周大新去他家里探望，并提供一些帮助。杨小瑛是一位贤妻良母，但她又不是一位传统意义上相夫教子的贤妻良母，是有着现代意识的职业女性，而且长期以来，还是单位里的领导。无论是什么工作，她的责任心都很强，每天要写大量的公文材料，经常晚上加班。忙里偷闲，还能用优美的文笔写篇抒情散文。

儿子去世之后，那种锥心的疼痛很长时间让周大新神思恍惚，什么事情都干不成，他常常一个人坐在书桌前，眼望着窗外发呆。他本来就性格内向，变得更加沉郁。朋友们都劝他出去走走，但无论走到哪儿，都感觉到儿子就站在眼前。他意识到如果无法排遣痛苦，就不能开始正常的生活了。如何来倾倒痛苦？找人诉说，会干扰朋友们的正常生活。只有用文字来诉说，才不会妨碍别人。于是，他就萌生写一部书的愿望，为儿子、为自己，也为其他失去儿女的父母。写作的过程极为艰难，回忆起一些时刻，更加痛楚。所以书写得很慢，有时候一天只能写几百字，有时候因为伤心引起头痛只能停下来躺在床上，甚至都怀疑自己的身体能否允许自己写完这本书。就这样，他断断续续写了好几年才算写完了。

在周大新之前的作品中，多是写人怎样活着的问题，写的都是怎样追求幸福，怎么把生活过好。《安魂》这部书更多写对死亡的认识，写应该如何来看待死亡的结局，每个人都要面临这个问题。平时人们都很害怕谈论死亡，甚至对一些谐音的数字都会忌讳，但这又是我们必须面对的人生结局。周大新想通过这部作品，表现自己对死亡的认识和理解，以及对抵达人生终点应有的态度，并将它们传达给读者。

周宁发病的那个阶段周大新经常坐下来陪他说话，他把自己心中的生命感悟说给了父亲,周大新也把自己的想法说给了他,这样的对话让彼此都得到了安慰。后来周宁失语后,周大新想他心里肯定还有很多话已经没法说出来了,在写小说的时候,延续着病房里的对话,那些话也就自然而然地形成了。在《安魂》中,周大新也通过自己的独白,述说了他和妻子一起给儿子洗澡翻身,述说他曾无数次背着儿子下楼……

过去写小说,周大新都是在写别人的生活,人物内心还需要揣摩,故事还需要虚构,喜怒哀乐还可以控制。现在写自己的生活,真实的浸透泪水的东西就在那里,这次写作给他带来的煎熬超过以往任何一次。周大新认为应该把命运的痛苦吞咽下去,否则会被痛苦击倒。孩子在天国看着父母,希望他们能坚强地活下去。每个人都该走完自己的人生,尽量安排好余年生活,找一些让自己心情放松的事情做。

作品的内容,大体分为三部分,均是以父子之间的对话为表现形式。第一部分是作者从父亲的角度回忆了儿子的出生和成长的过程。文中作者似乎在努力搜索着记忆中关于自己儿子的一切,事无巨细。那如泣如诉的回忆过后,便是带着痛彻心扉的自责剖析,忏悔着在儿子短暂人生路上自己所做的所有错误干涉。作者痛苦地写道,"我竟然没意识到你才是最金贵的","没有我的这次干涉,你的生命完全可能留下另外的轨迹。在一定意义上说,是我强行改变了你的命运"。第二部分主要描述了作者与儿子一同抗击病魔到儿子离世前的整个过程。儿子告诉父亲:"学会比吧,与比你的命还苦的人比……"这种看似轻松的劝慰话语中,却流露着作者的自我安慰,"人的生命未受侵扰时,很少知道去享受生命中本有的那份快乐和美好,只有当生命险些被收走以后,才会意识到,人活着就是一件该欢喜不尽的事……"。作者慨叹生命的脆弱,从宗教与哲学的高度体味着生离死别给自己所带来的意义。而到了第三部分,仿佛音乐中的行板一般,作者的文笔突然变得似乎不那么沉重了。作者开始用一种庄重却不失轻缓的口吻,从儿子的角度向父亲汇报离世之后所遇见的一切。作者似乎受了但丁《神曲》的启发,将儿子所要去的天堂想象成了一个明大是大非、知大仁大义的理想世界。作品对死亡后的世界进行解构,甄域的道德审判、惩域的罪恶惩罚、学域的学习历练、享域的尽享天伦……无一不体现着作者思想中高尚而分明的善恶观念,他希望儿子能够在天堂继续着自己的生命体验。

作品追忆儿子的过程亦是回顾爱的过程,是家庭成员共同支撑风雨岁月的艰辛过程。作品中邓州、济南、西安、郑州、北京这些不断出现的地名,涵盖了一家人长期分居的不易。1979年11月4日,儿子在南阳出生,那一刻,作为父亲的周大新正从济南往老家赶,半月后,他不得不辞别需要照顾的妻儿回了部队。儿子6岁时,他奉命去云南老山前线采访,留下遗书,以备不测。儿子16岁之前,一家人依旧未能团聚。欣慰的是,全家人齐聚北京,开始了平常又幸福的家庭生活。然而,这样的日子是短暂的。三年后,儿子去西安这个父亲昔日的求学之地读大学,之后,周宁在父亲的建议下去郑州读研究生。儿子学业有成,工作分配到北京,一家人终于团圆了,不喝酒的父亲破例喝了酒,母亲则喜极而泣。

儿子的成长过程,作为父亲的周大新因在异地工作,没有充裕的时间参与和见证,那些多情而难忘的父子交往片段也往往是遗憾多于圆满。周宁半岁多,清汤奶吃不饱,凌晨饿醒,父亲周大新对此是很不耐烦的。后来,因儿子打翻墨水瓶,父亲第一次动手打了他。4岁时,儿子由母亲从老家长途跋涉带到济南探亲,商场一个二三十元的变形金刚玩具,父亲嫌贵硬是没给买,儿子小小的心愿最终还是没能实现。儿子懂事后两次流泪都是父亲引起的。儿子6岁半时,用了家里十元钱请平日善待自己的同学吃饭,这个报恩举动被父亲误解为败家,又是打又是罚跪的,他第一次流了眼泪。上小学,儿子迷恋游戏机,父亲生气地要把他往黑漆漆的河滩扔,他被吓得第二次流泪。当父亲再次回忆这些历历在目的往事时,儿子已不在了，这些泪水一滴滴都落到了父亲的心里，化为懊悔与自责。令人释然的是，儿子原谅了父亲，他知道父亲的难处，明白从农村走出来的父亲要承受多少才能走到今天。他能体会到父亲赚钱的苦累——微薄的工资与同样微薄的稿费维系着全家的温饱。他深知自己的重病对父亲意味着什么，这成了他心中永远难以释怀的情结，他是站在孝道的天平上诘问自己的。他像父亲爱自己那样深爱着父亲。

纵观周大新的日记和家信，可以看到他对儿子深沉的爱。1991年4月6日，他给周宁买床板一个，令他单住另一房间，锻炼其独立生活能力。4月7日，上午带周宁去白河桥上看风筝比赛，并为他买风筝一个，绳一盘，共六元钱。1995年，周大新调到北京工作，一家三口才得以团聚。周大新在为儿子交了三万元择校费，找到学校之后，也难得度过了轻松的时光。周末，一家三口去圆明园、玉渊潭公园游览，去中山公园看庙会，登天安门城楼俯瞰广场。

来到北京定居后，周大新感觉很快乐，可以去拜访朋友们，谈文学。他还为新家添置了家具，有牛皮沙发、茶几、大衣柜、书柜、饭桌等。小瑛还可以去天津旅游，晚上回来给家人带回两盒十八街麻花。周宁也可以在父亲的陪伴下，去首都大学生体育馆看篮球比赛。1997年春节，周大新的爹、娘也在北京过年，周大新和周宁陪着他们游览了天安门广场，瞻仰毛主席纪念堂，还登了天安门城楼，游览了故宫、北海公园、颐和园，逛了龙潭公园庙会、动物园等处。晚上全家人一起看电影《龙卷风》。暑假，周大新还带着妻子小瑛、儿子周宁到北戴河疗养，每天读书之余还能带着周宁去海边游泳。8月8日，游览怪楼、鸽子窝公园时，周大新还念起了毛主席的诗词："大雨落幽燕，白浪滔天，秦皇岛外打鱼船。一片汪洋都不见，知向谁边？往事越千年，魏武挥鞭，东临碣石有遗篇。萧瑟秋风今又是，换了人间。"

但是，从南阳来到北京的儿子换了环境很难适应。一是对北京气候、学习方式和人际交往的难以适应，满口的乡音被同学笑话，影响了他的正常交流。身为军人的父亲严苛惯了，对他也是严加管教。父亲不顾儿子兴趣，高中分科时坚持给他报理科。周大新还因儿子不好好复习、看电视，冲他发了火。周大新在日记中写到自己甚是后悔，心里又十分苦恼，养个儿子真是不易。1998年3月，为了给儿子配眼镜，一贯节俭的他，这次配镜消费1197元；5月23日，得知儿子与妈妈生气出走，立刻返回寻找，并反省对儿子的教育的确存在许多问题，心中甚是沉重。次日早上周宁返回家，周大新松了一口气，随即去地坛公园咨询高考的有关问题，至下午三点方归。晚上继续思考周宁报志愿的问题。第二天又给儿子买回五本模拟试卷。6月1日，他复印了儿子的高考志愿表，有了大致意向，但也因儿子的外出晚归，甚为生气。

2000年春节，周大新第一次举家回乡过年，心里感慨颇多。转眼之间，两鬓已斑白，儿子也已长大成人，自己进入真正的中年了。除夕夜，全家在构林，喝黄酒，吃年夜饭，其乐融融。5月，全家还搬进了新房子。8月，在出差之际，周大新到西安和周宁在招待所相见，父子俩去小饭店饱餐一顿，还去购买了治疗近视的仪器。

2002年8月7日，周大新晚上迟迟不能入睡，思考与儿子周宁的关系。思来想去，可能是爱之深，故责之切，使他不能接受。近来在学习时间安排上与他屡发口角，心情极为不好，给他也造成了痛苦，看来还是少管为好，任其发展吧。9月，周宁去中国人民解放军信息工程大学读研究生，周大新很是高兴，送儿子去郑州报到。当然，父亲的爱子之心是天性的自然流露。儿子大学未毕业，周大新就为儿子买房了，装修时甚至考虑到未来孙子的安全。儿子大四谈了女朋友，他不远千里，专程跑到西安去"把关"。

2005年，家人购买的新房已经装修好，周大新还去种植了树木、花果。写作的长篇小说《湖光山色》即将完稿，一切看上去那么美好。直到9月28日，正要回南阳老家探亲的周大新，突然接到周宁单位丛女士电话，告知周宁在礼堂看节目时晕倒。他大吃一惊，急忙赶往医院，到时周宁尚未苏醒，十分钟后方苏醒。周大新既惊慌又诧异，当晚心神不宁，决定第二天带他去 301 医院检查。29 日，在神经内科观察后，又做了核磁共振。当晚医生认为问题严重，周大新顿觉天响霹雳，彻夜未眠。接着研究各种治疗方案，心情极为沮丧。他在 10 月 1 日的日记中写道："这是我有生以来过的最黑暗的一个国庆节，只觉得天要塌下来了，全天糊里糊涂地在医院里度过。"① 5 日，在做手术前的各种准备时，周大新觉得心如刀绞。8 日，将周宁送进手术室后，周大新的心情极度紧张。他和妻子小瑛一起到地下手术室病人家属等候室等候，感觉时间过得特别慢，小瑛一直在心中祷告。好在手术顺利，夫妻二人满是担忧地回到家里睡觉。

此后，夫妻二人开启了各种寻医问药路。10 月 17 日，小瑛去中日友好医院寻大夫，并得到一个药方。18 日，夫妻俩去广安门医院附近咨询一位中医，并买了两种中药。19 日，二人去了天坛医院咨询，见到一位女中医，但其言论令他们心中一寒。下午再去肿瘤医院咨询。然后又去 301 医院取中药。22 日，午后周大新带着周宁去昆玉河放生四条鼋鱼。27 日，周大新打开电脑，开始修改正在写作中的长篇小说《湖光山色》，恍然一个月过去，心里的世界已然是两个样子了。这一个月，过得如此艰难，真是难言心中感受。他暗暗祈祷："上天开恩吧！"

与内心的煎熬不同的是，他还要尽可能考虑儿子的心情。周宁患病时，女友潇潇也赶了来。潇潇生日时，周宁记挂她，父亲就陪着儿子去邮局给潇潇快递生日鲜花。还陪着儿子逛商场、吃午餐，对他来说已经是难得的轻松时光。儿子和女友在电话中发生争吵，情绪激动，作为父亲他甚为忧心。第二天带着儿子去治疗后，他赶

---

① 摘自周大新日记。

紧同潇潇妈妈通电话，让周宁的情绪平静下来。11月27日，夫妻俩还带着儿子去基督教堂参观讲道。12月31日，周大新在日记中写道：2005年在劳碌和灾难中终于过去。9月28日这一天，上帝又给了我一个猝不及防的打击——让儿子得病。自这一天到年底，心里一直沉重如石压，每日都在惶恐中过着。2006年怎么样，命运是否会对我有所关照？我战战兢兢准备应对。

2006年1月6日，周宁的身体检查无碍，周大新暂时松了一口气。第二天和颜振卿等到后沙峪新房，颜振卿讲解了书法训练妙语，周大新决心开始正式学书法，心中甚是高兴。12日，北京迎来第一场雪，周大新心里也很高兴，当天写完了关于《湖光山色》的"作家手记"。29日大年初一，又一个春节来到，周大新心里只有惆怅和对未来的忧虑。白天带着小瑛去了白云观，晚上陪孩子们打牌至12点。初三，周大新带着小瑛、周宁去时代金源购物中心，吃饭并看电影《霍元甲》。他还开始阅读有关张仲景的资料，思考电视剧《医圣张仲景》的创作。他带着周宁去学习绘画，了解国画的基本常识。

2007年4月8日，周宁发烧，周大新立刻将其送到301医院急诊部。次日做了核磁共振，图像显示有问题，全家人又开始了新的治疗。10日，周大新来到海军总医院、空军总医院咨询治疗事宜。11日，来到海淀医院治疗。12日，他和小瑛一起去肿瘤医院咨询，心情极坏，生出绝望的情绪。当晚回家后到网上查询，方知304医院李主任独创此病新疗法，遂决定转院。19日，在304医院做了手术，很成功。此后多日，周大新一直在医院照料周宁。5月1日，周宁因害怕疾病发作而精神紧张。3日，周宁感觉左侧身体更加无力，周大新在家照料周宁，心情很差。次日，周宁发病，再度用救护车送往医院。当晚，左侧身体麻痹。13日，再度手术，还算顺利。周大新在监护室外等待，心情极为不好。18日，周宁病情又严重，周大新心急如焚。周宁开始了化疗。周大新24日去天坛医院咨询，极为沮丧。此后，更是放弃了所有工作，全天照料周宁。6月17日，周大新全天在家整理房子，想为出院的周宁创造一个好的环境，但心情实在是糟糕。次日，小瑛去济南寻医。19日是端午节，朋友们送来了问候，周大新感到很欣慰。周宁全天能行走450米，让人高兴。7月1日，夫妻二人还带着周宁到玉渊潭公园练气功。14日，为儿子买了一台音响，想让他听音乐放松精神。夜里，周大新噩梦连连，心神不安。

因生活所迫，尤其是昂贵的医疗支出，周大新这段时间密集接了剧本。8月，周宁的身体较为平稳，周大新在带他去玉渊潭公园练健身功的间歇，也接续了长篇小说的写作。在12月31日的日记中，周大新写道："困难的、痛苦的、烦恼的2007年终于过去。在我55年的生涯中，2007年是大不顺的一年。因儿子重病，老天爷让我体验到了焦虑、恐惧、绝望、极度痛苦等几乎全部负面情绪，真正地让我觉得度日如年。几乎没有一天不被惊恐不安所压迫，精神和神经几乎崩溃。好在，我坚持过来了。但愿儿子的病情能持续好转。上帝和神祇，保佑我们。"[1]

《安魂》后半部分虚构了天国，安慰儿子的灵魂也是为了安慰自己。伤心之境是一片遮天蔽日的原始森林，身在其中的人，需要在里面转很多圈才能摸到走出来的路径，周大新宽慰自己，慢慢摸索，也许会找到出路。从西方文化、文学史中，发现不同时期人们对天堂的概念有不同诠释和表达方式。"天堂"来自人类的想象。而"想象中的天堂"不是指天堂是一个虚幻的概念，是不顾现实世界的残酷而故意虚构的，它是人类运用上天所赐予的特定能力对神圣的现实进行塑造，并且是以人类的心灵图景来进行表述的，人类在想象天堂的过程中，三个形象至关重要，王国、圣城和乐园。天堂是天上之城，是没有边界的王国，最令人开心的花园，里面充满令人愉

---

[1] 摘自周大新日记。

悦和欢欣的东西。"升华的爱"是最终通往天堂的请柬。人类想象的天堂可以激发人的兴趣,抚慰那些在忧愁和痛苦重压下的心灵。周大新意识到西方人对于天堂的想象,东方人对于西天极乐世界的想象,都在解决这个问题,以及对人的终极关怀。

2010年12月1日,周大新在《中华读书报》发表随笔《来自天堂的心灵安慰》,谈到这几年随着年龄不断增大,自己一直在想人的心灵安慰问题。人在现实世界的生活终有一天是要结束的,什么时候结束,以怎样的方式结束,结束以后的诸事安排,一般年龄过了50岁的人,都或多或少地会去想这方面的问题。而在想这些问题的时候,人总是免不了会产生焦虑心理,心灵陷入一种不安定的状况之中。因为这个原因,自己开始读这方面的书,思考如何使处于人生后期的人获得心灵安慰的问题。牛津大学历史神学教授阿利斯特·E. 麦格拉斯所著的《天堂简史——天堂概念与西方文化之探究》(北京大学出版社,2006),就是周大新这一时期所读的这批书中的一本。

> 我在读这本书的过程中,开始明白人类其实很早就开始关注心灵抚慰这个问题了。天堂这个概念的创造,西方的文学家、神学家、艺术家都有参与,它被创造的目的,就是安慰和抚慰人的心灵。"天堂"这个概念,和中国人所说的"西天极乐世界"这个概念,有相同的地方,我们只要理解"西天极乐世界"这个概念,就差不多了解了"天堂"这个概念的内涵和外延。
>
> 人是自然界最精妙的造物,是肉体和心灵共存的统一体。人们对肉体必将消失所引发的心灵上的焦虑和恐惧,是人类必须解决的重大精神问题。西方人对天堂的想象,东方人对西天极乐世界的想象,都是想解决这个问题,这是对人的终极关怀。我们应该感谢前人在这方面所做的努力,有了这些想象,我们大多数人面对肉体消失可以做到平静对之。今天,不管我们个

人离人生终点还有多远，只要一想到有天堂和极乐世界在等着我们，一想到天堂和极乐世界里有衣有食，有花有鸟，有山有水，有田有园，一想到天堂和极乐世界里充满了安宁和稳妥，不再有疾病和债务，不再有不公和欺侮，一想到在天堂和极乐世界里我们和自己所爱的人永远同在而不必分离，我们就会感到极大的安慰，就不会惊慌恐惧，就会在衰老和病重之后，从容和现实世界告别，就会使自己的心灵永远处在安宁平静之中。

今天，对于天堂和极乐世界的想象其实并没有终结，我们依然可以充分张扬自己的想象力，去想象那里的美好和欢乐，给那里增添更多赏心悦目的东西，从而使自己获得更大的心理满足。[1]

第二节 倾诉与疗愈

《安魂》处理的不仅仅是作家的个人苦痛，还有更为现实的社会问题。在当时，我国失独家庭已经超过一百万，而且每年都在增加。这些家庭在经历了"老来丧子"的人生大悲之后，已失去再生育能力，只能独自承担养老压力和精神空虚。周大新写这部书，既是为了安慰儿子的灵魂，也是为了安慰自己，同时安慰很多和自己命运相似的人的心灵。书出版后，他收到很多失独父母的来信，说减轻了他们的痛苦。在周大新所在的单位，就有同事的独生女儿因病去世。还有在鲁迅文学院学习的一位同学，独生儿子在执行公务时因车祸牺牲。在儿子长眠的墓地里，就有很多去世的独生子女，有的是因为疾病，有的是因为车祸，有的是自杀。在清明节祭祀的时候，彼此会相互遇到，点头致意，不敢深谈，担心引得对方伤心流泪。周大新和妻子去儿子墓地时，妻子总会把带去的祭品分一些给那些

---

[1] 周大新：《来自天堂的心灵安慰》，2010年12月1日《中华读书报》。

去世的孩子,摆到他们墓前。

从写作一开始,周大新就想将该书献给那些失去儿女的父母。"听说全国因病因意外灾难而失去独生子女的家庭现在已有一百多万个,而且每年都还以上千的数字增加,这些家庭经历了和我一样的苦难,那些父母都长期地活在痛苦之中。"周大新说,失独家庭的老人最缺少的是儿女的抚慰,孤独是他们要经常面对的问题。社会能为他们做的是建立专门的养老院,让他们聚在一起相互取暖,老无所忧。而文学也能在其中发挥疗伤的作用。"希望《安魂》能给他们带去一些心理安慰。"①

周大新在《安魂》一书的扉页上写道:献给/我英年早逝的儿子周宁//献给/天下所有因疾病和意外灾难而失去儿女的父母。尽管周大新以彻底的真诚和勇气直面死亡,从哲学的广度和高度反思生命,并且通过小说的后半部分,写儿子在天国向父亲倾诉极乐世界的欢乐图景,但读来仍然让天下的父母心碎。这本书后半部分的浪漫主义虽然有宽慰父母的作用,但真正感人的,还是前半部分那种非常写实的现实主义书写。周大新在写下这些文字时,不知流下了多少眼泪,妻子读到这些文字时,更是绝望与悲伤得无以复加。正如评论家胡平所说:我们尊敬的作家中,恐怕只有两位曾点燃自身,以生命为火炬,照亮了生死两界,一位是史铁生,一位是周大新。

"愧疚"是《安魂》的情感主调,他愧疚儿子出生时"爸爸没有能迎接你";他愧疚在儿子来到这个世界刚刚半个月,自己就急着归队;他愧疚逼着儿子用功上最好的中学;他愧疚拆散儿子曾经的恋情;他愧疚在儿子患病过程中,也许做出了错误的治疗选择……在愧疚情绪的包围中,周大新终于写完初稿。写完之后,自己感到心里轻松些了,原来堵在心口的那团东西好像消失了。妻子杨小瑛

---

① 路艳霞:《周大新长篇小说〈安魂〉献给英年早逝的儿子》,2012年9月24日《北京日报》。

知道丈夫在写和儿子有关的作品，她并没有多问。在书出版之前，周大新一直没让她看书稿，怕勾起她对儿子的思念再伤心流泪。直到拿到了样书，才让她看，她边看边哭，哭着看完。

  为何选择对话形式写作，就是想把对儿子说的话说出来，周大新也知道儿子有很多话想对父亲说，因为他病情加重后失语而无法说出来。所以，只有通过对话才能实现父子的心愿，才能让彼此都好受些，也才能对他的灵魂起到安慰作用。儿子的离开，让周大新更真切地知道了人生就是一个不长的过程，这个过程的前一段，是你经过努力不断地收获东西，让你感觉到"有"；这个过程的后一段，造物主则强制你不断地交出东西，直到你重新成为一个"无"。周大新认为，儿子的走，让他的写作变成了倾诉，让他觉得文学真是可以起到心灵救赎和抚慰的作用，没有文学，自己会活得更苦。尽管此次创作更像一种倾诉，但是他并没有停留在现实生活的纯粹记录和思考中，他更通过与在天国中儿子的对话，将自己对文学、对社会、对人生、对宗教、对世界的思考，凝结成了厚重的文字。

  《安魂》出版后，周大新拒绝接受任何媒体的采访。2012年9月2日，《安魂》发布会在北京国际图书博览会"中国作家馆"举行。周大新没有到场，胡平、孟繁华、张水舟、李佩甫、郑彦英、何弘、冯杰等文学圈同行和老友谈了对本书的看法。

  胡平认为，《安魂》饱含着周大新的真情，周大新用文字将儿子"复活"，想用文字倾倒痛苦。一边是留在人间的父亲，一边是已在天国的儿子，二十万言的绵长对话，记录了父子间许多过去想说而没有来得及说出的话，此刻周宁的音容笑貌历历在目。他读时就在想，生命不会因死亡而中断，仍可延续，占据空间和时间，这部书就是印证。时光流淌，每个人都会消失在未来，时光亦可倒流，倒流中每个人都栩栩如生。死亡是人生的结局，是人人都要面对的问题。这本书零距离观察死亡，对人的最后归宿展开想象，既是对死者的安慰，也是对生者的宽慰，是一支沉郁中夹着旷达的安魂曲。

在书的前面,作者不仅深情地写下了"献给/我英年早逝的儿子周宁",也悲悯地把此书"献给/天下所有因疾病和意外灾难而失去儿女的父母"。现在"失独"是社会热点问题,而这个题材的小说还并不多见。也许每一个失去至亲的人都在不停地回忆、怀念,会希望世上真的有灵魂存在吧。这本书给了失独人群一个同样令人感叹心碎的故事,但更重要的是还给了他们一个想象中的天国。在天国中,他们的孩子宁静、幸福,无须挂念。

作家出版社副总编辑张水舟说,书中贯穿着生命意识和精神的超越升华。周大新以令人敬佩的勇气升华了自己的痛苦,同时也以彻底的坦诚来唤起人们对生命的思考,具有非常难得的现实意义。

李佩甫认为,《安魂》是周大新用灵魂与儿子进行的生死对话,形式十分独特,具有开创意义。作品中不仅掺杂了个人情感,读后让人心痛,同时对当代青年人也有借鉴意义,可从一对父子的对话中重新认识父辈。李佩甫清楚地记得,他有时候到北京开会,总要去看一看周大新,他没有听周大新说过关于儿子的任何一句话。自己特别理解周大新在儿子生病这个过程当中所承受的苦痛,他的心在流血!他心中的苦和痛,通过《安魂》这部小说吐出来了,实际上,这已经体现了小说最大的价值和意义。

与会者多认为,生和死是文学命题,也是哲学命题。中国作家大都专注于对生的考察,对死的思考较少,这部书开拓了中国当代文学创作的一个新空间。每一个生命终将在这个世界上消失,但文学可以让消失的生命用另一种方式获得永生。通过这部作品,周宁获得了永生,文学也体现了它永恒的价值。

2012年11月,周大新偕夫人杨小瑛女士,回到家乡南阳,捐资百万,设立了以儿子周宁命名的助学基金,用每年所获利息资助贫困生。根据《周宁助学金管理使用办法》,资助名额2人,资助对象由评审委员会根据学生家庭困难情况,从每年高考成绩分别排在市里前三名的文科生和理科生中选取。2013年8月5日,周大新回乡颁发首届周宁助学金。他希望受资助的两名学生在大学里好好学习，不断深造，将来为社会做出更大贡献；希望在座的高三学生在确保健康第一，进行适当运动的基础上刻苦学习，争取明年高考取得好成绩，考进理想的大学。周大新表示自己将进一步增加资助金额，希望能够帮助更多的学生。

第三节　小说的天国

2012年12月初，周大新应邀到雅典参加希腊著名作家尼科斯·卡赞扎基斯的纪念研讨会。这是周大新第一次到爱琴海边，也是一次时间很短的旅行。在雅典大学攻读博士学位的杨少波告知他，雅典女作家玛琳娜和他的遭遇一样，也失去了儿子，对方很想见一面。在启程返京的当天上午，周大新和翻译家李成贵一起，来到她所在的那所语言学校。在车上，周大新一边看着陌生的街景，一边在脑子里极力搜索能够安慰她的话，毕竟自己知道失去儿子的全部痛楚，何况她还是一位母亲。见面之后，玛琳娜说，听说周大新写了《安魂》这本书，知道他失去了儿子，自己也有相似的经历。她有个儿子叫瓦尼斯，因为患病，在多国求医无果后离开人世，年仅十八岁。她简要介绍了儿子的病和治疗经过，说自己也因此写了一本书，书名叫《诺言》。周大新原本准备的安慰话语也派不上用场，就介绍了儿子的病和治疗经历，泪水瞬间失去了控制。分别时，周大新说希望能够早日读到《诺言》的中文本。七十多岁的翻译家李成贵，在短短几个月时间里就将其翻译出来了，使得周大新最早得到译文的电子文本，能够读到这本饱含泪水写成的书，也读到了一位母亲对死亡之痛的思索，对生育繁衍意义的探究。

周大新根据此行所见所闻写出杂文《在苏格拉底被囚处》，表现人对真理的追求和对做人的看法。

我看着石洞囚室里不大的空间，努力去想象苏格拉底当年被囚时的生活情景：他会坐在囚室的小床上去安慰和宽慰妻子桑蒂比及他们的孩子，会在床前狭小的空地上边踱步边默想希腊城邦的未来，会在柏拉图和克利托等学生们来看望他时向他们谈他关于肉体和灵魂的最新思考成果，会席地而坐吃下狱卒们送来的食物，会在去囚室门外放风时远眺雅典城区并伸手抚摸橄榄树上嫩绿的叶子，会在那个较小些的石室里进行最后一次沐浴……

　　苏格拉底死了，他的死让今天还活着的我们意识到了三个问题：其一，不要因为私心和私利去控告他人，不要利用社会公器去伤害他人，即使你的理由很堂皇，即使你当时得到了广泛支持，即使你获得了完全的胜利，历史都有可能跟你算账，都有可能让你像安尼托那样，在史书上留下一个小丑的形象；其二，不要因为自己是平民，就认为所有的人间悲剧都与己无关，很多悲剧是掌权者制造的，这一点没有异议，但我们这些普普通通的民众，有时也会像当年雅典的那五百位公民一样制造出悲剧；其三，不要以为死就是生命和事件的结束，恰恰相反，像苏格拉底这样的死，正是他哲人生命的另一种开始，是他遭控告事件被追询的开始。①

该文获第七届老舍散文奖。授奖词为：

　　没有常见的浮词华语。朴实的文笔，实在的述说，却于无声处炸开惊雷。不是浮光掠影的游记，是作者对生命、真理和内心精神的发问，写出了人的悲哀和孤独。死"是生命的另一

---

① 周大新：《在苏格拉底被囚处》，见《摸进人性之洞》，人民文学出版社，2016年版，第294—296页。

种开始"作为苏格拉底留给世界的精神遗产，激励后来者勇敢地追求真理，决不盲从。

2013年，周大新的《小说与苦难》发表在《创作与评论》第4期，该文源自他在清华大学的演讲稿。谈及回视小说发展史，我们会发现，世界上很多好小说，都涉及苦难，都把表现苦难作为自己的一个任务。因为小说是要写人的，而苦难是每个人都必须面对的问题，是人生的基本内容。作家写苦难应该在以下三方面努力：其一，预测可能要来的苦难；其二，发现已存的别人还没注意到的苦难；其三，展示人与苦难搏斗和在苦难中挣扎的情景。

周大新与《百家评论》编辑高方方的对话《生命是一条缓慢的河流》发表在《百家评论》2013年第1期，提出作家有责任把中国人的生存境况记录下来，为后人了解这段历史留下一份生动形象的文学资料。谈及自己想建构的文学世界是有青山碧水沃野，有田园市井风光，有百鸟千兽万物，有男欢女爱之景，有弦歌在天空飘荡，有笑声在田野四响，枪炮声消隐，哭喊声降低，斥骂声远遁。而对于写作之路最大的感悟是，每个人都活得不容易，每个人都有自己的一份痛苦要尝受。最大的收获是，文字是心灵的最好安慰品。

2019年9月5日，由河南影视集团、北京秉德行远影视传媒、日本株式会社PAL企划出品，聚丽影视传媒联合出品并承制，由《安魂》改编的同名电影在河南开封举行开机仪式。周大新与聚丽影视传媒董事长、电影《安魂》总制片人王欣，聚丽影视传媒总裁、电影《安魂》总制片人张超，导演日向寺太郎，男主演魏子和主创团队成员出席开机仪式。谈到创作《安魂》这部小说的目的，周大新表示，这部小说反思的是中国家庭教育，尤其是父子之间的亲情。他希望通过讲述个人经历，真实地揭露中国家庭教育存在的问题，同时也借这部作品安抚逝者的灵魂。

谈到中日合拍影片，周大新说，日本导演和编剧对人性有细腻而深刻的理解，日本电影不追求激烈的矛盾冲突，而是把真实的生活状态呈现出来，还原真实的生活细节，符合《安魂》这部电影的要求。电影全程在河南拍摄，取景地主要是开封。开封古城标志性文化景观如开封铁塔、古城墙、开封西湖等都在电影中出现。同时，开封的街景、美食、当地老百姓的生活状态也在电影中得到细致的呈现。周大新希望电影《安魂》能够拍成一部既有艺术品位，又有市场回报的作品。如果通过所有参与者的创造性劳动，使这部电影能在中国电影发展史和世界电影发展史上留下一个名字，那我们所有人的辛劳就都值了。他还祝愿这部电影能够成为中日文化发展史上一个标志性作品，若干年后，当后人回首中日文化交流史时，能够一下子看到我们这部作品。

2021年2月27日，电影《安魂》的首映礼在中国电影资料馆举行。中国作协主席铁凝，副主席陈彦、阎晶明等到场，到场的还有曹文轩、贺绍俊、胡平、梁鸿鹰、张亚丽、刘庆邦等朋友，首映礼很成功。2021年3月4日，电影在中国大陆公映。

第四节　小说家的知识塔

2014年，周大新发表随笔《小说家的知识之塔》，谈小说创作的知识储备问题。

> 如果把小说家脑中的全部知识比作一座塔的话，那么这座塔应是由哪几层构成的？
> 弄清这个问题，对一个喜欢写小说和打算以写小说为业的人，应该会有意义。
> 写小说整天要和语言文字打交道，语言文字既是其基本工具，又是其工作成果，所以语言文字知识是小说家必备的东西。这类知识应该位于小说家知识之塔的最底层，也就是第一层，

这是最基础的东西。在这一层里，以汉语为母语的小说家，起码要懂得三方面的知识，一是古汉语知识，这是为日后阅读古典作品和使用古语词写作做准备的；二是现代汉语语法知识，这是保证日后写出的东西能被现代人所看懂接受；三是当下汉语语言的最新变化，这是保证你写出的语言最鲜活能让年轻人喜欢。以其他语言为母语的小说家，在语言文字方面，要懂得的母语方面的知识，也差不多是这些内容。

每一个人开始写小说时，都会发现他的面前已经站满了前辈和同辈作家，包括中国的和外国的，他要想把小说写好，没有对他们作品的大量阅读是很难成功的。也就是说，他必须通过阅读拥有一定的文学知识积累，这样才能站在他们的肩头上开笔，才可能写出超越他们的新作品。他既应该阅读古代的中外经典文学作品，也应该阅读近代的中外文学作品，还应该阅读当代的中外文学作品，争取把中国和外国的前辈与同辈作家在艺术上已抵达的位置大略弄清楚，这样才方便自己的出击。这部分文学知识，应该位于小说家知识之塔的第二层。

小说家写小说的目的，是想把自己对世界对事物的看法通过小说这种载体传达给读者，这不能不涉及哲学。没有哲学知识，小说家很难形成自己对世界对事物的独特看法。也因此，在小说家知识之塔的第三层，应该是哲学知识。作为一个中国的小说家，在哲学知识方面，首先应该读一点中国的哲学书和哲学史，懂一点中国哲学；其次应该读一点西方哲学家的著作和哲学史，懂一点西方哲学；再就是融会贯通，结合自己的人生阅历和思考成果，形成自己对人性、对生命和人生的延续过程、对社会组成和运行、对自然界及人与自然的关系的独特看法。

小说家写小说最重要的是写活人物，而要把人物写活，令其栩栩如生，不懂点人的心理恐怕不行。这就要求小说家学点心理学知识，知道人的情绪变化规律，明白人的性格形成过程，晓得人的反应过激是怎么回事，懂得人心生爱意后的面容和躯体表现，清楚人在何种状况下会发生心理变态和扭曲。这方面的知识越丰富，小说家越能够把人物写得鲜活生动富有吸引读者的魅力。心理学知识应该位于小说家知识之塔的第四层。

小说家写当代的生活，常需要拿历史生活作对比，常要回眸过去；小说家写历史小说，更要懂得所写时代的生活。也因此，历史知识是小说家必须学习的。这方面，首先要读点中国史书，懂些中国历史；其次要读点西方大国的史书，懂些世界历史；再就是读点中国方志和民族史，懂些所写地域的地方史和民族发展史。有了这些史学知识储备，写出的东西就会厚实。在小说家的知识之塔上，史学知识应该居于第五层。

小说家笔下所表现的生活空间，如果是政界，那么他就必须懂一点政治学知识；如果是经济界，他还必须懂一点经济学知识；如果是军界，他也要懂一点军事知识；如果是医界，他多少得懂一点医学知识；如果是法律界，他也该懂一点法律知识；如果是气象界，他还必须懂一点气象知识。你写到哪一界，就要拥有哪一界的知识，当然不要求精通，只是概略地知道就行，这种随所写生活领域变化而随时学习的非精确知识，应该位于小说家知识之塔的第六层。

六层之塔，不低了。垒起来，不容易！①

从写作之初，周大新就注重文学阅读和相关知识的积累，他喜欢读政治、经济、历史、文化、心理、哲学等多学科书籍，也逐渐建立起强大的"内宇宙"，其作品既有对国家民族命运、社会现状的思索，也有人性幽暗处的花园展览，被孟繁华称为这个时代长篇小

---

① 周大新：《小说家的知识之塔》，《民族文学》2014 年第 8 期。

周大新书房掠影

说创作的骁将。回望创作之路，周大新却一直在自我反省，因为先天文学准备不足，没有受过系统的文学训练，自己曾经走了很多弯路，但写作这件事情做对了，因为和自己的性格、秉性相合，更愿意在一个房间里，孤独地面对稿纸和屏幕。在周大新看来，文学作品的成色是衡量一个民族心灵成熟程度的标尺。优秀文学作品是民族精神财富中最宝贵的部分，我们理应珍惜。好的作品能不能经得起时间的考验，能不能走出国家和民族的界限，归根结底是要看它思考的问题、传达的思想寓意，是不是全人类都应该关注的。

2014年11月底，中国当代文学研究会、中国现代文学馆、郑州师范学院联合举办首届中原论坛"周大新文学创作学术研讨会"。来自全国各地的知名学者、作家白烨、胡平、李国平、梁鸿鹰、陈福民、张志忠、陈晓明、李洱、陈曦、王鸿生、梁鸿、程德培、南丁、李佩甫、邵丽、何弘、孙广举等30多人，以周大新的创作与中国当代文学及民族性的关系等为切入点，进行了深入研讨。

白烨指出，周大新在创作上非常有活力，而且影响很大。他在创作上有一个最重要的特点就是复合型，很少有作家像周大新这样，涉及如此广泛的题材。比如，他20世纪90年代的长篇小说《第二十幕》，是民族工业题材；他获茅盾文学奖的《湖光山色》，属于当下旅游业的题材；他的《预警》，是军事题材；近年的《安魂》，从总体来讲，属于学人或者知识分子题材；同时他还写过《21大厦》，这个作品总体上来讲可以说写的是当下的中国社会，尤其是商品社会的某些困惑。这五部长篇，正好是工农商学兵五个题材，这样的涉猎范围是比较难得的。有的作家在某些方面做得好，也至多涉及其中的三方面。周大新涉及的面很多，所以我们应把他作为一个非常重要的研究对象。

　　《第二十幕》在周大新的创作中有着特殊地位，是他作品中的亮点、高峰，也是被忽略、被低估的作品。这是一部典型的以小见大的长篇巨著。《第二十幕》通过尚达志、尚立世、尚昌盛一家三代，苦心经营尚吉利丝织行的艰辛历程，既写出了民族工业发展的步履维艰，塑造了民族工商业的典型代表人物尚达志，又由治家、兴业中与各种权势力量的矛盾冲突，以及斗争中的此消彼长，从一个独特的角度折射了近百年的社会演变，在艺术地吸纳历史和熔铸思想上做出了自己独特的贡献。它弥补了当代长篇小说长期以来在工业文明和家族文化题材上的空缺。作者重点塑造了尚达志这个把丝织业当作家业更当作人生理想的执着追求者，对其倾注了满腔热情，给予丰富的想象，使得这个人物一步步地超越一个手工业者的局限，他和《白鹿原》里的白嘉轩一样，都不失为民族文化和传统精神的典型代表。作者还通过对卓远的描写，揭示了一个很重要的历史真相，不被看重的知识分子阶层，才真正是立身民间、扶正祛邪的健康力量。

　　张志忠认为周大新的小说表述有诗意，具有中原作家的特色，他的作品有着一个渐次变化的成长过程。周大新的作品就像苏轼的两句诗,"大瓢贮月归春瓮,小勺分江入夜瓶",能把质朴、平凡的细节描写得有诗意,并且他的作品中经常会寻找一个象征物,除了写实又有一点超越,有一点形而上的东西,使其作品更具有诗的意蕴和哲思。周大新文如其人,他和他的作品有使命感,又有智慧,其智慧既包含生存智慧,又包含政治智慧,体现了中原作家的特色。这在其作品《汉家女》《湖光山色》《向上的台阶》等作品中都有体现。

梁鸿鹰指出周大新的作品是典型的中国故事,反映了中国人的生存方式、思维方式和情感,既写了在漫长的宗法制社会里,中国人背负着的因袭负担,也写了他们在新的时代里,奋发向上的、精神突围的追求,还写了在大变革时期,特别是军人在大变革时期所面临的奋斗历程和精神困境。周大新讲述的中国故事,是典型的从大地上成长起来的军人的理想,反映了一个当代知识分子可贵的精神追求和他的心路历程。他向我们提供的这种中国故事,是真正的有筋骨、有道德、有温度的文本。在他的作品中,我们看不到消极、阴暗,看不到那种平庸、无为,总是有一种向上的、理想的、明亮的东西。

陈晓明强调周大新的小说结构大气,是一种质朴本真的现实主义笔法,外在的历史结构是一种历史本身的自在状态,内在的是小说中人物心理的投射。其一,他的作品有生活含量,有历史含量,更有文化含量。其二,他的作品有关于文化性格的书写。作品在文化的书写和人物性格的刻画上,构成了一种辩证的关系。周大新表现的中原文化是混沌的、具有张力的。《第二十幕》中的文化代码,体现在女主人公云纬身上,在整个资本发展的历史进程当中,她的性格是成长的,是随着历史发展的。而且周大新的作品凸显了中原传统文化的一个显著特点,就是父子关系,这在《第二十幕》《银饰》《向上的台阶》中都有所体现。在对女性形象塑造和描写上,也体现了中原特色,独具魅力。

南丁指出，关于周大新的《安魂》，胡平写过评论，它跟刚才大家提到的长篇有不一样的地方，就是其他长篇是作者的观察、思考所得，而《安魂》是作者的亲历。周大新亲历了白发人送黑发人的痛苦。作品前半部写的是儿子从出生一直到离去的29年的生活，后半部分写到天国，有甄域、涤域、学域，最后到达享域。说明这个天国，的确是公平公道，这虚拟的天国是周大新的梦想。另外，周大新已经具备了成熟的写作技能、情怀、功力，而且他现在又处于总后勤部这样一个有利地位，能够了解我们军内的情况。当然不是让他写纪实的东西，而是反映我们这个时代，就是我们中国共产党的健康力量，如何向腐败力量做斗争，怎么能把这种斗争艺术化，以更大的格局来写，作为读者有这样一种心理期待。

李国平提出我们当代文学批评中存在一些问题。第一，评论界对作家的批评缺少"史"的眼光，许多作家作品被遗忘、低估、误读。第二，对当代作家批评来说，通过重读来获得一种还原和起步，就成了必不可少的过程。第三，对周大新的研究不仅是要重读，还需要引入新的视野和参照，这个参照可以是新时期文学的参照、当代文学三十年的参照等，更要观察作者在创作中所开启的新的精神空间。第四，我们还应该关注周大新创作的精神坐标和文学坐标，以此作为研究周大新的一个新起点。"对于周大新的讨论，同样不能离开当下对当代文学的评估、作家的世界观研究以及作家和现实的关系问题。"[1]

2015年6月，受孔子学院拉丁美洲中心之邀，周大新和徐则臣对墨西哥、哥伦比亚和智利三国进行了为期12天的交流访问。在访问墨西哥期间，两位作家在尤卡坦自治大学孔子学院与读者展开对话。他们在介绍自身文学创作历程、中国文学创作的现状和对未来

---

[1] 李静溪、张延文：《"周大新文学创作学术研讨会"纪要》，《中州大学学报》2015年第2期。

期许的同时,还对拉美文学给予高度评价。徐则臣说因为有了胡安·鲁尔福、奥克塔维奥·帕斯和卡洛斯·富恩特斯,墨西哥文学可以理直气壮地接受全世界至高无上的敬意。访问哥伦比亚时,两位作家拜访了塔德奥大学孔子学院,并在大学与文学创作班的同学、孔子学院的师生和文学爱好者进行了交流。在魔幻现实主义大师加西亚·马尔克斯的故乡,两位作家分享他们在创作过程中受到马尔克斯的影响和激励。

访问的最后一站是拉美文学的重镇、著名诗人聂鲁达和作家波拉尼奥的祖国智利。周大新和徐则臣在智利参加了多场文学研讨会和交流活动,并在智利国会图书馆发表演讲。周大新介绍了中国现当代文学的概况和各时期代表作家,并提到文学的使命在于探讨普遍性、人性的秘密、人生的意义、社会公平正义、人与自然的和谐,同时对智利作家能够理解和深度解读《银饰》中表现的爱、复仇与控制等主题表示欣喜。智利作家豪尔赫·古斯曼和迭戈·穆尼奥斯·巴伦苏埃拉也介绍了智利政治社会环境的变化对文学创作的影响。他们仔细阅读了周大新和徐则臣被翻译成西班牙文的作品,并进行了详细分析和评论。两位作家都提到,智利作家和民众对中国文学的了解仅限于鲁迅和个别旅欧作家,很少读过写当代中国的作品,此次交流机会十分难得。

2015年,由程光炜、吴胜刚主编,沈文慧编选的《周大新研究》,由河南大学出版社出版。该书是关于周大新的研究资料汇编,包括评论文章、访谈等,是"中原作家群研究资料丛刊"系列中的一本,对20世纪80年代初以来这三十多年间的周大新研究进行了系统全面的资料收集、整理和编辑工作,为当代河南作家和河南文学研究提供了有力的资料和史料支撑。

2015年11月23日,周大新在《文艺报》发表《呼唤爱意——对当下中国生活进行文学表达的一点看法》,阐释自己的写作与文学观。

> 身为一个写作者，总希望我们所在的世界能变得越来越美好，越来越适宜人居住。也因此，在观察社会生活时，既会看到正面的进步，也会发现存在的负面问题，并会为这些负面问题的存在而焦虑。眼下的中国社会，进步的方面很多，但毋庸讳言，存在的负面问题也不少。出现这些问题的原因很复杂，不过就我来看，一部分人心中的爱意不足也是一个原因。
>
> 爱意是人性中的重要内容，它包括两个部分，其一，是本能的部分。比如，对自己身体的爱意；对异性的爱意；对子女的爱意。这是天生的，是人之本能。其二，是从人性深处唤醒非本能的部分……
>
> ……作家的所谓作为，就是通过自己的作品，来呼唤人们心中的非本能爱意……
>
> ……正是在一代又一代人的呼唤下，人们才开始把一些动物当作朋友，学会了与它们和睦相处，而且驯化其中一些为自己服务，对其中很多动物，比如狗和牛，还生出了爱意。
>
> 鉴于此，我们应该对呼唤出人性中的非本能爱意充满信心。
>
> 当然，这种呼唤需要有各种形式，法律的、宗教的、政治的等等。作家用文学作品进行呼唤只是众多形式中的一种。
>
> 用文学来呼唤人的非本能爱意，我们首先要明白的就是，这种呼唤是在潜移默化中进行的，不可能立竿见影。一部文学作品对读者的心灵发生影响，是无声的、不可视的、无法计算的，这也是文学无用论和文学灭亡论反复出现的原因……

可以说，用文学传递爱和温暖是周大新一以贯之的文学观。他反复去书写、挖掘人性的美好之处，试图用小说建立爱与暖的美好世界。即便是泣血之作《安魂》，也没有停留在一己悲伤，而是为同路人寻求小说意义上的天国和精神解脱之境。从这个意义上说，周大新不断积累，从不同侧面书写人性，多重视野探寻人生哲理，仍是期待用文学去唤回爱意，这也是其作为严肃作家的使命感和责任意识，为社会奉献出写作者的真诚与力量。

第十一章 社会现实的文学思考

2013年8月6日,周大新的散文《看遍人生风景》发表于《人民日报》。他谈及60岁之后的写作,首先视其为一种倾诉,能把自己心中想到的、感受到的事物通过作品向读者倾诉,倾诉会带来快感,缓解心理压力。写作虽然是当代文学的记录,但是掺杂着作者的主观看法,更多的是一种艺术的记录。对周大新来说,写作更多的是表达对社会问题的文学思考,以及呼唤人间的爱意和温暖。这一时期,他密集出版多部有分量的长篇小说,作品更为注重深度介入社会现实,并传递作家对社会问题的发现与深层审视。包括书写反腐败问题的《曲终人在》,关注老龄化问题的《天黑得很慢》,审视现代婚恋问题的《洛城花落》等。这些直面社会现状的写作也备受国内外文学界关注和好评,被认为文体风格更加通融,直击当下社会现实,且蕴含诗意,很多发现极具预言性,表现出现实主义写作者的敏锐意识和独到思考。

第一节 《曲终人在》与反腐倡廉

2015年,周大新的长篇小说《曲终人在》发表在《人民文学》第4期。4月,由人民文学出版社出版单行本。1月15日,周大新全天修改长篇小说书稿,将其发给人民文学出版社和《人民文学》杂志。处于缓冲期的周大新也密集参加了一些社会活动。1月21日,周大新来到国际饭店参加《当代》35周年庆祝活动，被授予荣誉作家，同时被授予该荣誉的还有王蒙、铁凝、贾平凹、刘心武、邓一光等。1月23日，他来到新闻纪录片厂"老故事吧"参加第一届十月文学奖颁发仪式，周大新的《圆月高悬》获得十月文学奖。他的生活节奏也有所放缓，2月15日至28日，周大新偕夫人杨小瑛到南方疗养，游览了鼓浪屿、普陀山，还游览了厦门海域，坐船到金门大担岛。

3月11日，周大新来到总后勤部财务部讲演"中国廉政文化浅说"。周大新首先解释了"廉""政"的渊源，然后具体讲解廉政文化的定义、成因、创造者、主要内容和历史作用，并进一步探讨了廉政文化在当代的接续传承及其意义。在周大新看来，今天重温中国的廉政文化，可以帮助人们认清人性的阴暗面，提醒不蹈前人贪婪的覆辙；帮助人们认识人生的平衡法则，学会放下和寻找心理平衡；帮助人们明白政界的升沉规律，确立自己的追求方向。

3月25日，周大新正式退休。3月29日，他回到邓州构林家里，看望了因病卧床的娘，发现娘更瘦了，并在家里待了几天照顾娘。4月3日，周大新来到南阳第二高级中学为学生们做报告，主要讲了四句话。一是天生我材必有用，有知有识堪大用；二是每个人都有一份幸福，也都有一份磨难；三是任何收获都有代价，只靠天分换不来成功；四是爱惜自己，也要关爱别人。

4月7日起，周大新开始了新书的系列宣发活动。7—8日，在人民文学出版社为当当网读者预订的新书《曲终人在》签名。9—12日，在家写创作谈。13日，接受《北京青年报》的记者采访。19日，周大新来到三联韬奋书店参加人民文学出版社组织的《曲终人在》读者见面会，李敬泽、施占军、梁鸿鹰、何向阳等作为特邀嘉宾出席，央视和其他媒体记者到会。周大新回答了读者的一些提问。22日，接受了腾讯视频记者王姝蕲的采访。

在回答《北京青年报》记者提问时，周大新谈到曾在军区大院和总部大院都生活过，这些大院是军营，有严格的军队纪律和规矩在规约着所有的军人和家属，大家在这里和睦相处，与地方的居民小区没有太大的区别。当然，这种大院也是一种独特的社会单元，一有紧急号令，军人们立马就可以集合起来；一遇战事，这里的氛围会马上变得肃穆和凝重。周大新平时接触过很多地方上和军队里的官员，加上对官场生活也有观察的兴趣，所以写一部这样的小说的愿望早就有了。不过在很长一段时间里，对官场生活的写作是有很多限制的。后来，一些"老虎"被揪了出来，大环境变了，才下决心写这部小说。在写作过程中，心里免不了会有压力，但作品写出后，《人民文学》杂志社和人民文学出版社都给予坚决的支持，他忐忑的心才放了下来。这部小说的名字本来叫《曲终人尽》，出版社认为有些悲观，改为《曲终人在》。

周大新的军人身份使其较早地知道了个别军中"大老虎"的一些作为，使他受到精神上的震撼，原来他们如此胆大妄为。这才开始促使他去思考很多问题：这些人是怎么变成这样的？他们生成的土壤是什么？这些人物繁殖下去的后果是什么？怎么制止这样的人物再在我们身边出现？怎样保证公权力的正确使用？怎样给公权力的掌握者划定行为边界？等等。他们这一代人，虽然生在1949年之后，但对中华民族受外敌欺侮的历史很熟悉，从小受到的教育就是要关心国家和民族的长远发展，在内心深处有一个强烈的愿望，不能让别的国家来随便欺侮我们了。现在虽然老了，可依然担心国家和民族陷入动荡和混乱之中，让老百姓的正常生活受到破坏。因此，觉得再不把自己发现的和感受到的东西写出来，会难以心安。

周大新谈到，自己接触过一些官员朋友，看到一些官员沉沦，对他们外表的光鲜和背后的苦恼也知道一些。尤其是有一种围猎现象，就是一个人当官之后，四周很多人想尽办法要拿下他，以便让他为自己服务，所以一个人想做一个好官并不容易。在欧阳万彤身上也寄托了周大新对政界的理想，希望他们能以国家和民族的利益为重，不再整天为个人、小圈子、家族谋取私利。在周大新看来，欧阳万彤并不是一个完美人物，他对未婚妻的背叛，处心积虑寻找政界靠山等，周大新对其这些行为并不欣赏，但有些问题他处理得对。

在谈到文学的社会作用时，周大新提出了三点看法。其一，是记录者。好的作品是作家对生活对时代的反映，客观上是一种记录，后世的读者在阅读时，会在脑子里还原或再现过去时代的生活。这种记录与历史学家的记录是不一样的，它是形象的、生动的、直观的、有感情温度的，因而也特别容易进入人的记忆。其二，是启蒙者。这话如今很少有人说了，说出来容易被称为"狂妄者"。但作家既然是思想者，他们通过作品表达出的思考总是要超前一些，这对大众应该是有精神上的启蒙作用的。通过阅读文学作品而获得精神启示，也是一部分人读文学书的目的和动力。其三，是批判者。作家写作激情的产生，往往来自对生活的不满足、不满意、不认同，他们不可能不对现实生活进行批判，批判得越犀利越尖锐，越容易引起人们的警觉，从而使疗救的措施和办法更快地被提交出来。社会的前进当然不是靠作家的批判来推动的，但作家的批判肯定能对社会的前进起到一些推动作用。

5月9日，周大新来到北京外国语大学，做题为《人性立方体》的演讲。讲座围绕"人性"，以立方体不同的面代表人性的不同方面。人性中有宽容和怜悯，就会有对立的残忍和狭隘。周大新用生动的事例，阐明了人性的不同面。5月28日，周大新来到五洲传播出版社与出访团全体同志会合，乘坐US88航班飞往美国纽瓦克。此行，周大新游览了华尔街、百老汇街、自由女神像、二战航母，之后去书展现场，看到了被翻译为西班牙文的《安魂》和《银饰》。随后，一行人又先后参观了大都会博物馆、帝国大厦、西点军校。周大新对西点军校印象颇深，在日记中写道："西点军校位于距离纽约两个小时车程处的山里，哈德逊河从校园旁边流过。校园内有几名学员的雕像,有教堂,有球场,有草坪,有露天剧场或学会场所Wood berry。"① 5月31日,周大新来到墨西哥城尤卡坦自治大学孔子学院,6月1日做讲座,演讲的题目是《文学让我们的心灵相通》。6月5日,周大新与哥伦比亚当地作家对话,有多位作家出席。次日,周大新在当地孔子学院教师带领下参观了博物馆。7日,周大新飞往秘鲁。8日,他参观了圣地亚哥,晚上与孔子学院拉丁美洲中心智利作家对话。9日,他上午在智利国会图书馆参加座谈会,下午参观聂鲁达在圣地亚哥的故居。11日上午,在圣托马斯孔子学院做讲座,题目是《爱》。12日抵达纽约,周大新晚饭后去了时代广场,看了五光十色的广告和成千上万的游人,感受到纽约的确是一个世界性的大都市,世界各地的人都来游览。13日,匆匆游览纽约中央公园之后乘飞机返回北京。

其间,周大新的创作谈《我的忧虑与理想——关于〈曲终人在〉》发表在6月2日《光明日报》,他谈道:

> 《曲终人在》的主人公叫欧阳万彤。在他的身上,寄托了我对政界的全部理想。我写他的经历,写他的作为,写他的命运的目的,是呈现目前官场的生态,让读者了解当下管理社会的官员队伍的景况,让人们看到在目前的社会现实下要做一个好官是如何的艰难,从而呼唤有更多的高级官员能为我们国家和民族的利益着想,成为令人尊敬的政治家,成为合格的社会管理者。一个民族和国家的前途,固然不是全由高官来决定的,但高官们的素质和作为,的确可能对一个民族和国家命运产生重大的影响。我们的国家和民族现在正处在一个紧要时期,能不能使国力和国威继续上升成为全世界都敬重的对象,能不能使百姓的生活更富裕、幸福指数更高成为全人类羡慕的对象,

---

① 摘自周大新日记。

既要看全民在物质和精神财富上的创造状况,也要看我们社会的高层管理人员也就是高官们的素质和管理状况。

书里也写了很多普通人,也就是非官员非社会管理者。写他们的目的是想对整个社会生活的境况做个概略展现,想打开一扇窥见人们当下精神世界景象的窗户。官员服务于百姓,官员的精神素质最终会影响到百姓的生活和百姓的追求;官员又来自民间,民间的精神取向其实也会影响到官员的追求。治理官场,当然要先从官场动手,在体制和制度上下功夫;但提高全民的精神素质也应是一个重要任务,应该把当官发财的普遍认识彻底扭转过来,要不然,即使当下民间的好人做了官掌握了社会管理的权力,也有可能再钻制度的空子变为贪官。我们眼下身在民间的人,应该想想,假若有一天人们把管理社会的权力交给了你,你将成为一个什么样的官员?

愿读者朋友们能愿意读这本书。①

1994 年,周大新曾写出中篇小说《向上的台阶》,当时对于官场生态,他并不完全了解,一心想把官场里丑恶、腐败的官员面目揭露出来。小说发表后,他也承受了很大压力。这篇小说从没有受到过官方的表扬,虽然多次被转载。好多导演想把它拍成电影,但都无法实现。时至今日,现在的中国人对官场的认识更为全面,大家也有了更为宽松的表达空间。写《曲终人在》的时候,周大新已经 60 多岁了,有些话再不说,可能没时间说了。然而他只是想把自己看到的东西呈现出来,官员也是人,应该公平地看待他们的人生。

评论家贺绍俊更愿意把这部小说看成一部政治小说,认为传达了当代作家的政治忧思。周大新设计了一个想在政界有所作为的官

---

① 周大新:《我的忧虑与理想——关于〈曲终人在〉》,2015 年 6 月 2 日《光明日报》。

员形象欧阳万彤，他是清河省的省长。欧阳万彤退休几年后突发心脏病去世了，省长的妻子委托作者为省长写一部传记。但周大新真实意图并不是想塑造一个清正廉洁的官员形象，他是要通过欧阳万彤这一高官的为官经历，去思索今天的政治生态环境，所以他在构思上采取了一种特别的形式。周大新通过欧阳万彤与教授任一鸣的悉心交谈，详细表达了他的观点。他认为，我们仍处在人类的青年时期，社会管理的任务主要交给了精英人群来执行。可是怎么才能保证选拔出管理社会的人确实是精英人物？怎样才能保证管理社会的精英人群不滥用管理权？这些问题都需要解决。像欧阳万彤这样的精英，尽管进入了社会管理的中心，他身边却是荆棘丛生，暗藏险恶。更令人忧思的是："我们对于官员的评价系统也是问题重重。周大新采用20多篇采访记录来构思这部小说，这绝不是想在形式上玩点花样，他是通过这种方式将他的政治忧思传递给每一位读者。"①

2015年7月3日下午，由中国作协创作研究部、中国作协小说委员会、人民文学出版社联合主办的周大新长篇小说《曲终人在》研讨会在京举行。到会的有李敬泽、雷达、吴秉杰、胡平、梁鸿鹰、孟繁华、贺绍俊、陈福民、李建军、李洱、彭学明等，人民文学出版社应红副总编辑主持。李敬泽表示，在当下的"反腐"浪潮中，公众对官员群体有着较高的认识欲望，对这一群体生活状态的想象也很普遍。周大新在《曲终人在》中有力地回应了这种想象。周大新在作品中，并没有简单地写一个好官或一个坏官，而是塑造出一个在审美意义和伦理意义上都站得住的人，这也是很具挑战性的事。周大新在这方面做了令人赞叹的探索。

在周大新看来，写作是没有终点的马拉松，作家应该在自己能驾驭的范畴内充分张扬自己的想象力，每个年龄段都能写出好作品。每写完一部作品，意味着给自己又增加了一分困难，因为要超越自

---

① 贺绍俊：《周大新的政治情怀》，2015年5月12日《北京晚报》。

己的难度就更大了。必须写新的东西，读者才会认可你，重复自己是不会被认可的。这样的过程累则累矣，但他觉得有乐趣，一旦进入创作中，其他什么事情都忘了，就像到了另外一个世界。在那个世界里，你就是主宰者，等作品发表后，你会发现你创造的那个世界，别人也走进去了，这点非常神奇。然而快乐是短暂的，因为很快又要进入到下一个作品，周而复始。但因为热爱，他对写作从不厌倦。

周大新也提醒青年人有阅读储备才能开启创新，就自己的写作来说，并不局限于军队，也不局限于地方，但是不管写哪个领域的生活，一直在完成两个任务。一是，去挖掘中华民族精神的内核——坚韧的品质；二是，呈现民族精神中的杂质，比如冷漠、自私、贪婪。中国的文化底蕴深厚，每个人的价值观有所区别，民族文化要振兴，应该鼓励在各自的工作领域内取得成绩。首先需要自身有储备，必须大量阅读古今中外的文学作品，才能有所创造、创新，继而为社会做贡献。

2015年度茅台杯人民文学奖于12月11日下午在北京鲁迅文学院颁奖，《曲终人在》获长篇小说奖。2016年1月18日，《曲终人在》获《当代》长篇小说论坛2015年五佳作品。2016年11月11日晚，《曲终人在》亮相央视，改版后的央视科教频道《读书》栏目，首期节目推荐分享了长篇小说《曲终人在》。

2016年4月1日，周大新在《人民日报》发表随笔《现实主义边界可以扩展》，谈自己的文学观以及对现实主义写作的理解。在他看来，现实主义作为一种创作方法，世界各国的作家依据自己的理解，已对此进行了广泛的实验和探索。批判现实主义、魔幻现实主义、心理现实主义、结构现实主义等流派的出现，就是这种试验和探索的成果。但现实主义这种创作方法有着广阔的创新空间，前辈作家并没有穷尽一切可能，我们这些后辈作家依然可以有新的发现和创造，依然可以大有作为。

当我们在中国这块土地上使用现实主义创作方法时,可以与中国历史上民间智者渴望超脱世俗的玄想传统相结合,写出充满灵性的现实主义作品。在中国历史上,各个时代的民间智者都有一些渴望超脱世俗的玄想,这些玄想产生的最主要的原因,是现实生活中遇到的很多事情不能解释且太令人苦恼。这些玄想有的变成神话被记载,有的变成传说在流传,有的变成宗教教义和信仰的内容在传承,有的变成警语世代传递,成为中国历史文化的一部分。当我们去写当下的现实生活和现实人物时,不能不想到历史文化的流动,因为任何现实在你要表现的那一刻,其实都已进入历史,任何当代人物都不能不浸润在历史文化中。当我们把历史上人们对于创世、对于日月星辰、对于风霜雨雪、对于土地、对于动植物、对于天宫等的玄想,与现实人物的人生际遇结合起来写时,可能会产生一种别样的效果,会使我们的人物从现实中超拔出来。当我们在中国这块土地上使用现实主义创作方法时,可以借鉴西方知识界喜欢科学幻想的做法,把现实主义创作与科学幻想相结合,写出带有未来眼光和科幻味道的现实主义作品。应该承认,当代普通中国人关注当下的生活较多,对人类的未来和地球、宇宙的未来关注思索较少,知识界也少有科学幻想的传统。这与我们近代以来经济社会发展落后有一定关系,大家在吃饱穿暖问题都还没有解决的情况下,不可能去想那些大问题。今天,我们作家可以在写现实主义作品时,借助已有的科学知识,立足现实的生活,充分展开自己的想象力,既观照到当下人们的生活处境,又联想到人类的未来,联想到地球和宇宙的未来,使自己的作品具有一种未来眼光,带有一点科幻味道。我想,这样的作品,可能更为年轻读者所喜欢。

2016年10月,十八册《周大新文集》由人民文学出版社出版,收录了周大新自创作以来发表、出版的主要文学作品。其中长篇小说八部十册,有《走出盆地》、《第二十幕》(上中下三卷)、《21大厦》、《战争传说》、《湖光山色》、《预警》、《安魂》、《曲终人在》;

中篇小说四册，有《香魂女》《瓦解》《紫雾》《向上的台阶》；短篇小说两册，有《金色的麦田》《明宫女》；散文三册，有《长在中原十八年》《你们抗拒诱惑》《摸进人性之洞》；电影剧本《飞鸟》。周大新在自序中回顾了三十多年写作的心路历程。

自1979年3月在《济南日报》发表第一篇小说《前方来信》至今，转眼已经36年了。

如今回眸看去，才知道1979年的自己是多么地不知天高地厚，以为自己的生活和创作会一帆风顺，以为自己可支配的时间多得无限，以为有无数的幸福就在前边不远处等着自己去取。嗨，到了2015年才知道，上天根本没准备给我发放幸福，他老人家送给我的礼物，除了连串的坎坷和成群的灾难之外，就是允许我写了一堆文字。

现在我把这堆文字中的大部分整理出来，放在这套文集里。

小说，在文集里占了一大部分。她是我的最爱。还在我很小的时候，就对她产生了爱意。上高小的时候，就开始读小说了；上初中时，读起小说来已经如痴如醉；上高中时，已试着把作文写出小说味；当兵之后，更对她爱得如胶似漆。到了我可以不必再为吃饭、穿衣发愁时，就开始正式学着写小说了。只可惜，几十年忙碌下来，由于雕功一直欠佳，我没能将自己的小说打扮得更美，没能使她在小说之林里显得娇艳动人。我因此对她充满歉意。

散文，是文集的重要组成部分。如果把小说比作我的情人的话，散文就是我的密友。每当我有话想说却又无法在小说里说出来时，我就将其写成散文。我写散文时，就像对着密友聊天，海阔天空，话无边际，自由自在，特别痛快。小说的内容是虚构的，里边的人和事很少是真的。而我的散文，其中所涉的人和事包括抒发的感情都是真的。因其真，就有了一份保存的价值。散文，是比小说还要古老的文体，在这种文体里创新很不容易，我该继续努力。

　　电影剧本，也在文集里保留了位置。如果再做一个比喻的话，电影剧本是我最喜欢的表弟。我很小就被电影所迷，在乡下有时为看一场电影，我会不辞辛苦地跑上十几里地。学写电影剧本，其实比我学写小说还早，1976年"文革"结束之后，我就开始疯狂地阅读电影剧本和学写电影剧本，只可惜，那年头电影剧本的成活率仅有五千分之一。我失败了。可我一向认为电影剧本的文学性并不低，我们可以把电影剧本当作正式的文学作品来读，我们从中可以收获东西。

　　我不知道上天允许我再活多长时间。对时间流逝的恐惧，是每个活到我这个年纪的人都可能在心里生出来的。好在美国麻省理工学院的布拉德福德·斯科博士最近提出了一种新理论：时间并不会像水一样流走，时间中的一切都是始终存在的；如果我们俯瞰宇宙，我们看到时间是向着所有方向延伸的，正如我们此刻看到的天空。这给了我安慰。但我真切感受到我的肉体正在日渐枯萎，我能动笔写东西的时间已经十分有限，我得抓紧，争取能再写出些像样的作品，以献给长久以来一直关爱我的众多读者朋友。①

2017年，长篇小说《曲终人在》获第四届中国出版政府奖图书奖，并出版了德文版。3月，周大新做客合肥"大湖之约艺术名家大讲堂"，阐释了文学是人生最好的陪伴者。优秀的作家需要有一定的哲学修养和史学功底，还应重视生活积累，用心讲真实故事。12月，在接受《环球时报》采访时，周大新提出应该更宽广地去理解主旋律这个概念，凡是对生命、人性、人生、社会、国家、民族和

---

① 周大新：《长在中原十八年》，人民文学出版社，2015年版，第1—3页。

自然界有新的思考、认识并有完美艺术呈现的作品,都可视为主旋律作品。因为文学艺术的主要任务就是去思考、认识这些东西并加以表现。

关于写作,周大新很想写写人是以怎样的姿态进入社会的。进入社会的人,各自走进的社会层级不同,命运曲线也大不相同。人如何与社会已存制度打交道,在社会制度改变方面做出过怎样的努力。在人与社会的关系上,周大新还有很多想写的东西,只想尽己所能,抓紧时间写下去。面对已然进入的读图和影像时代,一个手机微信控制人、纸质书滞销、严肃写作者逐渐被边缘化的时代,作家的日子越过越艰难了。一个小说家辛辛苦苦地写几年,才写出一部书,可卖起来很难,很多人不愿读书当然也不愿买书,他们宁愿把时间花在碎片化的阅读和看影视剧上。因此,作家的收入锐减。统计资料显示,美国作家收入平均减少30%,中国尚没有统计数字,但减少的比例也不会低。作家当然不能只考虑经济回报,可作家也是人,也要过日子,更重要的是,低报酬让写作这门职业不再有荣光,它打击着作家的职业自信,让他们的心难以平静下来。周大新在文章中谈及自己的真实感受。

> 我当然也不能例外。当我坐在书桌前写作时,我不能不想:纸质书的寿命还有多久?严肃文学还有没有存在的价值?自己正写着的这部书会有几个人来买?它能对多少人的心灵产生一点影响?出版之后多久会被网上盗版?
>
> 心,着实难以平静。
>
> 难以平静也得想法子平静,因为只要心里不静,就难以安坐桌前写出东西来,更别说写出好东西了。我想的法子就是赋予自己的职业神圣感。我告诉自己:写小说对于你是一项职业,而且是你喜欢的职业,是你自愿干了几十年的职业,是你不愿舍弃的职业,既然这样,你就必须将其干好,这是你应该遵守

的职业道德；这个职业尽管不能赚大钱，但它制造出的精神产品是社会发展所需要的，对我们民族精神的铸造会产生作用，而民族精神是支撑一个民族生存下去的重要支柱，你一个来自乡村的农民的儿子，能参与神圣的民族精神的铸造过程，是荣幸的，你该知足了！

我把神圣感授予自己，由此让自己的心理获得了平衡。心理平衡了，心里就容易静下来了。

心静下来了，眼睛就看到了心里焦躁、烦躁、惶惑、惶然时看不见的一些东西。比如，看见了资本流动中时而美丽时而妖媚时而丑陋的腰身；看见了权力运行中时而光明灿烂时而阴暗疯狂的状貌；看见了人性中时而美好时而肮脏的惊人变幻；看见了人生强大、脆弱和艰难的一些瞬间。①

第二节　《天黑得很慢》与老龄化

2018年1月，周大新的长篇小说《天黑得很慢》首发于《人民文学》第1期，1月由人民文学出版社出版单行本。这是中国首部关注老龄社会的长篇小说。故事的主要发生地为"万寿公园"，原型是他家附近人一天能去三四趟的玲珑公园。正如地坛公园孵化了史铁生那一片朦胧的温馨和寂寥以及对生老病死的诸多慨叹，玲珑公园除了为周大新提供一个故事发生的舞台和素材收集的场所，也更深层次地通过潜移默化，在他心里发酵出一种关于老去的沉郁的情绪，玲珑公园作为散落在城市中的一个小的老年人集合之所，也折射出诸多关于养老的问题。

在2015年年初，周大新将上一部长篇小说修改完毕交给人民文

---

① 周大新：《静下心来搞创作》，《文艺名家话"文艺走进新时代"》，2015年10月15日《人民日报》。

学出版社之后,就开始构思新的写作。他在日记中写道:"长篇小说《人老了》——对时间的恐惧。每一个人其实都是我们生命中的过客。"① 当年,周大新的新居万寿塔小区新房交付,他开始装修,并买了树苗在小区门前种植,还在小区新房前处理了菜地等事宜,添置了家具。7月27日,他还专程来到新房撰写书法作品:生在农家长在乡村,田间劳作之苦虽成记忆但难忘根系何处当报故土养育之恩;士兵出身寄文为业,操作文字之苦尽管持续可亦亲创造之乐理该效贤忧国忧民。下午还去了琉璃厂装裱该作。

2015年10月17日,周大新的母亲去世。其间,周大新写出散文《呼唤爱意》。他目睹了母亲生命的最后一程,将正在书写的长篇小说改名为《最后一程》,并于年底集中写作。在12月31日的日记中,周大新写道:"2015年就此过去。这一年,是多事的一年,伤心的一年,母亲离开了自己,再也听不到她的声音了。母亲让我看到了人生尽头是什么,有什么,让我看得更开了。"②

2016年全年,周大新都在集中精力写《天黑得很慢》这部长篇小说。小说以"拟纪实"的方式展开,以万寿公园黄昏纳凉活动结构全书。万寿公园中,周一到周四,来自不同机构、不同专业的人士向前来纳凉的老人或推销养老机构、长寿保健药丸,或展示返老还青的虚拟体验,或讲授人类未来的寿限,而周五到周日,从事家庭陪护的女青年钟笑漾自述十余年间陪伴护理老人萧成杉的经历。小说通过陪护员对一个家庭生活的近距离观察和亲身参与,反映了中国老龄社会的种种问题,如养老、就医、再婚、儿女等,既写出了人到老年之后身体逐渐衰老,慢慢接近死亡的过程,也写出了老年人精神上刻骨的孤独,同时写出了人间自有真情在。

周大新创作《天黑得很慢》的灵感源于自己和周围人在衰老问

---

① 摘自周大新日记。
② 摘自周大新日记。

题上的经历和体会。有一次，他见到一位80多岁的老人发愁没力气将两袋洋葱提上楼，便帮忙将洋葱提到四楼老人的家门口，下楼时看到对方正扶着楼梯一点点走上去，这时，他第一次感觉到人到了晚年深深的无力感。另外，周大新目睹母亲从90岁开始卧床到92岁去世的两年中迅速失智的经历，给了他很大刺激。此外，他听到的包括作家张爱玲在内的老人孤独死于家中的事也使他受到触动。于是，他想用小说描述一下人生最后一段路程的风景，认为那样对已经变老的、即将变老的、终将变老的人都会有些益处，同时也希望让自己对老年生活有个预先把握，学会与衰老共处。《天黑得很慢》尝试为天黑以前的风景铺上一层温暖的底色。

在评论家白烨看来，《天黑得很慢》是一种"预警"，是向步入老年的朋友"预警"。这种"预警"，因为涉及众多已经步入老年和更多即将步入老年的人，更有现实性的力量，也更具普遍性的意义。吴义勤指出，这是一部能够体现周大新一贯风格的非常优秀的现实主义力作。它最大的特点是现实感和人文性结合得非常好，题材、主题都非常有意义，具有冲击力。

小说中既有技术也有幻术。前四章起类似拍醒木的作用，周大新尝试用这个办法吸引观众，就像乡村里演戏，正戏开演之前要敲很长时间锣鼓。这里讲了很多技术，有些是忽悠的，有些是真实的，相信科技发展会为延长生命带来福音。涉及"道"的部分，是尽量符合道家传统。一位专门研究阿尔茨海默病问题的专家看了后说，周大新的书不是科学著作，但有点道理。经过心理干预的病人会有好转。《天黑得很慢》中，故事的主要发生地为"万寿公园"，原型为北京西南方向地铁慈寿寺站附近的玲珑公园，里面有一座巍然耸立、雕刻精美的塔，是"永安万寿塔"。

周大新谈到自己的社会调查，到2050年，中国人口将有三分之一进入老年，关于养老的社会文化氛围却没有形成，街道可供休息的座椅很少，没有老人专用的卫生间，所有的报纸杂志都以青春为

玲珑公园一角

美，音乐厅、剧院等的设计也没有对老人有太多关注。《天黑得很慢》故事主体部分的讲述者为萧家所雇的保姆钟笑漾，老人最后这段生活常常儿女不在身边，他们的状况护工是最清楚的，看得也是最真切的。父母有时即便有情况也瞒着儿女说不要操心。关于老人受骗的新闻不断出现，现在最关心老人的群体反而是打着各种幌子的医药公司、商业机构，而他们的"关心"也不过是想从老人身上谋利。截至2017年年底，中国的老龄人口，即60岁及以上年龄的老年人口已达2.41亿，占总人口17.3%。这项比例达到10%，就意味着进入人口老龄化社会。将新作取名为《天黑得很慢》，意在表达老年人"告别的时间"是很漫长的。

潘凯雄的评论文章《〈天黑得很慢〉：为渐渐老去的人点亮一盏灯》（2018年2月1日《文汇报》），认为《天黑得很慢》不啻为老人们点亮的一盏明灯，更是为呼请全社会关注老年这个日趋庞大的社会群体而谱写的一曲咏叹调。作品所涉及的题材与主题既是中国的，也是国际的。面对这样一种题材与主题，既考验作家的才情，也展现作家的情怀。在既有的阅读记忆中，如此集中而鲜明地以老龄社会为题材表现老龄化的社会主题，周大新的这部《天黑得很慢》即使不是开创者至少也是开拓者，无论就题材还是就长篇小说写作本身而言，《天黑得很慢》既是周大新个人写作十分重要的新开拓与新成就，也为整个长篇小说的写作提供了许多新的话题与新的因子，是2018年开年非常有分量、有特点的重要长篇小说之一。

对于作品的经典性，周大新看得很淡然。回眸古今中外经典文学作品的形成过程，我们会发现一部作品成为经典，从作品本身来说，总会具有下列五个特点。其一，它进入的题材领域，是别的作品从未涉足的，给人一种强烈的新鲜感。其二，它呈现的人物形象，是别人从未着力描画过的，给人一种极强的新奇感。其三，它传达的事情，不专属于某个国家和民族，是全人类都能理解和关注的，使人的心灵产生强烈的共振。其四，它所使用的语言，是作家母语中最优美最有个人特色的语言，能给人带来一种极大的愉悦感。其五，它所使用的结构方式，是别的作家从未使用过的，给人一种陌生的审美享受。写得好是作品成为经典的内在条件，但并不是写得好的作品都能成为经典。有些好作品因无人发现而淹没在浩瀚的作品之海中，有的因被禁被毁而没能流传下来，有的因刻本和印数太少而失去了踪迹。因此，经典的形成还需要外部条件。条件之一是作品刚一出现就要拥有一定数量的读者，使作品在读者中享有一定的口碑，读者能口口相传并自愿地去收藏它；条件之二是有艺术鉴赏才华的评论家能够评说并向更多的人群、向社会推荐它，使作品在专业圈子里享有一定的地位，使其能够进入文学艺术收藏库里；条件之三是有眼光的后世出版家不断地将其重印并收入各种丛书、套书之中，使其读者数量和影响力不断扩大。一部作品能不能成为经典，常常还需要时间来检验。不同的作品需要检验的时间长短也不同。有的作品，可能出现几年、十几年就被公认为经典作品。有的作品，可能需要几十年甚至更长的时间才能被认定。特别是对于当代作家的作品，由于错综复杂的人际关系和各种原因，经典作品的认定更加困难，从而不得不交给下一代人去确认。身为一个作家，最重要的是去写好自己最想写最愿写的作品，把自己想对这个世界说的话都说出来，至于它能不能成为经典，则没必要太在意。把这事交给时间，交给读者，交给社会去处理。尤其是时间，时间是比较公正的。

该书出版后，周大新也有了一段时间的生活缓冲期。他带着夫人小瑛参加了广州读书节，赴法兰克福参观。他在2018年5月18日的日记中详细记载了游览莫扎特故乡萨尔茨堡的经历。一行人先在外边看了莫扎特的故居，这是一栋有着几百年历史的建筑，挤在街道两边鳞次栉比的商店和小咖啡店中，后到米拉贝尔花园游览，这座花园建于17世纪末，当年花园的女主人是大主教阁下的情人。宫殿的每一扇窗户都可遥望萨尔河畔的霍亨·萨尔茨堡。之后坐缆车游览了城堡，这是"莫扎特之城"的标志性建筑，建于1077年，是欧洲中部最大的防御性城堡。午饭后，坐车至哈尔施塔特小镇，它被称为"世界上最美的小镇"，这里的湖光山色非常优美。

2018年9月29日，《天黑得很慢》获首届"南丁文学奖"[1]。授奖词为：

> 周大新秉承中原作家群关注现实的优秀传统，致力于对社会、人性、生命的种种问题进行深入探索和文学表达，在乡土、历史、都市、生命等题材领域都取得了突出的成就，成为中原作家群的重要代表性作家。《天黑得很慢》以直击现实的勇气和切身的独特体验，逼近生命本质；以"拟纪实"的晓畅文学表达，反映老龄化带来的种种社会问题及由此带来的老年人精神上的刻骨之痛，对生命的思考臻于哲学高度，体现了周大新敏

---

[1] 2017年11月26日在郑州举行的南丁逝世一周年追思会暨《经七路34号》研讨会上，为纪念南丁先生，促进中原作家群创作的繁荣兴盛，经与南丁先生亲属协商，由瓦库文化传播股份有限公司出资，设立南丁文学奖。南丁文学奖每年评选一次，授予最近一年来创作出最优秀文学作品的在豫或豫籍作家，奖金不低于10万元。南丁文学奖坚持以人民为中心的创作导向，坚持导向性、权威性、公正性，旨在奖励有理想倾向、对人类发展和社会进步有切实贡献的优秀作家。评选范围限于授奖时在世的在河南省内生活、工作的作家和在河南省外工作、生活的河南籍作家。2018年9月29日，周大新的长篇新作《天黑得很慢》从10部候选作品中脱颖而出。

锐的问题意识、自觉的社会责任和温暖的文学情怀。

关于与南丁先生的缘分，周大新曾写有随笔《笑对人生——忆何南丁先生》，追忆和南丁的交往。文章写到1986年初次见面，周大新作为写作者感受到先生对青年后辈的关心、爱护和善意，之后遇到人生坎坷时，先生的帮扶和多年的相交经历，以及自己在南丁先生离世后的内心哀痛之情，并表示会谨记先生的教诲："对人生的长度，能争取多少就争取多少，争取不到时也要笑对它，活得无愧才好。"①

2018年12月，周大新撰文谈"文学与道德"的问题。文学的道德是他一直关注的问题，也是他对自己写作的职业责任和担当意识的表达。2019年1月，周大新撰文寄语中原青年作家，再次提出作家与时代的关系问题，勉励他们在文学道路上奋勇前行。今天的中国社会正在发生巨大的变化，中国的文学也可能会随之发生变化，虽然这种变化不会以很快的速度呈现，但建议年轻的作家们，不要再盲目地跟在前辈作家后边走，应该有一点应变的心理准备。首先是城市生活成为关注中心，其次是对于人类未来生活的想象。2019年年初，周大新短暂赴美，参观了普林斯顿大学、费城、白宫、国会山等。回国后，读了《宋徽宗传》，写了《寻找国宝——来自纽约的报告》。

2019年5月，日本作家、芥川奖得主平野启一郎与周大新相聚北京，在中信书店举办的《剧演的终章》中文版分享会上，进行对话，并与读者探讨了当代社会语境下的恋爱小说。平野提到，当代日本年轻人对待爱情和婚姻，时常会处于既保守又开放的心理状态。对此，周大新认为，现在中国年轻一代在爱情观和对伴侣的选择上，相比于日本年轻一代显得更加开放和大胆。平野启一郎是日本新生

---

① 周大新：《笑对人生——忆何南丁先生》，2020年8月3日《中国文化报》。

代最杰出的小说家之一。《剧演的终章》围绕日本天才吉他手蒔野聪史和海外战地女记者小峰洋子一见钟情式的爱情展开，出版一年内加印十七次，热销二十二万册。

"我身边的那个人是一生挚爱吗？"平野启一郎的小说《剧演的终章》曾经在日本民众中引发这样一番讨论。23岁即获芥川奖的日本作家平野启一郎称，虽然当今社会，"一生挚爱"可能会越来越少，但是总有某个人在我们心中占据着特殊的位置或留下了遗憾，他想要通过作品唤起的正是这份遗憾的心情。虽然在"命运"的主题下进行创作，平野启一郎笔下的女性人物和日本传统文学当中的女性人物的命运已经截然不同。他希望自己描写的，不再是川端康成《雪国》中的那种拥有传统美的女性，而是能够展现出当代社会女性特征的人物角色。确实，和《雪国》当中身世凄凉，只能从事女招待或者艺妓这些职业的女主人公驹子相比，生活在巴黎、以战地记者为职业的洋子在外人看来已经是"生活的主角"，没有蒔野也会有很好的人生。

在写小说的过程中，平野看了不少凄美爱情电影，如意大利新现实主义大师维托里奥·德·西卡的电影《第二个月亮》等，他发现这些作品共通的设定就是男主角要上战场，女主角在家中孤独等待。可是在今天，女性的社会参与度已经大幅提升，女性也拥有了更多的职业可能性。所以在《剧演的终章》当中，一方面，他安排女主角洋子奔赴硝烟弥漫的伊拉克战场，而男主角蒔野则在和平的日本与女主角通信，等待她的归来；另一方面，平野启一郎在小说主人公的年龄上也放宽了限制。

对此话题，周大新指出，即便是在中国的当代作品中，恋爱小说通常描写的几乎都是20多岁青年男女的爱情，年龄最多不超过35岁；可是平野的小说男女主人公都在40岁左右，而且洋子比蒔野大两岁，中国的恋爱小说中很少写这种年龄段的人的爱情。平野表示，之所以这样写，一方面，是今年43岁的他对十几岁的毛头小子那种一腔热血的热恋已经不感兴趣；另一方面，今天虽然也存在婚姻观念比较传统的人，但是大城市里人们的思想已经更加开明，他们普遍结婚较晚或者干脆不想结婚，只不过由于女性在生育上有年龄限制，所以不少日本女性到40岁前后才会比较着急，感受到寻找结婚伴侣和生孩子的压力。

7月12日，周大新参加由人民文学出版社主办的"与故事讲述者面对面——茅奖系列沙龙活动"，分享了他的获奖作品《湖光山色》。7月19日，周大新在《中国文化报》发表《互联网时代网络文学对传统文学的影响》。作为传统作家制度体系中的写作者，周大新还是积极看待网络文学的勃兴，认为其应当成为文学繁荣的积极力量。他在日常生活中也经常上网，很多文学写作的调查材料也是从网络中查找的。写作者应该保持开放心态，互学所长。

7月29日，周大新在《中国文化报》发表《小说家存在的价值》，探讨作为小说家的意义与价值。他找出了小说家存在于世的一些答案，包括，小说家能满足人们听故事的天性；小说家能向人们介绍很多新的不熟悉的人物，并描述这些陌生人的人生经历，满足人们窥视他人生活的欲望；小说家能把人性的多个侧面尤其是隐秘部分形象地展示出来，满足人们探查人性秘密的愿望；小说家能把社会的不公、政治的腐败尖锐而形象地表现出来，从而唤起人们改造社会的愿望和决心；小说家对生命的宝贵和脆弱有最清醒的认识，因此，他们把保护生命视为自己的任务，尤其对大量伤害人类生命的战争，有着很高的警惕性；小说家深知人类是自然界进化的产物，人类与自然界紧密相连，地球自然环境的每一次变化，都会给人类的生存带来直接甚至是可怕的影响；小说家都是自己母语的熟练掌握者，他们是文字排列的能工巧匠，精于自己母语文字的搭配组合，并勇于进行创新性的使用，从而使自己母语文字的美丽包括外形美、韵律美和含蓄美充分展示出来；小说家能把人的心灵引领到一个充满爱的境界中。

从周大新的写作来看,他一直有着强烈的知识分子的使命感和责任意识。近年,小说家的"小说课"成为独特的文学风景线。王安忆、毕飞宇、阎连科都从小说课中阐释创作经验及对小说本体特征的认识。相较于文学的理论阐释,周大新更为注重对当下社会现实问题的关怀与思考,小说对生活与时代的回应和意义。

7月31日,周大新在《中国文化报》发表《表现城市生活和想象未来生活》,提出中国文学应该随着中国社会的变化发生新变,应该满足城市化的需要,以及读者群变化的需要。未来作家比试本领的地方,将主要在城市文学高地。同时,随着改革开放的持续深入,随着科技事业的不断进步,随着生产力的稳步提高,国人生活水平也会越来越高,大家也会有闲心、有余力去观望未来,去关注人类未来的生活图景。这就要求作家对未来的生活进行想象,给他们献上新鲜的、过去很少有人写过的关于未来生活的作品。比如,关于未来大国关系演变的想象,关于人类未来对新能源利用的想象,关于未来人类使用新型交通工具的想象,关于未来人类之间战争场景的想象,关于未来与其他外来生物进行战争并保卫地球的想象,关于未来人类外部生活环境变化的想象,关于未来人类可能遭遇重大灾难的想象,关于人类未来移民其他星球生活的想象,关于人类未来外貌变化和寿命延长的想象,关于未来科技发展导致人类生活发生重大改变的想象等。当然可以不去理会这种心理需求,而继续去写汉朝、唐朝、宋朝、明朝、清朝和一些短命王朝的人物和事情,但是,获得的读者可能会比过去减少许多。

10月10日晚,周大新应邀到河西学院,在贾植芳讲堂做了题为《我的创作思考——从〈湖光山色〉到〈天黑得很慢〉》的报告。周大新结合自己的创作经验,从五个方面详尽阐述了他关于小说写作的思考。一是根据自己的生活积累和兴趣来选定小说题材;二是根据自己的年龄和偏爱来确定要写的人物;三是依托自己的心理和生理体验去编织故事;四是以陌生化作为选择叙述方式的标准;五是以有新的思想发现作为小说创作的最高追求。他还以《湖光山色》《天黑得很慢》《前方来信》《银饰》等作品为例,具体阐述了小说创作如何选择熟悉和感兴趣的题材,人物塑造如何重视对同龄人的把握和表现,并提出作家只有从自己的心理和生理体验出发编织出小说故事,才能给读者真实可信的感觉。他从叙述视角、叙述节奏、结构样式、氛围制造、语言样态等方面,对小说叙述方式的应用具体加以阐释,认为小说品味的高低取决于作品思想内涵的深刻及其对人的启迪。写作者应该从生命、人性、人生、人类社会制度、人与自然界的关系、人与科学技术进步的关系、人类未来命运七个方面深入开掘,作为小说创作的最高追求。

11月4日,周大新抵达厦门。次日,参观了土楼,大开眼界,还游览了漳州古城。周大新在漳州师院做了题为《小说创作思考》的讲座。一行人还参观了林语堂故居。9日,来到郑州,参加河南籍"茅奖""鲁奖"获得者的聚会。10日,返回邓州家里,看望爹,看到爹的身体尚好,很是宽慰。11月29日,周大新先是送妻子小瑛去医院看病,回来为邓州杏山生态旅游小镇题写了匾额和对联。他还为高铁开通到家乡邓州一事,向邓州市委、市政府发贺电一封,并赋诗一首:"喜闻京邓高铁通,呼啸驶过城几重。明清半年赶考路,今朝只需半日行。"

12月8日,周大新参加"三亚财经国际论坛——全球格局变化下的应对与抉择",提出中国作家应该继续坚持开放的状态,要坚信中国文化巨大的同化能力;要让中西文化继续进行碰撞,激发出新的火花,从而为我们新的文化创造和文学创新提供思想活力;要走出去,除办好北京每年一届的图书博览会,展示中国的图书出版情况之外,还应该在西方大国首都,每年举办一些有关文化评论、作家作品的推介会,从而引起西方文学界人士对中国文化、中国文学的兴趣,让他们更多地了解我们。

2020年11月28日,由《天黑得很慢》改编的话剧在河南艺中心举行了首场试演。该剧被评由河南省天清文化传播有限公司/仟勋话剧出品，闫玉静担任出品人、制作人，杨浥堃导演，李博、彭璐琦、顾雪楠主演。该剧被评为2020年度河南省精神文明建设"五个一工程"奖，也是2020年度省级公共文化服务专项资金（郑州市扶持艺术创作资金项目）扶持项目。话剧出品人、制作人闫玉静坦言：在现实生活中，由于代际差异和高强度的生活节奏，我们对老人的关心大多停留在衣食住行的物质层面，却不曾用心体会他们的心理变化趋势并给予他们恰当的关怀，希望这部话剧带给我们思索和指引。

2021年6月5日，《天黑得很慢》英文版《万寿公园》新书分享会，由Sinoist Books、单向空间、英国光华书店在北京主办。主办方介绍，这是一本深入探讨与反思人生衰老真相的小说。虽然讲的是中国的故事，却引起了全世界的共鸣。在5月，英国出版社Sinoist Books将《天黑得很慢》翻译成英文并介绍到了英语世界。分享会采用线上线下同步进行的方式，周大新与评论家胡平对话，并同时与旅英华人作家薛欣然、翻译James Trapp隔空连线，共同直面老龄化社会的真相。

周大新认为，对人类个体生命的诞生、成长、结束之过程，人类学家和医学家负有观察和研究的责任，以人和人类生活为描述和表现对象的作家，也当然应该给予关注。人由幼年、童年、少年、青年、壮年到老年，这是人生的全过程。自己过去对人生的前五个阶段，或多或少都写过，唯独对人的老年生活从未触及。未写它的原因，一个是，它那时离自己还远，对它没有感知和了解；另一个是，从内心里对它有抵触和反感，觉得人老无用了，写它干啥？未料到日月如梭，转眼之间，自己就进入了老境。60岁退休之后，方生出观察人生老年阶段的兴致，有了写作老人生活的兴趣，也是在这时才发现，人的生理衰老与心理变老有时间错位，大部分人身体已进入老境，但心里还认为自己年轻，导致他们面对衰老时毫无精神准备，很多老人对衰老还像孩子那样无知。在这种情况下开始了《天黑得很慢》的创作，为的是给自己一个宽慰，给同龄人和高龄人一个提醒，给壮年和青年人敲一记警钟。故事主人公萧成杉用他的行为告诉我们，老年是人生行程必经之阶段，任何人想绕开都不可能。人人都应该学会平静面对它的到来。学会适应身体器官功能的逐渐弱化，学会与疾病和平共处，学会适应少有人陪伴的孤独，学会适应少有人关注的落寞，学会重新回到床上生活。这部书之所以起名为《天黑得很慢》，就是想提醒已经变老的朋友们，天黑得很慢，你还有一段时间可以再为这个世界做一些事情，让你心中尚存的爱迸发出来。同时也想告诉已经变老的朋友们，天黑得很慢，你得做好迎接困难、孤独、疾病的准备。当然还有一层意思，那就是告诫已经变老的朋友们，天黑得很慢，但天终究是要黑的，你得准备与这个世界说再见了，留恋不走是不被允许的，把该准备的都准备好，以便随时换乘新的交通工具，去往另一个陌生世界。最后也想告诉年轻人，你们所给予的爱，将会是老人无痛苦走好人生最后一段路程的保证！

　　该书备受关注的原因还在于老龄化已成为全世界越来越突出的问题。我国老龄化趋势在新世纪之后持续加深。第七次人口普查数据显示，截至 2020 年，我国 60 岁及以上老人达到 2.64 亿人，占总人口比重约 18.70%；65 岁及以上老年人口达到 1.91 亿人，占总人口比重约 13.50%。老龄化已经成为今后较长时期的重要世情，积极应对该问题已成为全世界共同的战略选择。周大新以文学的方式将这一问题加以呈现，也具有重要的社会学意义。2022 年上半年，都柏林文学奖发布长名单，《天黑得很慢》被选入，这是中国作家首次入围。

第三节 《洛城花落》与婚姻质量

2021年年初，周大新出版长篇小说《洛城花落》，并将其称作自己的长篇小说封笔之作。这部长篇小说从2019年3月开始动笔，创作缘由是周大新看到身边很多年轻人选择离婚。在新闻上看到的婚姻悲剧比较多，有些是因为夫妻不和，女方反抗杀死丈夫的，也有男方杀死妻子的，还有自残的。自己身边熟人的孩子，也有因为离婚走上法庭的……这些事促使他开始关注离婚这件事，探讨当下年轻人的婚姻现状。小说最初名为《离婚案》，在2019年的最后一天，周大新全天仍在写这部小说，并感慨："至此，一年结束，又老了一岁，向死亡再迈进一步。明天会遇到什么呢？"①

2020年年初，周大新数日集中精力写长篇小说。1月15日，凌晨两点左右他忽然开始胸痛，疼醒之后吃了救心丸和硝酸甘油片，效果不佳。六点钟给值班室打电话，被送到301医院急救室，住进心内科开始治疗。17日，在做过CT检查后，周大新开始思考长篇小说创作，并对开头进行了修改。21日，在为去海南做准备后，周大新下午在家中继续写长篇，预感到会有什么灾难降临，心神不定。湖北传来不好的消息。这年国人度过了一个不寻常的春节，人们都躲在家里，没有了过年的乐趣。周大新所在的清水湾碧桂园东区也出现了一例新冠肺炎确诊病例，小区还来了不少武汉疫区的人，人们明显感受到很大的不安。周大新在写作、读书的同时，也密切关注疫情进展情况。2月6日，人民文学出版社的宋强先生发来微信，希望周大新录一段视频给抗疫的人们鼓劲。周大新随即录了一段，说了几句话："大家好，我是周大新。面对疫情，我们要保护好自己，保护好家人，保护好大家。让我们团结一致，共渡难关。我的

---

① 摘自周大新日记。

心，与湖北的读者朋友们在一起。"之后，继续写长篇小说《离婚案》。23日，将小说名字改为《看尽洛城花》。3月17日，从干休所得知，可以回家，随即订了机票，于22日返京。在北京家中经过15天的隔离，周大新一直在写小说。因疫情影响，很多活动都停止或推迟了。整年，周大新都在写作《看尽洛城花》，其间，也写了电影剧本《突破口》，以及关于邓州的情景剧《万年一回首》。12月9日，为人民文学出版社建社七十周年写贺联一副："为精品佳作接生，给文学星空添彩。"

周大新之所以用"庭审记录"这样的写作结构来写《洛城花落》，包括以下两方面的原因：一方面，是为内容服务，只有在庭审的时候，双方雇请了律师，通过律师和当事人之口，才能充分明确地把自己的意见表达出来，法庭鼓励这样说，因此能从各个角度来发表对爱情、对婚姻的看法，其他场合很难有这样集中的辩论环境；另一方面，这样的写作结构也是自己的一种创新。小说创新很重要的一点，就是结构创新，用新的结构来讲述故事，才能引起读者的阅读新鲜感。结构问题，也是周大新自己最初构思小说时最痛苦最烦恼的事情。小说创作，要求作家首先要超越自己。

周大新希望这本小说能有一种厚重感，不是只讲两个主人公的离婚，而是搭建起一个历史脉络，引导人们去思考关于婚姻的这些问题。中国离婚的历史，特别是由女性提出离婚的历史，追溯起来并不是很久。设计一点这样的情节，可能有助于人们了解女性的命运。现在，女性表达意见的机会和权利比过去多了不少，这是社会的进步，也是全体女性奋斗的结果。小说的优势就在于它可以虚构，把人生故事化，把生活典型化，这是别的文学体裁很难完成的任务。而且小说可以把作者的思想埋藏在故事后面，让读者一开始只读故事，只觉得有意思，读了之后才陷入沉思。周大新自己最初喜欢读小说，也是因为喜欢小说中的故事。周大新在《洛城花落》出版之际宣布其为自己长篇小说封笔之作。谈及封笔原因，周大新表示，长篇小说对体力的要求太高，过去，20万字的小说在自己眼里抬腿就过去了，现在感觉是一座大山，得几年才能爬过去。人要学会撤退。

2021年1月21日，周大新在《文汇报》撰文谈创作，《长篇封笔〈洛城花落〉：修缮婚姻这座建筑物靠什么》。

这些年，我听到的婚姻悲剧不少，也知道年轻人对婚姻质量的要求越来越高。喜欢关注和感知社会生活变化的我，对婚姻领域新变化有了探查的兴趣，也激起了讲述的欲望，于是，通往内心的那个储满激情的小门打开，袁幽岚和雄壬慎这两个人物渐渐显形，我开始忙着为他们作媒，故事渐次展开，便有了这部最新长篇《洛城花落》。

小说公布了一对夫妻的离婚案情，讲述了他们相识、相恋、完婚、离婚调解和婚案庭审的过程，目的不是评判他们谁对谁错，只是想通过这桩案子，把我对婚姻的几点认知传达给读者朋友。当然，这些认知不可能都对，这世界上有太多对婚姻参悟透了的人。有过婚姻经历的人，都可以结合感受进行评说甚至批驳。

书名"洛城花落"意象源自欧阳修名为《玉楼春》的诗。更多的人熟悉"人生自是有情痴，此恨不关风与月"，其实接下来的几句更让人伤感："离歌且莫翻新阕，一曲能教肠寸结。直须看尽洛城花，始共春风容易别。"书名蕴含着爱情凋落，有情人分离的悲剧意味，也暗含着女性成长的代价。

婚姻不是一座牢固的建筑，它需要通过不断修缮才可供长期居住。如果把婚姻比作建筑物，它不是钢筋水泥筑就的楼房，一住70年或100年，它像极了一座茅草房，保质期通常只有2至3年，此后就需要居住的两人不断合力修缮，否则便漏风漏雨，然后就可能倒塌。我们见到很多白发夫妻，能走到最后，不是因为搭配得特别好，是因为他们在修缮婚姻建筑方面是高手。

修缮这座建筑物的最好材料是爱和宽容，只有它们能粘合裂缝。最忌讳带着恨意和猜疑去修补，这两种东西对婚姻均有很强的腐蚀性，且极易迸发出火星，引燃茅草屋顶，造成火灾，导致整个建筑物彻底报废。

建筑物一旦倒塌，必然是两败俱伤，不会有免伤者和全身而退者，且易伤及无辜。当然，有伤重伤轻之分，有内伤外伤之分。有人受的是外伤，能从脸上、身上看出来；有人受的是内伤，外表看上去完好无损，他自己甚至感觉不到被伤了，可内脏里已缓慢出血。容易伤及的无辜者，包括双方父母和自己的孩子，甚至媒人。

这世上关于结婚和离婚的小说太多了，没有谁能通过一部小说来把婚姻这桩人生大事说清楚，自然我也不能。我能做的就是通过小说给读者提个醒：虽然爱情有多变和容易迁移的特性，很难陪伴我们一生，但的确会存在于人生过程中，请不要错过享受它的机会！

自1986年起，虽然仍持续不断地写中短篇小说，但我已悄悄把主要精力投入长篇小说写作中，因怕失败，故没声张。两年间写完了长篇《走出盆地》，于1990年出版。从1988年开始，我开始写三卷本百万字长篇《第二十幕》，十年后的1998年，方最后出齐。

到这部《洛城花落》，我恰好完成了十部（十三卷）长篇。长篇小说写作之所以成为最爱，是因为我觉得长篇在小说家族中算是长子，块头大，能肩负起很重的责任。

长篇小说允许你从容讲述故事。小说脱胎于故事，故事是小说必备的要素。小说里的故事性可强可弱，但完全没有故事的小说不可能拥有很多读者。也正因长篇允许作者从容讲述故事，而我又是个很喜欢讲故事的人，故赢得了我的青睐。

长篇小说允许你细心装扮你的人物。小说是要靠人物来支撑的。你的人物形象可以是扁平的，也可以是立体的，但不能没有。以动物为表现对象的小说，表面上看没人物，其实那些动物不过是人物的化身而已。在长篇小说里，你可以用各种油彩和化妆品来仔细打扮人物，不必担心超了字数遭观众厌弃。

长篇小说也允许你大胆进行语言试验，充分张扬把控语言的能力。你在语言上有多大本领都能使出来，文雅的、粗鄙的、幽默的、古板的、晦涩的、白开水的语言形态都可以在作品中出现。你可以使用独有的叙述语言，也可创造古怪的人物对话，总之，语言的边界无限。

长篇小说还允许你进行结构创新。从头讲可以，从尾讲欢迎，从中间讲支持；一条线讲可以，两条线平行讲可以，三条线并行讲也行；时间上颠倒讲可以，空间上打乱讲允许；讲当下真实的可以，讲过去虚拟的可以，讲未来幻想的，也行。没有任何禁忌，你怎么玩花样都可能赢得喝彩。

长篇小说更适合把作者的思情寓意彻底埋藏起来。世上最好的小说，常常是很难一下子说清在讲什么。小说创作者的一个重要任务，就是把真实的思情寓意通过各种手段埋藏起来，而长篇小说恰好给了作者这个方便，他有充分的时间、空间和语言资源，来"藏"自己，从而使作品读起来变得更加奇妙和充满张力。

虽如此喜欢长篇创作，但我不得不宣布：《洛城花落》是最后一部长篇，从此以后，我就不写长篇小说了。与长篇样式作别，不是因为她没有诱惑力了，主要是我精力和体力不行了。年轻的时候，20万字就像一个丘陵，不用多长时间就可以翻越过去；年纪大了之后，20万字就像一座高山，得用几年才能爬到山那边。罢了，人得学会撤退。以后就去写散文和一些短东西了。①

书名一开始选用的是《看尽洛城花》，责编知道他的用意后，建议改用《春风易别》。后来臧永清社长建议用《洛城花落》。周大新说，最终同意使用《洛城花落》为书名，寓意自然是感叹婚姻这朵花到底还是落了，传达的是一份无尽的伤感。更有意味的是，伴随着书的出版，2021年1月1日中国正式施行的《民法典》规定了"离婚冷静期"制度，迅速引起社会争议，"离婚冷静期"成为热搜词，为婚姻制度、为女性如何确立在婚姻中的位置提出了新的话题。在接受《中华读书报》采访时，被问及作品写离婚，恰逢新的《民法典》颁布施行，"离婚冷静期"引起争议时出版，是赶巧了吗？周大新回应，开始写作本书时，还不知道国家要颁布《民法典》，更不知道《婚姻法》中关于离婚增添了冷静期，的确是赶巧了。不过，在过去的离婚庭审前，有的法官也会让当事人冷静一段时间再开庭。自己是非常欢迎《民法典》中关于离婚增加了冷静期这一条款的。因为过去的确有夫妻在一怒之下离了婚，冷静下来又后悔了。曾经听朋友讲过一对年轻人离婚的经过，夫妻俩都是独生子女，都很任性，有一天两人一同逛商场时，为买不买一件东西发生了严重的争吵，结果妻子很生气，走出商场后对丈夫说："咱俩不玩了，离婚！"男子也很愤怒，回道："不玩就不玩，离就离！"当下两人就去了离婚登记处，很快就办完了协议离婚手续。可回到家以后，两个人都哭起来了。

在《洛城花落》中，周大新关注的焦点不是考验婚姻的现实困难本身，而是两个人的感情。在他看来，婚姻中的生活艰难远远不如互相猜忌更有杀伤力。就像滚雪球，猜疑的幽灵发挥了神力，让

---

① 周大新：《长篇封笔〈洛城花落〉：修缮婚姻这座建筑物靠什么》，2021年1月21日《文汇报》。

婚姻中的一切纠缠在一起,也让撕开面纱的婚姻露出了蓬头垢面的一面。也正因为如此,周大新想要探究原生家庭带给人的情感能力,探究在智商、情商、财商之外,"婚商"的问题。生活很累,婚姻很贵,但我们不得不相爱。而相爱的时候,结婚的时候,我们或许都该想一想:我们的"爱商"够吗?"婚商"够吗?如果不够,就学习起来。他用这部小说,融会法律和人情、偏见和洞见,书写了一部"理性婚姻指南",更书写了"爱的幸福提示"。评论家潘凯雄认为,《洛城花落》是一部小说版的"婚商学"。孟繁华认为,《洛城花落》是一部极具现实感和时代性的小说。"周大新将长篇小说封笔之作深入到人类生活的最深处,也是最隐秘的领域,以奇特的构思走向私密生活和私人情感,不仅使小说具有极大的可读性,同时隐含了现代人在日常生活和情感领域的危机,探讨了这一领域不可穷尽的神秘性和多样性。"[1]

第四节　为了人类日臻完美

周大新的写作,从最初的倾诉、成名的愿景,到一定年纪,钱和声名已经不重要了,就是希望能把自己活这么多年对人性和人生的一些认识,对社会和民族、国家的一些认识,对人与自然关系的认识,通过作品传达给读者,能在精神上和读者进行交流。在他看来,现在纯文学阅读已经逐渐减少,大家都很忙,看书成为奢侈的事情。但文学还是要让故事蕴含深刻的思想,能够带给读者精神上的震撼。阅读严肃文学作品,是一个民族提升其精神素质的重要渠道。这种阅读,才能保证一个民族中还有人在思考,保证民族的素养不断提升。

关于自己多写悲剧,周大新审视原因有三点。一是在生活层面

[1] 孟繁华:《新时代"永恒主题"的变与不变》,2021年3月17日《文艺报》。

上，自己的视线所及，看到的生活不如意多，看到的人生伤痛多、人生惨剧多，无法回避也不想回避。二是在理论层面上，周大新认为人生本身就不是一场喜剧，人出生以后不断地劳累辛苦，竟然是向虚无黑暗的坟墓迈步，上帝用一点点的快乐和幸福，逗引着人向前艰难迈步。这是不是悲剧？三是周大新从年轻时开始读小说、戏剧、看电影，一直喜欢看悲剧，认为只有悲剧才能表现出人的真实处境。看悲剧时会流泪，流泪之后会感到轻松。文字是心灵的最好安慰品。

写作几十年后，周大新也经常会追问自己，文学对人们有没有价值，有没有意义，自己的写作又有没有意义。在他看来，文学的力量主要体现在以下五点：

一是抚慰心灵。文学能让我们短暂地忘却生活中的烦恼。周大新遇到问题的时候，就赶紧去读书，要找故事性特别强的书，悬疑小说，或者是爱情小说，一读书，烦恼都会被短暂地忘掉。他建议读者在遇到烦恼的时候，可以找一本书来读，书中人物的命运和美好的语言会治愈你。

二是修炼气质。文学能让我们变得优雅和文雅，优雅是指女性，文雅是指男性。文学是向内的，即使是那些鞭挞黑暗、表现丑恶的东西，目的也是告诉你，这是黑暗的，这是不值得我们学习的。所以一个人读书多了，气质会发生变化。一个人读不读文学书，是能看见、能感知的。因为女性与男性的气质不同，所以女性特别适宜读文学书，书读多了，一举一动给人的感觉会不一样，尽管自己都没有意识到。

三是理智从容。文学可以让我们活得更理智、更聪明。没读过文学书的人，他只活自己的一生，但读文学书的人，他不断看别人的人生。文学讲的是人学，讲别人的命运发展，看文学书多了，就会对更多的人生有了解。你活的不是自己的一生，而是活了好多次，你对人生的了解会比别人更丰富，活起来就会更理智和从容。

比如，我们看到有些人生活奢华，不读小说的人可能会心生羡慕。但读过文学书的人，就会产生警觉，有时会同情，甚至在心里暗暗说，你可别出事。人生的命运是起伏不定的，灾难和不测随时可能发生。上天不会一直把所有的好东西都给你，也不会把所有的坏东西都给你，人生基本是平衡状态。看书多了，会对人生有更理智的看法。

四是认识人性。文学会让我们对人性的认识更全面。前些年郑州有一对夫妇卖馒头赚了钱想回报社会，觉得扫大街的清洁工挺不容易，于是每天早晨每个保洁工都可以到他家馒头摊领两个馒头。一开始人们非常感动，过段时间，有人觉得两个馒头吃不饱，说要三个，两口子答应了。又过一段时间，有人说想吃饼，这对夫妇说行。再过一段时间，有人又提出了新的要求，这次两口子觉得承担不起，就决定不再做这件事。有人开始骂他——这小子赚了钱，心这样黑——你看，这就是人性。本来是一个简单的好事，最后却是一个糟糕的结果。文学作品是探索人性的，人性这个幽深的洞穴究竟有多深，里面有多复杂？我们读多了就会对人性有更多的了解。这也让我们在遇到一件事的时候不惊慌，会活得相对轻松一些。

五是敬畏自然。文学能让我们对人与自然界的关系认识得更清楚，从而对自然界保持一份敬意。很多文学作品讲人与自然界的关系。我们读这样的文学作品读多了，就会对生我们、养育我们的自然界心存敬畏。我们就会思考，是否人定胜天？我们可以改变自然，但有一个度。我们目前遇到很多严峻的环境污染问题，文学作品读多了，自然会敬畏大自然。

2019年10月13日，由韬奋基金会阅读组织联合会在全国开展的"文化行走 阅读中国"在兰州市图书馆举办，周大新参加"战争与英雄"文化沙龙。谈到作家的使命和担当，周大新提倡"文以载道"，希望通过写作向世界传达爱，唤醒人们心中的爱。在家时我们要爱家庭爱家人，在社区我们要爱生活爱社区，在世界我们要爱国家爱社会，世界因爱而美好，有了爱人才会有生活的动力。访谈结束后，周大新分享活动主题"战争与英雄"，他先从三场战争讲起。其一，是作家亲身经历过的"对越自卫反击战"，他作为战地记者去过前线，采访了"抛妻弃子"的战士，见到了老山轮战的残酷，也见到了英烈沉默的墓碑。在此期间，他完成了《汉家女》《小诊所》等短篇小说，思考了战争的意义，让他对文学所要秉持的信念更加坚定。其二，是作家查阅资料知道的西路军的故事。这是一个不为人熟知的故事，却同样壮烈，同样值得我们纪念，西路军顽强的战斗精神，坚定的革命信念，深深地震撼了他，也永远激励着我们前进。其三，是根据真实历史事件想象架构出来的"土木堡之变"。以浪漫的想象辅以真实的历史，从小人物入手，展现了历史大事件和个人小情感的纠结，最后瓦剌少女的觉醒也是人性的觉醒，留下故事让后人传唱。每场战争都会有英雄挺身而出，每场战争都促使人们反思、促进人类进步，和平来之不易，幸福来之不易。讲至动容处，周大新热泪盈眶。

2020年年初，住院期间的周大新仍在思考规划中的邓州图书馆大门两侧的文字内容，并在日记中写道："阅读，重要的不是为了收集别人思考的结果，把自己的脑子变成别人思想的存储库，而是为了获取思考的方法和材料，从而开始自己的思考，做一个能独立思考的人，拥有自己思想的能力。读文学，会让我们对人生、社会和人与自然界的关系有新的体悟；读史学，会让我们知道前人的生活状态和他们曾经走过怎样的弯路，并明白一些规律；读哲学，会让我们学会观察此岸世界的方法；读科学，会让我们知道自然界的奇妙和学会利用它为自身服务。世上的书太多，而人生太短，不加选择地阅读其实是对人生的一种浪费。但选择书的本领又来自大量阅读，也因此，不加选择地阅读是有选择阅读的前奏。"[①]

[①] 摘自周大新日记。

2020年5月，周大新接受《中华读书报》采访谈"枕边书"，说自己的枕边书有两种。一种是需要在精力好、不想睡的时候读的书，通常是需要质疑、思考和与作者暗中对话类的书。比如，美国威尔·杜兰著的《世界文明史》，英国彼得·沃森著的《思想史》，邢贲思等主编的《影响世界的著名文献·自然科学卷》，法国米歇尔·沃维尔著的《死亡文化史》，德国黑格尔著的《美学》等。另一种是在精力不好又不愿睡下时，用来进行精神放松和享受的书，通常是喜欢的长篇小说或者散文集和诗集。周大新买的书除了在工作调动中不小心丢失的，都保存在书架上，一本也不扔，它们都是周大新的宝贝。很多书能勾起他美好的回忆，看见它们心里他很快乐。最后，他会把它们捐赠到河南老家，让它们代表自己为故乡人服务。

2020年12月，周大新来到郑州参加第三届南丁文学奖颁奖大会，李佩甫的长篇小说《河洛图》摘冠。在此期间，他应邀参观三门峡湿地公园，看到天鹅栖息地、陕州地坑院、老子写经处和函谷关。年底，周大新收到长江文艺出版的"中国军旅文学经典大系"丛书一套，收录有《走出盆地》《预警》和一些散文、短篇小说。该丛书由徐怀中、朱向前主编。周大新感慨新冠病毒终将要过去，人类与自然界的关系在过去一年中呈现了极其残酷的一面。今后，但愿人类的活动不会误撞自然界的其他可怕开关。

2021年，周大新在《躬耕》第1期发表散文《八百里伏牛山》，谈家乡的山川风貌。

> 绵延八百里的伏牛山，是我故乡河南省的一座大山。虽然他的个头在地球上山的大家族中显小，平时又不爱说话，在他那些兄弟姐妹中不争什么名分，很少惹外人注意，但他对于我，对于南阳人，对于中原人，对于中国人，其实是很重要的。他对于我们中华民族的发展，乃至整个人类的进步，是出过一些

力的。

　　伏牛山国家级自然保护区野生动物中，兽类有62种，占河南省兽类总数的86%；鸟类有213种，占河南省鸟类总数的71%；昆虫的种类则超过3000种，其中的蝴蝶种类，在河南省甚至全中国，都是很全的。

　　生活在南阳盆地里，接受着伏牛山的庇护和恩惠，我对他充满爱意。①

《躬耕》是南阳地方文艺刊物，原名《南阳文艺》，1978年创刊。1982年改名为《躬耕》，取自于诸葛亮《出师表》："臣本布衣，躬耕于南阳。"周大新一直和该杂志保持密切联系。该杂志立足南阳，面向全国，培养和扶植了一批南阳文学作者，周大新、田中禾、柳建伟等南阳籍作者，二月河、李天岑、秦俊、周同宾等南阳本土知名作家，都曾在《躬耕》发表作品，这本杂志对南阳作家群有着重要的意义。

周大新是南阳作家群中卓有成就的一位，被称为"清醒的现实主义作家"。他在构筑自己的文学世界时，时时回首来路，其作品既有现实关怀，又有地域文化意蕴。中原文化入世、务实、凝重、坚挺的理性精神，与荆楚文化浪漫、神奇、瑰丽、飘逸的诗性品格，经由在农耕文化底色上的融会调和，呈现出南阳盆地文化醇厚、质朴、刚劲、沉雄，又兼保守、粗豪、顽韧、神秘的基本特色，并浸润着世世代代在这里生存繁衍的南阳人。周大新有着强烈的使命感和责任意识，认为作家的职业就是"为了人类日臻完美"，也以多年的文学实绩践行这一文学观。周大新执着的审美追求和清醒的现实主义选择，被认为"既是他强烈理性精神的体现，也是生生不息的

---

① 周大新：《八百里伏牛山》，《躬耕》，2021年第1期。

盆地文化的体现，是南阳历代文人学士爱国恤民的忧患意识的承传"[1]。

在周大新看来，文学作品的成色是衡量一个民族心灵成熟程度的标尺。优秀文学作品是民族精神财富中最宝贵的部分，我们理应珍惜。好的作品能不能经得起时间的考验，能不能走出国家和民族的界限，归根结底是要看它思考的问题、传达的思想寓意，是不是全人类都应该关注的。周大新也以持续的文学创作传达对中国社会现实及人类共同问题的思考，践行着"为了人类日臻完美"的写作理想。

评论家何向阳认为周大新一直在突破自己，他从未忘记一个现实主义作家的使命，开放而与时俱进。评论家梁鸿鹰论及周大新的写作时说，人们不能不惊异于周大新作品叙事之庄重、语言之素朴以及情节之简练，东方文字的端庄、静谧与美丽往往从不同作品中不自觉地自然流溢，而每一位认真的读者在他所描写的不同时代的作品中，总能感受到浓郁的中国风格与气派扑面而来，理由很简单——他的作品一直很好地保存了我们民族文化的精神，是属于我们中国人自己的文字。

2021年，宣布长篇小说封笔的周大新开始写一些散文和短篇小说。他也开始回首自己的人生路，在3月20日，写下两首诗。《农人》："重麦播谷掀薯秧，摘豆种棉砍高粱。鸡鸣鸭叫犬儿吠，且坐宅前闻荷香。"《抒怀》："少小从军赴山东，故乡时在长梦中。白发还家住旧居，忆起旧时塘里泳。"5月7日，周大新偕妻子小瑛一起前往海南，并陆续写下《海南日记》，包括《苏东坡的不幸与海南之幸》（5月9日）、《最大的私宅与最美的椰雕》（5月11日）、《一个古村落与一座新学校》（5月12日）、《登高望远的乡贤与思之久远

---

[1] 陈继会主编：《文学的星群：南阳作家群论》，河南文艺出版社，1999年版，第210页。

周大新图书馆开馆仪式现场

的书家》（5月13日）。

  10月9日，周大新赴宁波参加浙江书展，领取年度作家奖。他参观了天一阁等，在余姚参观了王阳明故居。返京后，周大新继续忙碌于家乡图书馆的选书问题，并撰写书法作品。人口数量与图书馆数量的比值大小，是一个地域人群文化水准和素质的重要评判标准。图书馆虽然不能够给你带来金钱，但可以保证不会让你陷入寂寞之境。世界上大多数的精神破产者，都没有走进图书馆。人生之书的页数不由我们决定，但我们可以通过阅读去决定大多数页面要描画的内容。阅读是一个人消除愚昧和空虚，完成精神成长的最好途径。2021年11月9日，周大新将其所藏图书悉数捐给家乡邓州的一所高中。年底，周大新一直忙碌于图书馆书籍、书法、文物的布置工作。其间，他还写了散文《喝杯黄酒解乡愁》。该年度，周大新平稳地度过了69周岁，还在68岁最后一天的日记中写道："且看造物主怎样安排我来年的日子。今后的日子,应该是收获越来越少,失去越来越多了。做好精神准备吧!"①

2021年3月4日,周大新图书馆在邓州湍北高中正式开馆,时任南阳市委副书记、邓州市委书记金浩出席仪式,并与周大新一起为图书馆揭牌。

周大新图书馆外观采用新中式设计,建筑面积1000余平方米,主体建筑分三层,一、二层收藏图书、字画,第三层为可容纳80人的小型报告厅。图书馆藏书2.5万余册,全部由周大新个人捐赠。其中1.3万余册是由周大新出资购买的新书,价值110余万元,藏于图书馆一楼,涵盖哲学、逻辑、数学、历史、政治、经济、教育、艺术等门类,既有石头书、竹简书,还有历届茅盾文学奖得主作品等;其余1.2万余册周大新个人珍藏的图书和69幅名贵字画,收藏于图书馆二楼,有一幅明代著名画家、文学家唐寅的书法真迹,堪称"镇馆之宝"。周大新在挑选赠书时花费了巨大心血。在繁杂的备选书目表里一一标记意向书目,为保证藏书质量,他严格制定选择标准,所购上万册图书来自全国几十家出版社,其中以人民文学出版社、商务印书馆、中华书局等的经典图书为主,也不乏故宫出版社出版的大部头艺术类书籍。同时,他又捐赠50余万元作为购书基金,用于逐年添购新书。

作为从邓州走出的优秀作家,著作等身、创作成绩斐然的周大新,始终没有忘记故土的养育。他的作品《香魂女》《湖光山色》等多以豫西南盆地作为背景,以农民作为主角,反映故乡风土人情。多年来,他始终怀着对故土的深情,心系家乡发展,关心支持家乡的教育事业。当天,周大新在图书馆三楼报告厅做了题为《愿闻书香入梦》的专题报告,从自身读书、写作的经历和感受出发,探讨书籍、图书馆的价值和历史演变,以及如何利用它们进行有效的阅

---

① 摘自周大新日记。

读和提升人生价值，让现场的青少年学生受益匪浅。

返回北京的周大新为朋友们陆续写了书法作品。在 3 月 23 日，他也为自己写了一首诗聊以自慰："十八从戎赴山东，军中求学西安城。南疆始有作家梦，京都写成七十翁。"

第五节　科幻与未竟的文学志业

2022 年起，周大新开始将创作重心转向科幻文学。他曾创作关于地震题材的科幻小说《平安世界》，在长篇小说《天黑得很慢》中也有诸多对未来技术的展望。在宣布长篇小说封笔之后，周大新开始了他轻松的科幻狂想曲系列，陆续发表了《云兮云兮》《去未来购物》《首次唤醒》等小说。这些科幻小说，寄寓了作者对科技时代各种新技术的关注和期待，同时注入更多的人性和人情思考。

2022 年 4 月 11 日，周大新开始写作小说《云兮云兮》，发表在《当代》第 4 期。小说写即将返乡的"我"，被外甥要求带着公司研制的机器人云兮，到乡村体验。云兮有着 19 岁少女的心智、能力，是新一代的生活机器人。在云兮和"我"来到乡村后，刚开始她很难适应乡村生活，如夜晚的黑暗、牛吃草，甚至豌豆的生机、孩子们的恶作剧。她对一切充满好奇，在乡村单身汉七旋对她的关爱下，竟然产生了情感。七旋也对"我"说，希望能购置一些机器人，缓解单身汉的困难。小说将科幻与人文较好地融为一体，写出了机器对人的情感的延伸以及困惑的解决之径。当"我"看到云兮被触发按钮迅速忘记不快时，感慨道，当初造物主在设计我们真人时如果也有这个处理开关，让人可以瞬间忘记遭遇的不快，那该多好呀！

《去未来购物》发表在《北京文学》2023 年第 2 期，更是一篇科幻与人性交织的小说。田恬和丈夫袁远结婚三年，对方患了渐冻症，生命垂危。田恬为了救丈夫，她愿意承担衰老 35 岁的代价，冒着风险穿越到 2092 年购置治疗渐冻症的药物。面对弟弟的劝诫，她毅然选择救丈夫。她来到2092年的北京，看到瓦蓝的天空，听到成群的鸟儿鸣叫。西山的峰峦清晰可见，所有的房子都被绿植覆盖。来到药店，她被一眼看出来自过去，因为神色里少了2092年人们的悠然和自然。店员给了她治疗渐冻症的药物，也推荐了最新发明的抗衰老药物。她还看到2092年的普通人已经随时可登月旅行，随时都有飞船往返。返回到2022年，丈夫得救了，她瞬间皱纹满面，成为一个老太婆。二人的差距也出现了，去吃饭、购物、旅游被当作母子，还听到丈夫对夫妻生活的不满，说面对一个满脸皱纹的老太太，哪里还有亲热的情绪？无奈之下，田恬提出离婚，并顺利办了手续。弟弟要替她报仇，她却拦住了，坦然说去了未来才知道还有那么多有趣的事情，并吞下了抗衰老的药物。

《首次唤醒》发表在《当代》2023年第2期。小说写了一桩失窃案，通过一幅名画《红蓼白鹤图》开启一段奇妙之旅。年轻的博士盗窃这幅画只为了印证自己的实验，是想唤醒、激活、恢复储存在纸上的所有影像和声音信息。身为公安局局长的"我"却被带入其中一览其前世今生。这幅画用的是九百年前的纸，作者让其活起来，先是宋徽宗被金人囚禁、宠妃被玷污，他亲笔作画，作为见证，通过身边人潜回南宋，祈求营救。还在纸上匆匆写了四句诗："彻夜西风撼破扉，萧条孤馆一灯微。家山回首三千里，目断山南无雁飞。"赵构接到书画，验明身份后，也制订了救父计划，但精兵遇到海难，全部丧生。1276年，元军攻入南宋都城临安时，这幅画也见证了朝代的陨落。清末，随着朝廷的坍塌，该画也流落民间。民国时期，南赵笔庄的主人重金购买到这幅画，后被国军兵团司令夫人低价购走。此画还有很多的内容，比如历史上这幅画曾挂在一个大官的客厅里，见证了官界的丑恶来往；也曾挂在一个商人的密室里，见证了很多可怕的交易。就是在这幅画收藏进尚城博物馆后，它也目睹了不少龌龊的事。那些有头有脸的人物还健在，"我"被告诫为了安全要保密，但第二天博士就被冒充公安民警的人拉走了。

2022年7月1日，周大新获得"光荣在党五十年纪念章"一枚。11月，他偕夫人小瑛到杭州疗养，因防疫政策，日常活动主要是做核酸、散步和读书，还游览了苏堤、雷峰塔、白堤、断桥、西湖美术馆、中央公园、钱塘江大桥、西溪湿地公园、灵隐寺等。11月29日，周大新参加北京大学教授李洱主持的"小说家讲堂"，做题为《我在小说创作前的内心准备》的演讲。

主持人李洱向同学们介绍道，周大新先生是一位对现实保持着高度警觉的作家。"警觉"这一评价来自罗兰·巴特致安东尼奥尼的著名信件，其中提到艺术家必备三种品质：警觉、智慧、脆弱。纵观周大新先生四十年来的写作，或是关于中国乡村数十年间的变革，如乡村传统文化和伦理关系在城市化进程中的裂变；或是回首20世纪中国历史带给人们心灵的巨大冲击，这些深层变化在其作品中都得到了警觉性的书写。他直面人生的苦痛与无奈，写出了人心中最脆弱的、不可回避的、命运般的人生故事。在李洱教授看来，周大新先生的为人、为文都值得我们学习。

周大新从自身的写作经验和创作实践出发，分五个部分向同学们介绍自己的小说写作经验与感悟。

小说创作的第一步是选择题材。周大新认为，选择题材是作家创造力和活力的体现。每个人的生命有限，作家无法在所有题材领域都取得创作成绩，因此对题材进行取舍是极有必要的，并应当根据自己的生活积累和兴趣来决定"写什么"。如何做出选择呢？首先，选择自己最熟悉的生活内容。周大新对乡村、军旅生活较为熟悉，因此笔下作品的题材也多出自这两方面；即使写到城市，往往也是用农村人的眼光来看城市。其次，选自己最感兴趣的故事方向。周大新放弃了自己更熟悉但较为反感的近亲婚姻现象，而选择去描写明王朝与瓦剌的战争历史。再次，选择别人尚未有充足发现的题材。周大新向同学们分享自己《天黑得很慢》一书的写作动机，不仅因为他熟悉老年人的生活，有兴趣去描写老年人的生活状态和心灵世界，也因为这是一个其他作家尚未开拓的题材领域。

小说创作的第二步是确定小说要写的人物。周大新指出，塑造人物形象是小说家的重要任务，现实主义作家尤其应当争取把人物形象写得生动丰满，使读者阅读时如见其人。对此，他建议作家从写同年龄段的人的生活入手，并尽量去写别人没写过的人物。此外，每个作家内心都有自己偏爱的人物对象，不妨以此作为表现对象展开描写。谈到这里，周大新详细介绍了自己对《天黑得很慢》中的萧成杉、《银饰》中的少妇碧兰、《湖光山色》中的暖暖、《曲终人在》中的欧阳万彤等几个人物形象的塑造过程。

小说创作的第三步准备是"故事的编织"。在周大新看来，故事是小说区别于其他文体最重要的要素，也是小说家思想的负载物。作家应依托自己的心理和生理体验，张扬起想象力去编织故事。例如，他在《向上的台阶》中写到关于饥饿的故事，在《天黑得很慢》中写到不承认自己年老的故事，都是因为他有相应的深刻体验。当然，从体验出发编织故事也不意味着什么都要亲身体验，在面临年龄、性别等无法跨越的障碍时，作家可以对自身已有的经验进行适当移植。

小说创作的第四步是确定"怎么写"。选择何种叙述方式十分重要，周大新从叙述角度、叙述节奏、结构样式、氛围制造、语言样态五方面具体讲解了叙述方式的选择考量：就叙述角度而言，选择合适的叙述视角展开，能使小说的叙述更加清晰；就叙述节奏而言，舒缓、常速、急骤的叙述速度，可以分别配合不同的小说主题；就结构样式而言，小说采用的框架结构为读者提供了进入小说的独特门径，小说的结构样式可以同现代建筑设计一般千变万化；就氛围制造而言，作家要根据小说的题材让叙述内容笼罩在特定的氛围之中，或闲适，或紧张，或恐怖；就语言样态而言，口头或书面、幽默或严肃的语言能够赋予小说不同的风格质感。在此基础上，周大新提倡以陌生化作为选择叙述方式的总标准，避免与其他作家作品重复，带给读者新奇的阅读体验。

小说创作的第五步是小说创作的艺术追求。周大新将自己对文学的思考总结为七个推进方向，关于生命本身、关于人性、关于人的生存状态和生存质量、关于人类社会制度、关于人与自然界的关系、关于人与科学技术进步的关系、关于人类未来命运。周大新表示，《天黑得很慢》这部作品思考的正是生命本身，有关人最后一段生命历程的途径和意义。小说的品位和价值在于其思想意蕴和启迪力量，一部小说的思想意蕴愈是丰富深刻，就愈具有恒久的艺术魅力。

附录一　周大新访谈录

魏华莹：周老师，您好！从1979年发表《前方来信》以来，您的创作已逾40载，以写作实绩见证了新时期以来的文学发展历程。作为军旅作家，您的作品题材广泛，既有前线战事和战争传说，又有对家乡南阳盆地的历史、发展、现状的书写，还关注居住地北京在城市化进程中的种种新问题，如阶层差异、老龄化、婚姻等问题，可以说始终保持对新时期以来的社会发展和人们生活状态的关注和思考。想请您讲讲走过的文学道路。

第一个问题：作为50后作家，普遍有挥之不去的乡土情结，你能否讲讲家世和童年？

周大新：谢谢！我们家是在南阳邓州的构林镇周庄，在村里边是最靠西边的一户人，家庭成分是下中农，还有一点自己的地。从我记事起就模模糊糊记得家里只有两间偏房，在村里属于生活条件比较差的。当时村里文化人很少，只有一个初小文化的，能写对联，那就不得了了。记得等我上高小的时候，一到过年村里人都来找我写对联。

说起童年，我最早的记忆是奶奶去世。她的具体面貌我已经记不清了，只记得她对我很亲。当时很难吃到白馍，奶奶生前总会把白馍掰成一块一块的泡到开水里，然后放点盐或者香油给我解馋，这是奶奶给我的印象。在我五六岁的时候她去世了，按照乡下的规矩，棺材盖将要钉死的时候，亲人再看一眼。这时候就有人说孩子太小怕惊着不要看，还有人坚持说让他看一眼，于是就把我抱起来，看她一眼，看的印象现在也没有了，就这句话印象很深刻。这是对奶奶的最早记忆。

小时候经常和村里的小孩儿玩打仗，就是在土地上分成两帮相互打。还要做搭桥，把一块木头中间做成是稍微凸起的，两边是尖的，然后用一个木杠一敲边上，它弹起来以后，用杠子把它击很远，就类似于美国棒球在乡村里的这种玩法。谁输了，对方用杠子敲一下打很远，然后你呜呜喊着跑过去再把它捡回来，作为惩罚。还和伙伴们一块在村里到处跑，夏天还要割草。

另外印象深刻的就是干活。我一开始的任务是照顾弟弟，父母都去干活以后，我就得管他，我老想着自己去玩儿，他又总是哭闹，有时候我会悄悄打他。成年后有次回家跟他讲，他说记不得了，我当时就三四岁的样子。那时在农村三四岁都要干活，我宁愿跟母亲到地里去，也不想在家照看弟弟。

再就是割草，家里喂了羊，我得割青草回来给它吃，因为大人都在地里挣工分。割完草背着筐子感觉很沉，我弄不动。也有些人虽然年纪跟我差不多，但人家力气大能扛动，我就是弄不动，所以对这个事情是深恶痛绝，这辈子都不想割草。后来割草可以挣工分，七八斤可以换一个工分。别人可以挣三四个工分，我只能挣两个。

魏华莹：看到有文章说您入学很早？

周大新：是的，因为我很不喜欢割草，就想一定要把学习搞好，我一定要考学。五岁的时候，父母就让我上学，这个很重要。因为我们那里很多人家都不愿意让孩子上学，毕竟很快就可以干活，可以挣工分了。当时上学还是要交钱的，还要有学费，要收作业本的钱。我因为家境贫困，就想用好成绩把作业本挣出来。那时候上学会有奖学金，有时候一个月能给一块五到两块钱，那就很重要。

当时进小学读书，只有一年级到四年级，离我们家有三四华里。我每天早晨去，中午回来吃饭后再去，晚上回来再吃饭，对一个小孩儿来说，感觉很远。后来等我当了兵回去以后再走，感觉怎么这么近，一会儿就能走到，但是小时候就觉得距离非常远。但那时候上学的愿望非常强烈，唯恐父母不让上学了，我们村里真是好多人都没上，我就一直在坚持，而且我的成绩一直很好。

高小考五年级刷下来一批，因为高小没那么多，我们一个公社才一个高小。我考上高小之后，课桌都是砖头垒的，砖头下边是土坯，一个课桌坐三个孩子。现在村办公室还有那种照片。

现在我都记得高小的老师，因为他们经常在课堂上念我的作文，作文作为范文来念给了我很大的鼓励。上高小的时候，学校离我们村有六华里。因为路途远，中午在学校吃饭，母亲会在前一天晚上用红薯面弄两个饼。到学校，把带来的饼用筷子穿上（筷子上一般都刻着自己的名字），放到学校的炉子上蒸一蒸，下边是开水，其实这样并不健康。但当时就是用茶缸子舀水喝，吃着自己带来的饼。母亲也忙，也不能每天晚上给你整这个东西，所以有时候会多带几天的，有时干脆带一个星期的。当时根本就没菜，后来发现有的家里富裕的孩子，带的有辣椒，拌着吃。我发现后也向母亲提出要带辣椒，母亲就把很辣的辣椒切碎，拌点油，让我带去吃。

尤其是冬天，早自习上课很早，天不亮就得摸着黑去上学。很多村里的孩子都不愿意去了。当时也没有灯，走着会害怕。包括晚自习，上完回来要走六华里，那时候村庄距离很远，我记得大概有三华里的地方，两边都是玉米地，风一吹它就响，把人吓坏了，小时候对这个印象非常深。当时没有卖鞋的，穿的鞋子都是母亲做的，所以鞋很金贵，下雪天就舍不得穿，把鞋子挂到脖子上，光着脚走路。

我父亲是 1960 年去世的，当时村里总共有百十个人，那场灾难中就死了 50 多人，一半还要多一些。最严重的时候，我 15 天没吃过一粒粮食，吃的都是野菜和树皮。1960 年我已经七八岁了，模模糊糊的印象中那时候吃大食堂，全村人在一块吃饭，一开始吃得很好，粮食都归公了，家家的粮食都送到村里，然后就吃白馍、吃面条，感觉很幸福。1958年其实是大丰收，但是因为炼钢铁没人收粮食，所以1959年就开始有存粮不够的迹象。食堂只能分一点菜，我印象中有天晚上叫我去取菜，我就拿一个碗取回了菜，但其实是野草。后来重新允许大家各自做饭，又没啥吃的，就出了事。去世的大部分是壮年男人，为了妻子孩子，自己舍不得吃。女人身上脂肪多，还能比男人忍受饥饿的时间长一些。野菜吃光了，就吃茅草根，再后来吃玉米芯、吃棉籽。很多人吃乱七八糟的东西，我当时全身已经开始浮肿了，母亲是顽强地给我们找各种吃的。

我在家里是老大，还有弟弟、妹妹。大弟弟没有接着读书，因为家里供不了两个学生。我读书是靠父亲卖柴火，后来父亲去世后，全靠我叔在管我，去山里用耙子搂各种柴火，到街上一担柴能卖四五毛钱。那时候村落稀少，我们附近有个黄牛农场。南阳黄牛是全国的"四大名牛"之一，那个地方原来是一望无际的荒草地，国家建设了一个黄牛场。他们种麦子、棉花或者玉米，秆子很高，机械手收割之后，剩下的茬子没人要，我爹就去弄回来，到镇上卖，供我读书。

魏华莹：当时能念初中是不是也很不易？

周大新：接下来考初中刷下来的学生就更多了。我们一届就四个班，一个班那时好像有三四十人，每个公社七八万人家的孩子，甚至还包括邻近三个公社的孩子来考。我考上以后父母觉得这孩子读书还行，那就一定要让我读下去。

我现在保存的最早的照片，是初二时照的。那时候照相很难，全镇只有一个照相馆，照张相得五六毛钱，都舍不得。

初中时学校就要求住校了。40多个孩子挤在一个房间一个通铺上。褥子就用玉米秆铺上，能够暖和一点。家里拿床被子，也没有枕头，睡觉时把衣服脱下当枕头了。那么大房间里边只有一个尿桶，也没有觉得环境污染什么的。

住校上学面临的最大问题是吃饭，学校食堂一个月得交四块多钱，家里交不起，后来就找到学校旁边村子里一位独身老汉，他家的房子宽敞，允许我在那儿支个小锅，我母亲把面条擀好，红薯弄好，父亲每周送来一次，我自己放学以后去下面条吃，早晨中午一般就吃个红薯。后来因为我们几个学生都在那儿做饭，老汉就建议说："我给你们做饭，你们也不要给我钱，就管我吃就行了。"几家大人一商量都觉得可以。每个人交些玉米糁、白面，然后他负责中午给我们做面条，早上、晚上吃红薯。我对这位老先生印象很深，现在还能记起他的相貌。

后来家里情况略好一点，就让我去学校食堂吃饭了。吃个馍馍，喝碗汤，当时也没有菜，但身体还是长起来了。再后来就开始凭票就餐了，可以买馍，也有炒菜、稀饭、面条了，就是只要有钱你什么都可以吃了。但咱还是吃不起。那时候知道家里情况差，就想着认真学习。

学校也经常请一些外面的人来讲课，包括一些战斗英雄、老革命讲课，还请了一些杂技演员来给我们表演杂技艺术。还会在礼堂搞演出，这礼堂我印象里很大，现在还在。下雨、下雪天还在里面吃饭。后来再回去看看才知道它那么小。小时候一切东西都会放大，觉得是很大的地方。尤其是每天上学的路，在我印象中很远，每次回家都很害怕，要跑那么远，可是等我成年再回去，我觉得我三步都可以走过去，感觉完全不一样。

学习方面，我的数学成绩也还不错，教室的山墙上经常会有几何老师出的一些难题，如果谁做好了会奖励一个作业本，我就做难题，自己琢磨，能够得到奖励的作业本。

还有作文，如果作文写得好，老师会把它抄到大白纸上，然后贴到山墙上，这也是很大的鼓励。印象中最辉煌的是把我的作文贴到人民公社镇上十字街口，这是最繁华的地方，村里人都看到了，说看到我发表的东西在那儿贴着，父母也觉得很光彩，这是很让我激动的。

后来"文革"就开始了，我们农村的孩子得到消息比较晚，公社里有喇叭，会广播，但我们回家天都黑了，后来住到学校了，也没有渠道接收这些消息。突然有一天宣布不上课了，说今天大家可以在校园里自由走动，还不知道发生了什么事情。开始发现有贴大字报的，之前是一点心理准备都没有，而且这张大字报是写校长的，就感到很吃惊，很害怕。因为校长在我们眼里那是至高无上的，那张大字报是老师写的。有些年龄比较大的学生，他们懂，就开始批斗老师。

我记得教我们英语的一位女老师，她就受冲击了。其实是因为她离过一次婚，就有人说她生活作风不好，这位老师后来境遇很差，就把一双破鞋挂在她脖子上游斗。然后就开始"破四旧"。尤其是年纪大的学生，特别兴奋，把学校里，包括很多人家的瓶瓶罐罐都给毁掉了。

魏华莹：作为红卫兵，你们有哪些特殊的经历？

周大新：1966年、1967年这两年，我们不用上课，也开始了大串联。大家崇拜毛主席，就决定要徒步到湖南韶山。那时候我才十几岁，就背上家里的被子，学着人家解放军，开始往南走。原来都是同班同学一块去的，多的时候十五六个人一起，但是中间走着走着就有些女同学走不动了，她们就停下来了，乘车返回了。我们还有十来个人是一直走，就要一直走到韶山去。那时虽然人小但很有心劲，就觉得自己是毛主席的红卫兵，要立场坚定。有时候人家汽车停下来，要带我们一段，我们也会坚决拒绝，就是要一直走路去。

我们终于到了韶山，参观的时候，发现人山人海，大概全国各地拥来3万人，大都在帐篷里住着，帐篷还是上下铺，我们找了一个地方，住在上铺，下雨都能听到。人太多了，说是可以凭着学生证领东西，像饼干、面包等，待了三天吃了两次热饭，就是米饭，人太多了，就想赶紧走。

我们来到长沙，住在中南林业设计院，我现在还记得非常清楚。因为这个学校让吃白馍，而且还给白糖，用小盘子盛上白糖，白馍蘸白糖，觉得这个地方太好了，咱们就住这儿！这时候我们同行的就只有四五个人了，就在这里住了半个月。住宿不要钱，吃饭也不要钱，说我们是毛主席的客人。我们就到长沙市里边转转看看，去岳麓山玩玩，去了第一师范等地，晚上回来吃饭。到哪里都有红卫兵接待站，只要带着红卫兵证或者袖章，真是感觉共产主义实现了。我们在那儿住了半个月，人也吃胖了。第一次看到湖南人吃饭是有菜的，那时候家乡人吃饭都是把菜放到面条里边，稀饭配炒菜最多是辣椒。看到湖南人还炒菜吃，而且还有汤，他们吃大米吃炒菜，最后要配一个豆腐汤，觉得在这里生活真好。

离开长沙我们又坐火车到株洲，但是在株洲看的什么我记不得了。印象中有小船，我们就剩下四个人，坐一艘小船，北方人没见过那么大的水，还是有些恐惧。

1968年串联回来继续上学，当时高中复课了，各个大队可以根据孩子在农村的表现，推荐读高中，不用考试。我就被推荐继续读高中，其实当时局面比较混乱，更多注重劳动，也没有安心上几天课，毕竟老师都被打倒了。有些调皮捣蛋的孩子不学习只添乱，还跟老师吵，所以很难学到东西。后来就要求我们学农学工，学开东方红拖拉机。我们公社有四台还是两台我记不清了，我们班就跟拖拉机站建立一种学工的关系，就是一台拖拉机配五六个学生。那时候开拖拉机有一个好处，到各个村把地翻翻，人家会招待你吃面条，觉得很好。而且还有补助，三个月能补助十几块钱。我就想把拖拉机学好了，当个拖拉机手。当时很多孩子不愿意去学，尤其是夜里也需要干活，它是24小时工作，只要机器不坏就得一直工作。我就夜里跟着师傅学，这样可以吃夜宵，关键是你可以独自上路，师傅很困，就睡到地头，这样就可以自己练练，我就学会了技术，期待以后能当一名拖拉机手。

有一天村子里来了山东人,说是要招兵。1969年要备战,招兵量很大。很多人不愿去,毕竟危险。我当时是因为无聊,也不让考大学,只好经常去打篮球,每天下午下了课以后,我们就在操场上打球。当时并不知道招兵的连长也喜欢打篮球,他穿着便衣,就在篮球场旁边看我们打球。那个时候我的个头已经一米七八了,他看我长得高,又看我打球技术还不错,就问我叫什么名字。我一听他是外地口音,我问他哪里人,他说是山东来的,来招兵的,问我愿不愿意当兵。我当然愿意。他就问我是哪个大队的,说明天体检的时候会去看着。我体检各项结果都过了,他就让我在家等着。我觉得这个人对我真好,只知道他是个干部,那时候没有军衔,也不知道级别。后来通知书果然来了,这太重要了。那个时候就是想离开家,因为家里老吃不饱,有一点东西也要给弟弟们吃,我就想着一定要离开家。一接到通知书,这个人又见了我,他对我说到部队好好干,还要跟着他打篮球,我也很高兴。

但是作为新兵到部队训练的时候,因为我个子高,又是高中生,马上叫我当了新兵连的班长。我打枪、跑步等训练成绩都很好。接着就训练认识军用地图,就是在地图上标一下,晚上再去找那个地方。那里会放个东西,你得把它拿回去,我也完成得很好。从新兵营训练结束的时候给我分到炮兵团的指挥连,也没有办法再跟着他打篮球了。

魏华莹: 能否详细谈谈您早期的从军经历?

周大新: 在我入伍的前半年,连队谁有好人好事,都要求大家写成稿子在食堂念念,激励大家好好干。我有时候会写个稿子,指导员、连长看了很高兴。我所在的连队是测地排,就是要测量地面炮火打得多远,有的达几十公里,需要测量距离,测量必须用几何知识、函数知识来算,我毕竟上过高中,我都懂,所以很快让我当副班长。我还负责保管德国进口的蔡司经纬仪,测量三角的角度,那时候没有计算机,全靠人算。很多没有高中或者是初三知识的人,没有办法胜任。

当新兵印象最深的是站岗，要求精神饱满。尤其是夜间站岗，站一班岗一般是一个半小时，那是最困的时候。通常是刚把战士叫醒了，你转身出门，他又躺下睡着了，再把他弄醒。多是十八九岁的年轻人，有的才16岁，正是困的时候。此外，在部队实弹演习之前，我们要提前测量。白天在大海滩上跑着测量，晚上计算，五六个晚上都没睡觉。等我们把数据上交之后，终于可以休息了，就躺在海滩上，铺上稻草躺下就睡，一直睡了两天两夜。毕竟，野战军要准备打仗，要求体力特别好。

后来，就把我借调到师机关里，参与绘制兵要地志图，我就把泰安周边的各个县道路、桥梁、河流、土地绘成军用地图，以供作战使用。在这里我第一次见到苹果。当时没有什么水果，我在师机关住的机关大院旁边就是苹果园，山东出苹果，苹果园多得很，一到苹果快熟的时候，风一吹，树上的苹果就落地了，老百姓就卖苹果，因为不能装箱运走所以卖得很便宜，一开始说是4分钱，后来3分钱，再后来2分钱。我们就每人拿个脸盆儿，去那儿一毛钱就能买四五斤苹果，回来使劲吃。食堂里还有鸡蛋和肉丝，太好吃了，感觉生活真好。后来任务完成了，我才回到连队。

回到连队以后，我被正式提升为连队文书，相当于全连物品的总管。那时候连级干部年纪都很大，都是打过仗那种，我就负责管理仓库、值班什么的，有事情赶紧报告。文书的岗位也很重要，要上传下达，还要写材料，年底总结之类的。

临排有一个班长是四川人，也是中学文化，他喜欢看小说，经常翻一本没有封面封底的书，也不知道谁写的，看完就塞到枕头下，也不让我们看。我就心急，等他出去以后，拿出来看，一看也吸引了我。后来趁他不在，我就摸过来看，也不知是什么书，看看人物名字知道不是中国小说。后来就到县里的内部书店去买书，因为我是个文书，后来到团机关宣传部门工作，要去内部书店买一些供领导们参考的书，领导要看政治、军事方面的书，我就看小说，就接触一些苏联的作品，才知道当年看的那本书是《复活》。因为当时印象很深刻，我记得马斯洛娃在火车旁奔跑、呼喊，聂赫留道夫坐在舒适明亮的头等车厢里玩牌、谈笑，根本没有看到她，她很伤心。我就觉得这个小说太新了，将来我要写一本这样的小说，这个时候我已经有创作的想法了。

1973年的"批林批孔"，连队领了任务，要讲柳宗元的《封建论》。军部的首长要来我们连队开现场会，听讲《封建论》。连队选定的指导员讲解的效果不理想，首长不满意，说明天全军主管教育的人都要来听，他讲得不行，你们还有没有人？班长知道我是高中生，就安排给我，传达给我的时候已经是晚饭时间了，第二天上午就要讲，等于我只有一夜的准备时间。我也没有讲过课，就想想当年我老师怎样讲课，拿出一本词典，不懂的地方就查字典，也没有人可问。我就把这篇文章通读一遍，然后将文言文用白话文给大家讲解一下，讲的过程中用板书介绍好多知识，然后总结一下，讲讲今天的现实意义。我的字写得不错，板书效果也好。讲完以后掌声很热烈，特别是领导鼓掌很热烈，我当时觉得成功了，但是不知道会带来什么结果。没想到当天晚上指导员就找我说，你今天讲得很好，受到了首长的表扬。事后才听说当时我们军政治部张政委说这个兵很好，要用起来。还说，你们不用考察，你们不用我用。几天以后指导员连长找我谈话，给我提干了，这一下我的命运完全改变了。

然后我被提升为排长，又安排我到团政治处当干事，写材料，做新闻宣传工作。这样我的待遇一下子提升了，当战士是每月10块钱，现在一下变成52块钱，而且还给我补发两个月的工资104块钱，我太高兴了！我就给家里寄了40块钱，还有54块钱，我想再办一件大事，想买块手表。后来等又发了工资，我就买了一块上海产的手表，当时非常高兴。一戴上手表就觉得这个人很有身份。

魏华莹：那块手表现在还留着吗？

周大新：没有了，后来手表坏了，也忘了流落到哪里了。因为我一直在野战部队，总是不停地流动，我的工作地点也不停地变化。当时我买了好多书，也都没有存住。

我真正安定下来，是到济南军区以后，我才有个家，给我分了两室一厅的房子。之前都是两个人一间房，自己的东西都是放床底下，还要随时准备出发。提干之后我第一次提出来回家探亲。我参军四年没有回去，第一次回家我就带着那块手表。回到村里也很激动，大队干部说团机关给大队发通知，说该同志提升为军官以后，不要再给他家里发补助了。以前啊，还会补助一些面粉什么的，这一次正式发文通知，因为你有工资了，不能再享受战士的待遇。我回家以后，大队的干部说，村里年轻人出去当兵这么多年来，第一次接到这样一个通知，出来一个军官。我也很高兴，回家了，很高兴。我们那儿有个习惯，不管你在外边干什么，回来以后要看看乡亲们，我就一家一家地问候问候，有吸烟的给人家带盒烟，不会吸烟的，那时候也买不起东西，钱也不多，就到他家里看看，然后去亲戚家看看。还有一些战友已经复员回家了，也要去看看。

这时候还有个插曲，我在老家的时候，家里给定了个娃娃亲。在我提升为排长之前，娃娃亲所在的公社给我们部队来了一封信，说定亲的姑娘，人家要和别人结婚，问我是什么态度，说这属于军婚，是受到保护的，如果你不愿意的话，就要处理那个人。我说我们并无感情，印象中还是我坐在父亲的肩膀上去看戏，那个女孩儿家里人拉着她过来，两个人都是孩子，也记不住她的面目。我说如果她愿意跟别人好，我不反对。

所以第一次探亲的时候还没有谈到婚姻这个事儿，后来才开始有人给我介绍对象。我到团机关的时候，因为那时候我长得高，加上部队伙食好，看起来很精神。很多首长想给我介绍对象，我也多拒绝了。后来家里就介绍了，我家属她是武汉大学工农兵大学生。

之前在镇广播站当播音员,后来被推荐去上大学,毕业以后,分配到南阳市人事局工作。她哥的一个战友,实际也在我们就读的中学里当老师,他介绍我们俩认识,后来我们就成家了。

在这期间我遇见了一个很重要的、改变了我命运的人。我当干事的时候,新华社记者刘恒生来到军分社驻济南记者站,我就跟着他一块研究材料,写新闻稿,他挺欣赏我,就问是否愿意去济南工作,我很是愿意。不久我就被调到济南军区政治部工作。我收入更高了,一个月有72块钱。我自己花32块钱,剩下40块都寄到家里。那时候40块钱还能买好多东西,等于把家庭支撑住了,后来随着我提升干部,我寄的钱更多,包括弟弟妹妹成家都是我安排的。

到了济南之后,最大的变化是有了自己的房子。因为之前在野战军总是在流动,现在终于有了房子。我开始配备家具。我买的第一件家具是一个包装箱,军用服务社商店的物品包装箱一个卖两块钱,我买下来,用它来装书,所以我第一次拥有了自己的家具。后来买了第二件家具是一个柳条箱,用来装衣服。第三年买了一个皮箱。当时床是公家配发的,自己又买了两把折叠椅子。到1979年1月,我结了婚。

魏华莹:您最早什么时间开始写作?

周大新:当时"文革"结束了,好多刊物开始复刊,我就开始写小说。我从小就喜爱文学,在连队当战士的时候就读了很多书。之前,我也写过长篇小说和电影剧本。在师机关时就开始写一部长篇小说,是关于台湾老兵的小说。我收集了大量的资料,因为师里有一个联络科,联络科掌握很多台湾老兵的资料,包括跟着国民党到台湾去的那些老兵的生活情况,我就暗暗下决心要写一个反映台湾老兵生活的长篇小说。

我从小特别爱看电影,喜欢《南征北战》,写作之初也开始写电影剧本,先后写了4个电影剧本,每天所有的空闲时间都用来干这些事。寄回去之后,有两个有了回应,一是长春电影制片厂写信批评我,说你当兵就好好当兵,你写什么电影剧本?还有一个是安徽电影制片厂,给我来信说对电影剧本感兴趣,如果你方便,可以来一趟,商讨一下改编方案,准备拍摄,这是我得到的好消息。

同时我还写短篇小说,那时候年轻,精力旺盛,总是收到退稿信。到1979年对越自卫反击战打响后,我写了一篇短篇小说《前方来信》,在《济南日报》发表了。之前写的小说都在军区刊物上发,属于内部刊物。这篇小说算是处女作,在3月发表。安徽方面表示对我的电影剧本感兴趣之后,我就趁回家探亲的时间,先到合肥。我还记得王姓厂长和一位导演找我谈,我就在那里改稿子,改了三四天。当时我一共才12天假,改完之后又到南阳,回到邓州老家。我当时抱着很大的希望,我按对方意思改了,但是后来因厂长下台了,就没有消息了。

我就觉得写电影剧本不行,写了4部都没有任何消息。没想到短篇小说还可以,当时在报纸上占很大的版面,人们都很重视,领导也重视。后来我又寄了一篇给枣庄市的杂志,也发表了,评了二等奖,还有稿费,主编到济南还专门见过我一次,给我很大的鼓励。这就到1979年下半年了,从此我就开始不停地写,不停地写。

魏华莹:军校经历对你有哪些重要影响?

周大新:到1982年,全国军校开始恢复考试,西安政治学院开始招大专生。我也报名了,我们济南军区很多人报名参加考试,最后录取了15人。我是济南军区第一名。1983年秋天就去西安上大学。在那里才真正开始接触图书馆,之前师里也有图书馆,团里也有,但都比较小,到了大学图书馆,感觉很震撼。我就一摞一摞地去借书。当时图书馆离我的宿舍就100米,来回很方便。

我就读的是政工专业,当时集中精力读了很多书,包括文学、历史、哲学书。主要读史书,还有小说也多一些。我觉得历史对一个作家特别重要,能让你的作品厚重。美国的小说很多它是往前看,科幻作品很多,它历史很短,没法回看,这样的好处就是让人一直在琢磨未来的问题。中国这块土地的历史太久远，它给人提供的东西，可思考借鉴的很多，我认真读了中国通史和世界史。在那里也写作，发了几个短篇小说，记得《小说月报》还选过。因为发表作品多，在学校还立了个三等功。等到1985年毕业的时候，有个任职鉴定，特别优秀的可以提两级，一下把我从副营提成副团，这也很重要。

魏华莹：《汉家女》您是在什么情况下写出的？

周大新：我回到济南给我提成副团职，我本来在宣传部，因为发表的作品多，就调我去创作室专职写作，我太高兴了。我就到创作室。当时南线战争爆发，就要求我们马上到前线采访，可能是因为我最年轻，又是刚去，报社的主编带两位记者加上我，其中一位记者也是作家，共4人到前线去。先飞到北京，后飞到昆明，又坐汽车到前线，步行走到营指挥所，距离战场最近时只有两百来米。我在指挥部采访了很多素材，根据战地医院采访的素材写出了《汉家女》。就在采访刚刚结束的时候，北京《解放军文艺》的主编就给我打电话：听说你在那儿采访，请回来之后参加我们一个笔会，就叫"大红门笔会"。我从前线一回到济南就赶到北京，在笔会上写了两篇短篇小说。《解放军文艺》杂志社的刘林帮我发表了《汉家女》。

然后就是《汉家女》获得1985—1986年度全国优秀短篇小说奖。当时因家里出了一些事情，我不在济南，也没有到北京领奖，是别人替我领的，但有报道获奖的消息。在军区我立了个二等功。这对我来说是个重要的鼓励，因为在这之前我还没有确定一生就干这件事。之前是做参谋，但我愿意从事写作，也就下定决心以后要从事写作。

魏华莹：您是什么时候开始确立起自我的写作意识呢？

周大新：因为当时我发表的作品很多，济南军区创作室就为我召开了研讨会。会上，有中国社科院的陈骏涛老师，他是做文学评论的，还有何镇邦老师。陈老师讲了我创作的优势和不足，还问我愿不愿意到北京去上鲁迅文学院。那时候人与人之间还真是挺单纯的，他们就觉得你这个人还不错，几篇作品可以，就说如果愿意去，他可以推荐。没想到我真的接到了录取通知书，1986年秋天我就去鲁院了，学习6个月。陈骏涛老师也是第一个提醒我写家乡小盆地的故事。

虽然在鲁迅文学院时间不长，但让我开始思考自己的创作。在那之前我是乱写，想起什么写什么，也就是这时候开始形成你说的自我写作意识。在鲁院，它不是按部就班地给你讲知识，而是请一些作家、评论家来给你讲课。我记得王蒙也来给我们讲，这些都给了我很多启发。在那之前我主要写部队生活，写我自己当兵之后的一些感受体会，会有很多题材限制，也不能更深刻地来传达内心的感受，毕竟军队生活是有纪律的。陈骏涛老师，还有徐怀中老师，当时在鲁院为我开了一个讨论会，我当时是写了一篇短篇小说，在讨论会上，老师们就说除了军事生活，还可以写家乡，这才有了南阳盆地的一系列小说。

魏华莹：您这一时期集中发表了"小盆地"系列作品，其中《香魂塘畔的香油坊》影响很大，又被改编成电影《香魂女》，获得重要的国际奖项。你能介绍一下这部作品的写作情况吗？

周大新：在南阳有很多小作坊做小磨香油，我参军后有一次回乡探亲，看到一家店里老板娘很年轻，也就二十五六岁，对待顾客态度很好。我就想起来自己小时候吃香油，当时香油很少，一家人一年可能就半瓶那样，也买不起。我们邓州那边吃饭有个习惯，就是吃饭的时候，不在自己家里吃，盛碗饭到村子里聚众吃，大家都在那儿吃着聊着，孩子们也跑过来。在饭场里人们会交流各种信息，当时没有报纸，没有广播，也没有收音机，于是谁家娶媳妇、谁家吵嘴了，就相互交流这些信息，类似于社交活动，我也跟着去。村里一个嫂子长得很好，有时候我端到她家里去吃，她就会用一根筷子从瓶里蘸一下香油，给我滴到碗里，非常香，我对这个嫂子印象很好。可惜她在生了4个孩子后，得了肺结核去世了，也才30多岁。嫂子给我印象很深，看到老板娘形象就引起了我对嫂子的回忆，想起小时候嫂子给我的小磨香油，想起小时候池塘里面有很多荷花。我就写出小说《香魂河畔的香油坊》，后来发表在《长城》杂志上，还被一个刊物转载了。

然后长春电影制片厂就要求买影视版权，给了1000块钱，当时算很高了，我很高兴。他们说要找谢飞来做导演。谢飞来到南阳，要去看外景。我就领着他到我们构林镇看看。本来镇街道还给我很好的印象，结果回去的时候正好下雨，到处泥泞，谢飞带了一个很有名的摄像师。我还想着找个好一点的家庭请他们看看，结果去了乱七八糟，被子也没叠。我很不好意思，说你可看到真实的农村生活了。他笑着说没事，自己什么都见过的。他那时候去过美国留学，但之前一直在贵州。后来找了个水库，四周光秃秃的也没啥景色。谢飞说想找一条古街，我就领着他到淅川县和陕西、湖北交界的一个镇子，我们称荆紫关，陕西那儿叫白浪街。摄影师也很感兴趣，但就是电线太杂乱了，拍不成。后来他们说不一定非要在南阳拍。我说行，以电影效果为要。结果他们就找到白洋淀，有芦苇，感觉很好。

长影厂找的编剧可能不行，后来谢飞亲自写了之后，又要我改了些对话之类的。拍好之后就说要参加电影节，《香魂女》获得第43届柏林电影节金熊奖。谢飞很高兴，又邀请我到北京去看。从小说变成电影，引起很大的社会轰动，我也很高兴。就在这年，1993年，我有3部作品改编成电影问世，西影厂拍的《步出密林》，徐帆演的，就在我们南阳社旗拍。还有《痴男怨女和牛》，后来还有黄健中拍的《银饰》。

其间，很遗憾的是错过了姜文。姜文曾去南阳找我，他看中了《汉家女》，想拍成电影。他住了三四天，我们谈了细节，我那时候也充满信心，我想着《汉家女》已经拍过电视剧在中央电视台播了，我也有这个自信。他当时问我要多少钱，我说咱们是君子协定，你先大胆地改、大胆地拍，再找个好编剧提升一下。他给我描绘得很好，要投资多少，投资商也都说好。我当时想着他拍出来了，他赚了大钱了，他应该给我钱多。谁知道他一回去风向很快变了，中越友好了，片子就没法拍了。

魏华莹：20世纪90年代，您写的史诗作品《第二十幕》，影响很大。为什么历时10年写出这样的作品？创作初衷是什么？

周大新：大概是1988年年初，我就想写关于小地方生活的一部长篇小说，类似于《静静的顿河》和《战争与和平》这样的写不出来，但我想写出20世纪我们这个地方的变化，只是有这样一个念头，关于写什么，当时还没有想好。

因为家属在南阳，我在一次回去探亲的时候，发现南阳百货商店里一个女孩子穿一件丝绸的连衣裙，特别好看。在我眼前一晃，我突然发现衣服这么漂亮，我就过去问她这是什么东西做的，她说是缎子，我就想绸缎这么漂亮，要是能把它表现出来就好了。后来我就问，咱们南阳出这个东西吗？查了很多资料，也找到当地的丝织厂。后来又翻看地方志，有一本是民国还是清代修的我不清楚，上面有详细的记载。丝织厂曾经很是辉煌，当时规模已经很小，但还在运转。我就想，丝织业在过去兴盛，而且很能代表中国的民族工业。它又那么漂亮，当年是我们中国的独创，是我们民族特性中很重要的器物。

然后我就开始阅读大量的资料，开始了解江浙今天的丝织达到什么水平，究竟有哪些类别。还通过朋友找到了3本介绍韩国丝织技术的书，又了解到西方丝织技术。在1988年就开始写第一卷，名字叫《有梦不觉夜长》，就想说百年来一个家族一直想让丝织再度辉煌。中间又写了《格子网》《消失的场景》。后来一直到1998年，才把三卷本写完，定名为《第二十幕》，写了整整10年。

其间，1995年我工作调到北京去，已经43岁了，还是有着写作雄心的。当时文坛受到各种流派影响，我就想小说不能没有故事，不能完全不考虑中国的小说传统。工作调动得益于我的一位老领导，我在宣传部当干事时，他是我的副部长，我的婚礼他也参加了，当时婚礼就是一盘糖一盘瓜子，很简单的婚礼。他对我很了解，加上1993年电影《香魂女》获得国际大奖，他看我影响力也大了，就问我愿不愿意去北京。我说我很想去，拖了一年多，后来终于来到北京工作。天地完全开阔了，有了心态的自由，毕竟在省市地方上会有很多框框限制。但北京诱惑也很多，有很多活动，非常热闹。我就尽量少参加活动，把写作当作第一要务。

有时候和朋友的聊天也能激发灵感。我曾经在一个饭局上听朋友讲玉器的故事。因为新做的玉器不值钱，有人就从古墓中取出来土，加上水和玉一起煮，土里边一些古老的成分，就渗进了玉里面，玉器颜色也发生改变，甚至被鉴定为某朝某代。我听了感觉很有意思，就把它写出来。

有时坐火车，咱不说话，就希望听别人说话，尤其是之前坐硬座车厢的时候，怎么都得坐6个人，会听人讲各种各样的事。后来年龄大了，身份变了，获取资源的途径也有限。

魏华莹：您写《预警》，是真有其事，还是文学想象？

周大新：说到长篇小说的材料准备，我每写一部长篇都是最初有个模糊想法，然后认真构思，如果下决心写出来，就开始阅读这方面的资料。《预警》是写间谍渗透到我们中间的事情，有想象也有事实。当时我们总部对面有一个宾馆，是台湾人开的，他也接待客人，但他的主要目的是监听，因为监听设备非常先进，能透过玻璃获取情报。后来宾馆被查出来了。

还有西三环有一个卖家具的。它们的家具很贵，很少有人去看去买，但他们就摆着并不着急，就是家具从没见它卖出去过，却一直在开着，原来它不靠卖家具赚钱，所以定价很高，一般人就来看看不买，要是买了他们还得去做家具，其实也是从事间谍活动的。这些事我都知道。当时恐怖袭击事件频发，我就想恐怖袭击和间谍分子结合起来，使我们面临着国家安全或者民族安全的问题。我想这些东西都值得思考写作，尤其是人身安全，现在不像农耕时代，现在出门要坐公交车、乘飞机，也存在很多安全隐患。我就想把这些问题作为预警写出来，引起人们的思考和重视。

我过去都是白天写一天，晚上还要接着写。后来晚上写作第二天就没有精神，这才把晚上的写作取消了，就靠白天写。50多岁的时候开始把时间降下来，现在一天就写4小时，然后出去散散步。很多时候就是看到一个人、一件事、一个场景，或者听到一些很精辟、有哲理的话，能够触发你的思考，就会有理性的思考，然后形成形象的东西。

魏华莹：《天黑得很慢》是散步逛公园得来的写作灵感吗？

周大新：对，素材就是我家附近的玲珑公园。我就根据看到的一些情况写老龄化问题。《21大厦》其实就是西三环的城乡贸易大厦，当年是京西最高的楼。《战争传说》写明代的历史，传统的历史题材小说都是全知视角，都是第三人称来写的，都是从上往下看。我就想从一场战争的被动接受者，从平民视角往上看，看这个战争是如何发动的，给平民造成的伤害。所有的因素都在推动着战争往前走，一直走到不可挽回的局面，但战争给人类造成的都是伤害，都是悲剧，我就思考这种悲剧是怎么发生的。我也曾回到老家在丹江口水库走访，写出《湖光山色》，主要想写出在新的社会形态下家乡人的生活状况。

魏华莹：在写作之外，您的生活状况如何？

周大新：一直到2005年，我的孩子大学毕业，研究生毕业，我才算是松口气。这时候也有了更大的房子了，孩子也工作了。一切都很美好。起码从1995年调到北京到2005年，十年时间还是难得的好日子。但紧接着孩子就生病，太揪心了。那三年我基本上写不出来东西，可是也得写，还得挣钱，给他买药，最后经过反复治疗，到 2008 年他走的时候，家里也就什么都没有了。

魏华莹：后来您以孩子的名义给家乡的中学捐了一百万助学金？

周大新：那是为了纪念孩子，也希望能够帮助到更多的孩子。孩子走了以后我开始写作《安魂》。这本书的影响挺大的，收到很多读者的反馈和来信。后来日本要投资拍成电影，已经制作完毕。中方投资商找了河南电影电视制作集团有限公司，挂名合拍。

《曲终人在》要感谢《人民文学》的施战军，他问我有没有新作品，我说我马上要写完一个东西，他说你现在发给我，我就给他了。他说好，我问有没有风险，他说可能要稍微动一点，基本上大的东西都没改，就给发表了，在人民文学出版社出版也很顺利。

魏华莹：您如何看待小说的写作技巧？

周大新：我觉得小说区别于其他文体的一个重要层面，就是它要有故事，能吸引住你。另外就是写作方式，要全用中国的肯定是不行，这要吸取西方人的技巧和方法，要集成中国传统的写作方式。西方小说普遍把思考隐藏得很深，叙述上有非常新鲜的技巧，能够吸引年轻的读者。我觉得我应该在这两者之间有所选择，不能走现代主义这个路，也不能走传统小说的道路，应该将两者结合起来写作，借鉴中国传统小说的讲故事方式和西方的叙事技巧。

魏华莹：您平时的兴趣爱好是什么？

周大新：我的兴趣爱好，主要能调节一下写作的辛苦，就是看电影。我现在只要晚上没有别的事，都要看电影，我在家里装有一间家庭影院。之前我在外边看，有空就去，经常一个人买票去电影院里看。有时候心情不好，我就在电脑上看。自从有了家庭影院，有时候我就一晚上看两部。现在也不太看剧情太激烈、太残酷的，影响睡眠。更多喜欢看欧美电影、日韩电影。韩国的电影其实现在质量很高，导演的思想也都放得开。看了电影以后我身心彻底放松，疲劳便没有了。

电影导演完全可以像作家一样用镜头去思考，来表达他内心的想法。我印象很深的是《魅影缝匠》，一开始我看它评分比较高，就下载来看，讲了人性很隐秘的东西。后来我的德国朋友来了，那天晚上来了4个德国人，一起吃了晚饭，喝了啤酒，我一看时间还早，就说请他们看看这个电影，9：30我就送你们回去。结果看着看着，他们不走了，一直看到11点。故事讲一位服装设计师，非常有名，英国皇室都在他那儿定制衣服。他创作力旺盛，每隔一段时间就要招一个模特，身材相貌要好，才能勾起他的创作欲。但是过一段时间新鲜感没有了，他就找个理由把人家开了。这些人既是他的模特，也是情人，但他不结婚。有一次他到乡下一家饭店吃饭，发现里面的一个服务员非常漂亮，就邀请她到自己家去做客。那女孩儿一看他是有身份的人，就去了。到家后就叫她试衣服，这给他带来了创作激情。但是过了一段时间，他又开始挑毛病。但这个女孩儿已经发现他的弱点，他爱吃新鲜蘑菇，女孩儿要到山上去采蘑菇，有一次采错了，让他吃了毒蘑菇，就发烧、软弱无力，就特别依恋这个女孩儿。所以，每当这个女孩儿发现要被赶走的时候，就去采那种蘑菇，让他病一场，需要她照顾。就是这样非常简单的故事，但能够靠情节起伏来抓住你的心。

魏华莹：能否谈谈您近期的写作？

周大新：我刚写完一部长篇小说《洛城花落》，思考当下的婚姻问题。现在年轻人离婚很普遍，婚姻存续期很短，其中最搞笑的一件事就是有朋友结婚了，我就寄去一对手镯当礼物。后来一直没有给我回信。我就问礼物收到没有，对方回答收到，但两人已经离婚了。我很吃惊，这么快！就问为什么离婚了。男方说女方的要求太高，卫生什么的要求太高。女方我也认识，就问怎么回事，说男的吃东西声音太响了，受不了。还有两人一块儿去买菜，买了黄瓜以后，这男的他是习惯了在农村的，抓起一根黄瓜就开吃了，女方就受不了。我说我的天，你们离婚这么简单！还听到周围人讲了一些离婚的故事。我就觉得很奇怪，思考离婚到底是怎么回事，想把它变成一个长篇小说，中间也需要思考很多问题，得补充很多生活素材。我还听说有两个年轻人结婚了，一起到商场里去买东西，意见不一致，回来就去办离婚，根本没有妥协这回事。类似这样的故事听多了，我就想离婚确实已经成为严重的社会问题，就想把我对婚姻的认识，对离婚的认识写出来。毕竟，婚姻是很多人都要面对的问题。作家是一种职业，也要有职业责任感，我希望能够通过自己的作品，真诚表达对社会问题的看法，为读者提供新的认识，以及对社会、对时代的思考和理解。

魏华莹：谢谢周老师！感谢您的分享，让我们了解您的生活经历和文学道路。也很期待阅读您的新作！

附录二　周大新作品简表

1979 年

《前方来信》（短篇小说），1979 年 3 月 25 日《济南日报》。

1982 年

《第四等父亲》（短篇小说），《奔流》1982 年第 8 期。

1983 年

《初入营门》（中篇小说），《奔流》1983 年第 3 期。

1984 年

《呼啸的炮弹》（短篇小说），《解放军文艺》1984 年第 2 期。

《街路一里长》（短篇小说），《长城》1984 年第 4 期。

《"黄埔"五期》（短篇小说），《上海文学》1984 年第 5 期。

《"大门"被拉开一道缝隙》《三角架墓碑》（短篇小说），《奔流》1984 年第 9 期。

《三角架墓碑》（短篇小说），《奔流》1984 年第 9 期。

1985 年

《军界谋士》（中篇小说），《长城》1985 年第 1 期。

《瞬间过后》（短中篇小说），《当代小说》1985 年第 3 期。

《明天进入夏季》（短篇小说），《奔流》1985 年第 4 期。

《人间》（短篇小说），《长城》1985 年第 6 期。

《金桔，隐在夜色里》（短篇小说），《城市文学》1985 年第 4 期。

《通过"冲击道路"的速度》（中篇小说），《解放军文艺》1985 年第 6 期。

《一个女军人的日记》（短篇小说），《青年文学》1985 年第 9 期。

《今夜星儿多》（短篇小说），《青年作家》1985 年第 9 期。

1986 年

《硝烟中的祝愿》（短篇小说），《解放军文艺》1986 年第 4 期。

《屠户》（中篇小说），《山东文学》1986 年第 8 期。

《汉家女》（短篇小说），《解放军文艺》1986 年第 8 期。

1987 年

《粘土地》（中篇小说），《莽原》1987 年第 2 期。

《滨河地》（中篇小说），《长城》1987 年第 3 期。

《走廊》《铜戟》（中篇小说），《昆仑》1987 年第 3 期。

《小盆地》（短篇小说），《山东文学》1987 年第 4 期。

《武家祠堂》（短篇小说），《西北军事文学》1987 年第 4 期。

《小诊所》（短篇小说），《河北文学》1987 年第 4 期，获 1987—1988 年度全国短篇小说奖。

《在母爱的河中筑坝——一位普通女人的一段经历》（短篇小说），《山东文学》1987 年第 5 期。

《风水塔》（短篇小说），《解放军文艺》1987 年第 7 期。

《红桑椹》（短篇小说），《人民日报》（海外版）1987 年 8 月 17 日。

《牛筋腰带》（短篇小说），《青年文学》1987 年第 11 期。

1988 年

《家族》（中篇小说），《河北文学》1988 年第 2 期。

《泉涧》（短篇小说），《当代作家》1988 年第 2 期。

《暮霭》（短篇小说），《当代作家》1988 年第 2 期。

《创造属于自己的文学世界》（文学随笔），《昆仑》1988 年第 5 期。

《圆形盆地》（随笔），《解放军文艺》1988 年第 6 期。

《紫雾》（中篇小说），《人民文学》1988 年第 8 期。

《夏日琐忆：一个形象的生成过程》（散文），《写作》1988 年第 8 期

《老辙》（短篇小说），《解放军文艺》1988 年第 10 期。

《白门坎》（短篇小说），《晋阳文艺》1988 年第 10 期。

《走廊》（中篇小说集），昆仑出版社，1988 年。

《汉家女》（短篇小说集），长江文艺出版社，1988 年。

1989 年

《云遮雾绕启明星》（短篇小说），《北方文学》1989 年第 1 期。

《旧道》（中篇小说），《时代文学》1989 年第 1 期。

《怪火》（短篇小说），《小说界》1989 年第 2 期。

《伏牛》（中篇小说），《小说家》1989 年第 2 期。

《世事》（中篇小说），《中国作家》1989 年第 6 期。

1990 年

《铁锅》（中篇小说），《当代》1990 年第 1 期。

《香魂塘畔的香油坊》（中篇小说），《长城》1990 年第 2 期。

《哼个小曲你听听》（短篇小说），《河北文学》1990 年第 2 期。

《走出盆地——一个女人的生活和精神简历》（长篇小说），《小说家》1990年第2期。

《玉器行》（短篇小说），《莽原》1990年第3期。

《养子》（短篇小说），《长江文艺》1990年第4期。

《〈小诊所〉的创作缘由》（创作谈），《写作》1990年第4期。

《乡村教师》（短篇小说），《河北文学》1990年第9期。

《最后一季豌豆》（散文），《散文选刊》1990年第12期。

《走出盆地》（长篇小说），百花文艺出版社，1990年。

1991年

《左朱雀右白虎》（中篇小说），《长城》1991年第1期。

《猜测历史》（短篇小说），《清明》1991年第1期。

《步出密林》（中篇小说），《十月》1991年第3期。

《倾诉》（短篇小说），《当代小说》1991年第4期。

《儿女》（短篇小说），《青年文学》1991年第4期。

《握笔者》（短篇小说），《小说家》1991年第4期。

《寨河》（中篇小说），《当代作家》1991年第5期。

《烙画馆》（短篇小说），《北岳风》1991年第5期。

1992年

《漫说"故事"》（文学评论），《文学评论》1992年第1期。

《勒》（中篇小说），《天津文学》1992年第3期。

《牺牲》（中篇小说），《莽原》1992年第4期。

《黄昏的发明》（短篇小说），《北京文学》1992年第10期。

1993年

《无疾而终》（短篇小说），《山东文学》1993年第4期。

《有梦不觉夜长》（长篇小说），《长城》1993年第4期。

《山凹凹里的一种乔木》（中篇小说），《百花洲》1993 年第 5 期。

《银饰》（中篇小说），《花城》1993 年第 5 期。

《14、15、16》（中篇小说），《作家》1993 年第 10 期。

《有梦不觉夜长》，人民文学出版社，1993 年。

1994 年

《向上的台阶》（中篇小说），《十月》1994 年第 1 期。

《没有绣花的白手帕》（散文）1994 年第 2 期。

《溺》（中篇小说），《青年文学》1994 年第 2 期。

《癸酉年自白》（散文），《都市》1994 年第 3 期。

《病例》（短篇小说），《中国作家》1994 年第 5 期。

《笔记小说三题》（短篇小说），《四川文学》1994 年第 6 期。

《感谢丹纳》（文艺随笔），1994 年 6 月 3 日《人民日报》。

《热血与冷漠》（报告文学），《人民文学》1994 年第 7 期。

《回望来路》（散文），《城市人》1994 年第 10 期。

《枕畔五本书》（随笔），《书摘》1994 年第 12 期。

《没有绣花的手帕》（散文、随笔集），黄河出版社，1994 年。

1995 年

《世纪遗产清单》（之一）（散文），《东方艺术》1995 年第 1 期。

《为了人类日臻完美》（文艺随笔），《海燕》1995 年第 2 期。

《瓦解》（中篇小说），《大家》1995 年第 4 期。

《马老师》（散文），《河南教育》1995 年第 6 期。

《代跋：给"上帝"的报告》《当代作家》1995 年第 6 期。

《会晤站》（短篇小说），《山花》1995 年第 10 期。

《释放》（短篇小说），《长江文艺》1995 年第 12 期。

《成都少女》（散文），《时代文学》1995 年第 37 期。

1996 年

《景象》（中篇小说），《西湖》1996 年第 1 期。

《平安世界》（中篇小说），《小说家》1996 年第 3 期。

《正午》（短篇小说），《当代人》1996 年第 7 期。

《返回家园》（短篇小说），《小说月报》1996 年第 8 期。

《周大新文集》（五卷本），吉林人民出版社，1996 年。

《格子网》（长篇小说），人民文学出版社，1996 年。

《村边水塘》（散文、随笔集），文心出版社，1996 年。

1997 年

《我依然迷恋小说写作》（文艺随笔），《当代》1997 年第 2 期。

《消失的场景》（长篇小说），《十月》1997 年第 2 期。

《闲话照片》（散文），《中国摄影家》1997 年第 3 期。

《格拉丹东的雪光》（散文），《青年文学》1997 年第 4 期。

《凝望雕塑》（散文），1997 年 4 月 3 日《人民日报》（文艺副刊）。

《且说壮士爱读〈京淮梦痕〉》（文艺随笔），《东方艺术》1997 年第 6 期。

《碎片》（中篇小说），《当代》1997 年第 6 期。

《边塞传说》（小小说），1997 年 8 月 26 日《人民日报》。

《我和警察》（散文），《公安月刊》1997 年第 12 期。

《消失的场景》，人民文学出版社，1997 年。

1998 年

《新市民》（中篇小说），《十月》1998 年第 1 期。

《现代生活》（短篇小说），《小说界》1998 年第 1 期。

《走进耶路撒冷老城》（散文），《中华散文》1998 年第 2 期。

《热闹的麦场》（散文），1998 年 7 月 17 日《人民日报》（文艺副刊）。

《同赴七月》（中篇小说），《中国作家》1998 年第 8 期。

《宣德年间的一些希望》（短篇小说），《北京文学》1998 年第 8 期。

《私房话》（短篇小说），《北方文学》1998 年第 10 期。

《粮萎和粮仓》（散文），1998 年 12 月 25 日《人民日报》。

《第二十幕》（上、中、下）（长篇小说），人民文学出版社，1998 年。

1999 年

《列夫·托尔斯泰的劝告》（散文），《世界文学》1999 年第 1 期。

《欢欢喜喜过个年》（散文），《农业发展与金融》1999 年第 2 期。

《金色的麦田》（短篇小说），《钟山》1999 年第 4 期。

《接引台之忆》（中篇小说），《十月》1999 年第 5 期。

《后裔》（短篇小说），《解放军文艺》1999 年第 7 期。

《散文中的生活美：浅评周熠散文创作》（文学评论），《文学报》1999 年第 8 期。

《世纪遗产清单》（散文、随笔集），百花文艺出版社，1999 年。

2000 年

《文学，一种药品》（散文），《莽原》2000 年第 2 期。

《对"人世"的又一种定义》（散文），《解放军文艺》2000 年第 4 期。

《我熟悉的朱秀海》（散文），2000 年 6 月 16 日《河南日报》。

《暖流》（小小说），2000 年 8 月 1 日《文登市报》。

2001 年

《旧世纪的疯癫》（中篇小说），《大家》2001 年第 1 期。

《登基前夜》（短篇小说），《文学世界》2001 年第 1 期。

《闲说"窥视欲"》（散文），《长城》2001 年第 2 期。

《挺立一生》（散文），2001 年 2 月 17 日《人民日报》。

《卡尔维诺的启示》（文艺随笔），《国外文学》2001 年第 3 期。

《上天赐给少儿们的特权》（散文），2001 年 4 月 12 日《光明日报》。

《21 大厦》（长篇小说），《钟山》2001 年第 4 期。

《摸进人性之洞》（散文），《时代文学》2001 年第 4 期。

《地上有草》（散文），《散文选刊》2001 年第 4 期。

《将帅们》（散文），《山花》2001 年第 6 期。

《回眸罗马和平》（散文），《花城》2001 年第 6 期。

《神妙的虚构》（文学随笔），《山花》2001 年第 7 期。

《如果上帝在》（中篇小说），《山花》2001 年第 7 期。

《最后一次揭竿》（书评），2001 年 7 月 26 日《光明日报》。

《最后一次揭竿》（散文），2001 年 7 月 26 日《光明日报》。

《"十年磨一剑"的收获》（书评），2001 年 8 月 3 日《人民日报》。

《奖赏欺骗》（散文），《解放军文艺》2001 年第 10 期。

《上校军代表》（报告文学），2001 年 10 月 11 日《人民日报》。

《飞离与栖落》（访谈），《青年文学》2001 年第 11 期。

《去看战场》（散文），《清明》2001 年第 12 期。

《闲说"神秘"》（散文），《作家文摘》2001 年第 59 期。

《21 大厦》（长篇小说），昆仑出版社，2001 年。

2002 年

《母亲的三个画面与三个告诫》（散文），《军营文化天地》2002 年第 3 期。

《军事文学大有作为》（文学评论），《解放军报》2002 年 4 月 4 日。

《一种深情——冯牧先生与汉画像》（散文），《长城》2002 年第 5 期。

《深情激昂唤富强——读〈解读中原〉》（书评），《传媒》2002 年第 5 期。

《挺立一生》（散文），《源流》2002 年第 8 期。

《浪进船舱》（中篇小说），《北京文学》2002 年第 9 期。

《战争与和平》（散文），《公安月刊》2002 年第 10 期。

《气势磅礴贯苍穹》（书评），2002 年 10 月 8 日《团结报》。

《春夏阅读笔记》（随笔），《山东文学》2002 年第 11 期。

《黄国荣与他的"日子三部曲"》（书评），2002 年 12 月 7 日《中国文化报》。

《乡下老人》（散文），《作家文摘》2002 年第 63 期。

《去看战场》（散文、随笔集），解放军文艺出版社，2002 年。

2003 年

《人生尽头的盘点》（散文），《海燕》2003 年第 1 期。

《道教文化对中国文学的影响——在"2002 年渥太华国际作家节"上的演讲》（演讲），《作家》2003 年第 1 期。

《初约》（散文），《青年文学》2003 年第 6 期。

《战争传说》（长篇小说），《大家》2003 年第 6 期。

《北京之战》（长篇小说《战争传说》节选），《芙蓉》2003 年第 6 期。

《非典时期的精神生活》（散文），《人民文学》2003 年第 7 期。

《当年拉练在山东》（散文），《解放军生活》2003 年第 10 期。

《想起范仲淹》（散文），2003 年 10 月 23 日《人民日报》。

《好看的小说》（书评），2003 年 10 月 31 日《中华工商时报》。

《自由的阅读》（散文），2003 年 11 月 19 日《中国审计报》。

《天下湖性多不同》（散文），《山花》2003 年第 12 期。

《战争传说》（长篇小说），长江文艺出版社，2003 年。

2004 年

《南阳乡间行》（散文），2004 年 9 月 2 日《人民日报》。

《关注人类的历史生活》（散文），《青年文学》2004 年第 9 期。

《昨日琴声》（散文），《中学生阅读》2004 年第 9 期。

《难忘当年情》（散文），《解放军文艺》2004 年第 9 期。

《中原看长城》（散文），《都市美文》2004 年第 12 期。

2005 年

《藏书的地方》（散文），2005 年 4 月 15 日《人民日报（海外版）》。

《人的内心世界》（散文），《北京文学》2005 年第 4 期。

《绘形传神铸香魂》（文艺评论），《文化月刊》2005 年第 6 期。

《历览多少事与人》（散文、随笔集），作家出版社，2005 年。

2006 年

《生活的提炼和升华》（书评），2006 年 1 月 19 日《光明日报》。

《湖光山色》（长篇小说），《中国作家》2006 年第 3 期。

《我写〈湖光山色〉》（创作谈），《当代文学研究资料与信息》2006 年第 3 期。

《遥想文王演周易》（散文），2006 年 7 月 12 日《人民日报》。

《在奥迪 A4 的家里》(散文)，《中国发展观察》2006 年第 8 期。

《西安求学忆》（散文），《河南教育（高校版）》2006年第11期。

《震耳惊心的诘问》（文学评论），2006年12月8日《文艺报》。

《湖光山色》（长篇小说），作家出版社，2006年。

2007年

《关于财富的思考》（散文），2007年1月12日《光明日报》。

《灵魂的低喁——序〈冬虫夏草〉》（书评），《躬耕》2007年第8期。

《阅读的张力与惊奇》（散文），2007年12月1日《文艺报》。

2008年

《花开有声》（散文），2008年3月4日《解放军报》。

《南阳美玉》（散文），《北京文学》2008年第3期。

《苦涩的"感觉"——读孟庆龙的长篇小说〈感觉〉》（书评），中国作家网2008年5月13日。

《〈湖光山色〉的写作背景》（创作谈），《语文教学与研究》2008年第7期。

《有关青春的故事》（随笔），2008年7月27日《人民日报》。

《识"税"》（散文），《海燕》2008年第9期。

《瞩目我们所处的时代》（散文），2008年11月3日《文艺报》。

《喜爱烟台》（散文），2008年11月23日《人民日报》。

《〈我和我的兵〉序》，《海内与海外》2008年第11期。

2009年

《平衡》（散文），《语文教学与研究》2009年第3期。

《活在鄂豫交界处》（散文），《人民文学》2009年第10期。

《预警》（长篇小说），《中国作家》2009年第13期。

《预警》（长篇小说），北京十月文艺出版社，2009 年。

2010 年

《范蠡为封建历史学家所不容是必然的——读刘祖典新作〈商圣范蠡辞官经商考〉》（散文），《躬耕》2010 年第 2 期。

《旁观者》（散文），《北京文学》2010 年第 4 期。

《难忘陀氏〈罪与罚〉》（书评），《作文通讯》2010 年第 9 期。

《曹操的头颅》（散文），《北京文学》2010 年第 10 期。

《催人奋进的单相思》（散文），《黄河·黄土·黄种人》2010 年第 11 期。

《昨日琴声》（散文），《语文教学与研究》2010 年第 12 期。

《长在中原十八年》（散文），《作家》2010 年第 19 期。

《再爱田园》（散文），2010 年 12 月 8 日《人民日报》。

《亲爱的军营》（散文），2010 年 12 月 29 日《人民日报》。

《我们会遇到什么》（散文、随笔集），江苏文艺出版社，2010 年。

2011 年

《今夜星儿多》（短篇小说），《青年作家》2011 年第 4 期。

《对乡村世界一腔深情》（散文），2011 年 4 月 11 日《光明日报》。

《气势如虹诗心飞翔》（诗评），2011 年 10 月 21 日《文艺报》。

《对医改的思考与破解：读长篇小说〈卫生局长〉》（书评），《健康大视野》2011 年第 21 期。

2012 年

《四不读》（随笔），《读书文摘》2012 年第 1 期。

《关于乡村世界的几个思考》（社会评论），《江南》2012 年第 1

期。

《我过元宵节：从童年到军营》（散文），2012 年 2 月 1 日《中国艺术报》。

《一个兵》（报告文学），2012 年 2 月 8 日《解放军报》。

《军事文学的新机遇》（文学评论），《军营文化天地》2012 年第 3 期。

《安魂》（长篇小说），《当代》2012 年第 4 期。

《大医仁心》（报告文学），《青少年日记》2012 年第 5 期。

《写〈安魂〉》（创作谈），《长篇小说选刊》2012 年第 6 期。

《不断寻找新的写作资源》（文学随笔），2012 年 6 月 8 日《文艺报》。

《关于精神财富的思考》（散文），《文苑》2012 年第 24 期。

《长在中原十八年》（散文、随笔集），中国文史出版社，2012 年。

《安魂》（长篇小说），作家出版社，2012 年。

2013 年

《圆月高悬》（短篇小说），《十月》2013 年第 4 期。

《用文字编织美好的世界》（文艺随笔），2013 年 1 月 26 日《解放军报》。

《人类共同的精神财富》（散文），2013 年 2 月 21 日《中国国防报》。

《渴望》（散文），《文苑》2013 年第 3 期。

《小说与苦难》（文学评论），《创作与评论》2013 年第 4 期。

《读书笔记》（随笔），《鸭绿江（上半月版）》2013 年第 5 期。

《年老未曾忘忧国》（散文），2013 年 6 月 27 日《解放军报》。

《军事文学的新情况与老问题》（文学评论），2013 年 6 月 28 日《文艺报》。

《在苏格拉底被囚处》（杂文），《杂文选刊（上半月版）》2013年第8期。

《看遍人生风景》（散文），2013年8月6日《人民日报》。

《温暖的声音》（散文），《法制资讯》2013年第9期。

《对邮递员心怀感恩》（散文），2013年10月9日《中国邮政报》。

《摸进人性之洞》（散文、随笔集），安徽文艺出版社，2013年。

《你能抗拒诱惑》（散文、随笔集），解放军文艺出版社，2013年。

《地上有草》（短篇小说、散文集），人民文学出版社，2013年。

2014年

《"航天人"生活的艺术呈现收藏——读赵雁中短篇小说系列》（书评），2014年1月7日《解放军报》。

《又到清明细雨时》（散文），2014年4月5日《中国剪报》。

《面条的前世今生》（散文），《小品文选刊》2014年第4期。

《作家开笔前做什么》（文学评论），2014年7月1日《解放军报》。

《当兵上战场》（散文），《人民文学》2014年第8期。

《小说家的知识之塔》（文学评论），《民族文学》2014年第8期。

《当下的批评是不是学问》（文学评论），2014年8月15日《人民日报》。

《丹水北去》（散文），2014年11月5日《人民日报》。

《谋划运筹为制胜之道——读路秀儒〈向孙子兵法学运筹〉》（书评），2014年11月15日《解放军报》。

《爸爸，我已经离开了人间》（散文），《小作家选刊》2014年第12期。

《看遍人生风景》（散文集），河南文艺出版社，2014年。

2015年

《又见青瓷》（散文），《人民文学》2015年第2期。

《风雪天还愿天》（散文），《影响孩子一生的经典阅读》2015年第2期。

《大师的馈赠——在信阳师范学院的演讲》（文学评论），《信阳师范学院学报》（哲学社会科学版）2015年第3期。

《我的忧虑与理想：——关于〈曲终人在〉》（创作谈），2015年6月2日《光明日报》。

《关于〈曲终人在〉》（创作谈），《许昌学院学报》2015年第6期。

《抒戍边豪情 展阳刚之美：——读贾随刚的诗歌集〈放歌昆仑〉》（诗歌评论），2015年8月17日《解放军报》。

《霍山的水》（散文），2015年8月21日《皖西日报》。

《那年连队的滋味》（散文），《解放军生活》2015年第9期。

《当官的最大苦恼是什么？》（散文），《读好书》2015年第14期。

《省长辞职：手握权力的无力感》（散文），《读好书》2015年第14期。

《错把职务高低和人格高下混在了一起》（散文），《读好书》2015年第14期。

《静下心来搞创作》（文学评论），2015年10月29日《内蒙古日报》。

《呼唤爱意——对当下中国生活进行文学表达的一点看法》（文学评论），2015年11月23日《文艺报》。

《曲终人在》（长篇小说），人民文学出版社，2015年。

2016 年

《美妙的阅读》（散文），《小说界》2016 年第 1 期。

《伟人词语矗立思想丰碑：——读胡松涛〈毛泽东影响中国的八十八个关键词〉》（书评），2016 年 1 月 23 日《解放军报》。

《女性视角下的战争》（文学评论），2016 年 1 月 25 日《文艺报》。

《晚霞与朝霞一样绚丽——读张教立长篇小说〈有一天你也会老〉》（书评），2016 年 2 月 20 日《解放军报》。

《战争从未让女性走开——王毅作品集〈红装〉读后》（书评），2016 年 3 月 5 日《解放军报》。

《南阳的树》（散文），《人民文学》2016 年第 3 期。

《假若人民把权力交给你——关于〈曲终人在〉》（创作谈），《博览群书》2016 年第 3 期。

《现实主义边界可以扩展》（文学评论），2016 年 4 月 1 日《人民日报》。

《丙申年里说"贪婪"》（散文），《作家》2016 年第 4 期。

《钟法权〈脸谱〉：奇妙的脸谱》（书评），2016 年 5 月 30 日《文艺报》。

《在龟峰听龟说》（散文），《解放军文艺》2016 年第 6 期。

《妻子常小韫：想洁身自好太不易》（散文），2016 年 6 月 19 日《青年报》。

《"欧阳万彤"寄托了我的理想》（创作谈），2016 年 6 月 19 日《青年报》。

《文化的积淀：——以汕头、揭阳为例》（散文），2016 年 8 月 26 日《光明日报》。

《宛人范蠡》（散文），2016 年 9 月 7 日《河南日报》。

《画家之眼与作家之笔——读散文集〈一毫米的高度〉》（书评），2016 年 10 月 7 日《人民日报》。

《摸进人性之洞》（散文集），人民文学出版社，2016年。

2017年
《人与社会》（文学评论），《小说评论》2017年第2期。
《我有一个茶庄》（散文），《人民文学》2017年第3期。
《郑雄〈中国红旗渠〉：一条"天河"的开凿史》（书评），2017年5月24日《文艺报》。
《大气、厚重、动人》（书评），2017年6月9日《文艺报》。
《呼唤爱意》（散文集），民主与建设出版社，2017年。
《回望来路》（散文集），大象出版社，2017年。

2018年
《天黑得很慢》（长篇小说），《人民文学》2018年第1期。
《〈收藏家〉与人性的隐秘地带》（书评），《中学语文教学》2018年第2期。
《描绘人生最后一段路途上的风景》（创作谈），2018年2月2日《文艺报》。
《为天黑以前的风景铺一层温暖的底色》《创作谈》，2018年3月14日《文汇报》。
《我们老了以后会看到什么》（散文），《法人》2018年第4期。
《60岁后应该记住五种风景》（散文），《康颐》2018年第5期。
《我的枕头》（散文），2018年5月25日《南阳晚报》。
《检视城市爱情》（散文），2018年8月10日《商丘日报》。
《表现城市生活，想象未来生活》（文学评论），《时代报告》2018年第10期。
《致全国中小学生们的一封信》（散文），《中国校园文学》2018年第10期。
《老了真好》（散文），《夕阳红》2018年第23期。

《另一种作家论》（文学评论），《三联生活周刊》2018年第41期。

《书人书会书魂：——观原创方言剧〈老街〉》（艺术评论），2018年10月8日《文艺报》。

《玉兰花香扑鼻来——读王锦秋长篇小说〈月印京西〉》（书评），2018年10月13日《解放军报》。

《〈渠首〉：感天动地英雄歌》（书评），2018年10月20日《光明日报》。

《文学经典的形成》（文学评论），2018年11月30日《中国文化报》。

《文学与道德》（文学评论），2018年12月7日《中国文化报》。

《文学与人生》（文学评论），2018年12月14日《中国文化报》。

《天黑得很慢》（长篇小说），人民文学出版社，2018年。

2019年

《天黑得很慢，有五种风景》（散文），《时代邮刊》2019年第1期。

《耶拿战役之后》（散文），《十月》2019年第2期。

《雷锋精神在邓州：——读〈雷锋精神薪火相传〉》（书评），2019年3月23日《解放军报》。

《行的变迁（我与新中国·庆祝中华人民共和国成立70周年）》（散文），2019年5月13日《人民日报》。

《岳父》（散文），2019年6月14日《南阳晚报》。

《我与〈当代〉杂志》（散文），《当代》2019年第6期。

《探寻时光和名家的魅力》（散文），《小说月报（原创版）》2019年第6期。

《美好的开端——我的一九七八年》（散文），2019年7月19日

《南阳晚报》。

《互联网时代网络文学对传统文学的影响》（文学评论），2019年7月19日《中国文化报》。

《小说家存在的价值》（文学评论），2019年7月29日《中国文化报》。

《共筑新时代"蓝色梦想"》（军事评论），《地球》2019年第11期。

《自在》（散文集），中国文史出版社，2019年。

2020年

《凭借山水展心曲——读杜苏旭的山水画》（艺术评论），2020年2月15日《美术报》。

《八百里伏牛山》（散文），《地球》2020年第4期。

《可贵的坚守》（文学评论），2020年6月10日《文艺报》。

《让阳光照彻心扉——读吴重生散文集〈捕云录〉》（书评），2020年6月27日《解放军报》。

《笑对人生——忆何南丁先生》（散文），2020年8月3日《中国文化报》。

《土地文化说》（社会评论），2020年8月10日《中国文化报》。

《平安地球》（中篇科幻小说），中译出版社，2020年。

2021年

《八百里伏牛山》（散文），《躬耕》2021年第1期。

《牛年说牛》（散文），2021年2月5日《中国文化报》。

《在开封为赵佶一叹》（散文），《中国作家》2021年第3期。

《始共春风容易别》（创作谈），2021年3月3日《人民日报》（海外版）。

《故乡河渠播希望》（报告文学），2021年3月31日《中国文化报》。

《她从宋词中来》（书评），2021年4月21日《中华读书报》。

《乡村变革的长幅画卷——读长篇小说〈三山凹〉》（书评），2021年5月27日《河南日报》（农村版）。

《文友之间》（散文），2021年5月28日《光明日报》。

《大红门笔会》（散文），2021年6月9日《文艺报》。

《〈红日〉喷薄而出——从红色记忆中汲取前进力量》（书评），2021年7月9日《人民日报》。

《怀念同宾先生》（散文），2021年7月22日《南阳日报》。

《用文字为英雄塑像——读长篇小说〈山河传〉》（书评），2021年7月23日《文艺报》。

《洛城花落》（长篇小说），人民文学出版社，2021年。

《向上的心》（小说集），中译出版社，2021年。

2022年

《云兮云兮》（短篇小说），《当代》2022年第4期。

《露齿一笑》（散文），《中国作家》2022年第9期。

《周大新散文》（散文集），人民文学出版社，2022年。

2023年

《作家书房》（散文），《时代文学》2023年第1期。

《首次唤醒》（短篇小说），《当代》2023年第2期。

《去未来购物》（短篇小说），《北京文学》2023年第2期。

《万千声音纳于耳》（散文），《人民文学》2023年第2期。

《警惕》（散文），《作家》2023年第3期。

《呼唤爱意》（散文集），人民文学出版社，2023年。

后记

周大新是中国当代著名作家,他从20世纪70年代开始发表作品,始终与当代文学进程息息相关,并且近年持续保持旺盛的创作活力,很多作品直面社会现实人生,既有从家乡小盆地看中国、看世界的开阔视野,又有对都市化、老龄化等普世问题的持续关注和文学思考,表现出现实主义写作者的理想与尊严。

之前对周大新的认知,更多是基于文学史的叙述,基于军旅作家及南阳故乡系列,以及获得茅盾文学奖的作品《湖光山色》。2014年,在北京的一次聚会上,恩师程光炜教授带着我参加活动,说是河南人较多。我第一次见到周大新先生,还有白烨、李洱等师辈。李洱妙语连珠,更显得周大新安静沉雅,这是我对他的第一印象,觉得真是文如其人。

2018年,周大新的长篇小说《天黑得很慢》出版,在郑州"纸的时代"书店做分享活动。应《河南日报》冻凤秋女士之约,我去担任现场嘉宾,谈了浅显的认识。我印象比较深刻的是这本书对老龄化问题的关注和思考,以及对科技、人文等问题的书写。没想到当天现场出现很多朋友圈中的好友,各地来的读者粉丝济济一堂。大家谈了对这部作品的看法,周大新也介绍了写作缘起并回应了种种问题。在场的赵红女士、陈炜先生也都发表了高见。

活动结束后,各自散去了。没想过几天之后,周大新给我寄来他在人民文学出版社出版的18册文集,感谢我在分享会的"付出"。

面对满满一箱子书，我很是惭愧，也更加觉得周老师真是诚挚厚道之人。

在细细读这些作品时，经常被周大新先生文字的朴实、真挚，以及对文学的热爱，期待用文字传递爱和温暖的执念所打动。我在文学阅读和影视观看时也经常会有困惑，就是写作者如何为读者寻求生活出路或精神出路的问题。很多文学作品并不提供这些，仅仅将现实主义简单呈现，而使读者从个人的现实问题坠入他人的现实问题，徒增焦虑。但周大新的文字似乎总是在寻找出路。尽管在后来的接触中，我了解到他的人生也颇不平坦，也遇到很多困境，但他的文字从来没有焦虑和控诉，而是舒缓地讲故事、寻出路，试图建构爱与美的世界，并呼唤人世间的温暖与爱意。

后来，我就萌发先为周大新写一篇简短的文学年谱的念头，但因种种原因，又延伸出写一部评传的念头。其间，周先生虽然不知道我要做什么，写成什么样子，但还是慷慨给予各种支持，协助我去找档案材料。在北京接受我访谈时，更是尽心尽力，自己开车去西客站接我，临行还亲自开车送站。我们二人吃饭，每餐要点出五六道菜，还告诉我这个好吃，那个有特色，要我多吃点。周先生很节制，自己不喝酒，知道我喜欢喝红酒就陪着喝。整场下来，吃吃喝喝全靠我一个人撑场面。我意识到再这样下去，只会有两种结果，把周先生吃穷或者把自己吃胖，于是及时撤退了。

然后是书斋内的写作，尽管我曾有很多大的写作雄心，但能力和精力所限，最终呈现还是有很多不足之处。但我想，先把周大新先生的人生、创作的基础问题展示出来，让读者能够对其人其文有更多了解，为今后的研究者提供铺垫，也算一件有意义的工作。

鞭策书稿出版的动力是周大新研究中心在河南省成立，我被聘为执行主任兼秘书长。由衷感谢河南省文联党组方启雄书记、武皓副主席的支持，感谢孟繁华主任，胡平、何向阳、何弘、孙新堂、孙先科、武新军顾问以及南飞雁和20位研究员组成的资深团队。我意识到这是一份鼓励,更是责任,我将沐光而行!

  在本书的出版过程中,感谢周大新先生的支持,感谢责任编辑王宁女士的精心编校,感谢我的研究生朱亚欣对附录作品简表的认真核对,使得整体内容更为翔实。也期待周大新先生更多更好的作品面世,以及学界更多的周大新研究力作出现。